美国电视上的科学

[美] 马塞尔·拉夫莱特　著

王大鹏 译

中国科学技术出版社
·北　京·

图书在版编目（CIP）数据

美国电视上的科学 /（美）马塞尔·拉夫莱特著；王大鹏译．
—北京：中国科学技术出版社，2017.1

书名原文：*Science on American Television: A history*

ISBN 978-7-5046-7271-1

Ⅰ. ①美… Ⅱ. ①马… ②王… Ⅲ. ①科学技术—传播—关系—电视—传播媒介—研究 Ⅳ. ① G206.2 ② G22

中国版本图书馆 CIP 数据核字（2016）第 257651 号

著作权合同登记号：01-2016-9585

策划编辑 杨虚杰
责任编辑 鞠 强
装帧设计 中文天地
责任校对 杨京华
责任印制 马宁晨

出 版 中国科学技术出版社
发 行 中国科学技术出版社发行部
地 址 北京市海淀区中关村南大街16号
邮 编 100081
发行电话 010-62173865
传 真 010-62179148
网 址 http://www.cspbooks.com.cn

开 本 710mm × 1000mm 1/16
字 数 320千字
印 张 20.25
版 次 2017年1月第1版
印 次 2017年1月第1次印刷
印 刷 北京科信印刷有限公司
书 号 ISBN 978-7-5046-7271-1 / G·737
定 价 58.00元

（凡购买本社图书，如有缺页、倒页、脱页者，本社发行部负责调换）

目录
contents

第一章

发明与梦想

我们的发明不会是把我们的注意力从严肃的事情上转移开的漂亮玩具。它们只是改善了方法，而未改善目标。

亨利·大卫·梭罗（Henry David Thoreau），1854[1]

（电视）是一种在动荡的世界中发出希望之光的艺术。

大卫·萨尔诺夫（David Sarnoff），1939[2]

在一定程度上，我们可以推断出未来男人和女人可以想做什么就做什么，但是我们无法推断出他们想要怎么做。

H.G. 威尔斯（H.G.Wells），1939[3]

在 1945 年的早些时候，发明家艾伦·B·杜蒙特（Allen B. Du Mont）就写到："在和平被宣布的时刻，我们将会真正大规模地拥有电视了。"[4]然而，从实验室中走来并最终在美国人生活中占据重要地位的电视，并非像杜蒙特这样的科学家和工程师所预想的那么理想。与其说电视逐渐演变成了公民教育的动态工具，还不如说它变成了"改善了方法，而未改善目标"的工具。[5]这样的结果——其发展轨迹主要是由经济力量决定的——给电视这个媒介如何呈现、吸收和改变美国的大众科学带来了重大影响。

*想象中的*电视让整个 20 世纪初的小说和好莱坞电影生机盎然，有关 C·弗兰西斯·詹金斯（C. Francis Jenkins）以及菲罗·T·范斯沃斯（Philo T. Farnsworth）发明的新闻报道证实了这一点。[6]联邦无线电委员会（Federal Radio Commission）刚一授权开始试验性广播，美国无线电公司（Radio Corporation of America，RCA）和其他公司就为 1939 年举办的纽约世界博览会（New York World's Fair）期间促进电视"消费"而筹备。[7]由于该博览会的设计者把一些技术纳入到了"明天世界"的艺术和展览中，所以他们把电视看作是通往美国文化和其他世界文化的一个窗口。[8]

在美国全国广播公司（NBC）对博览会开幕式进行实况转播期间，摄像机镜头缓慢地掠过三角尖塔（Trylon）和圆球（Perisphere），还拍摄了拥挤的人群和游行的场景。当时，在纽约市区域内只有几百台电视机，通过电视机观看总统富兰克林·D·罗斯福（Franklin D. Roosevelt）和其他名流的观众至多只有 1000 人。[9]但是，在几周之内，美国无线电公司就定期地在博览会展厅内播放电视节目了——杂技、参观者访谈、历史重现、弗雷德·华林（Fred Waring）的管弦乐演奏、迪士尼动画片、选美竞赛以及"现场"（对正在发生的事情进行现场直播），所有这些内容随后都可能成为现代电视的谋生手段。[10]广播电台试验着电视节目的生产工艺；工程师们校准着声光标准；制片人们学习着如何吸引观众；而编导们则发现如果没有特写镜头（close-ups），事件看起来就会索

图 1a　电视镜头报道了什么。1939 年 4 月，美国无线电公司主席大卫·沙诺夫（David Sarnoff）正在为世界博览会开幕式测试电视传输系统。承蒙史密森尼学会档案馆提供图片。

图 1b　观众们看到了什么。1939 年 4 月，大卫·沙诺夫的影像出现在了当地电视观众的面前。承蒙史密森尼学会档案馆提供图片。

然无趣——“为了吸引和抓住看不见的观众的注意力，有必要在每一帧中竭尽全力地纳入趣味和多元性。”[11]

报纸认为，科学上最新的“脑力劳动产物”能够从远处产生神奇的效果：“你按一下开机键，转动拨号盘，然后就可以看到千里之外正在表演的戏剧……你可以身临其境；这种幻觉是彻底且完整的。”[12]借助于这种幻觉的利用，电视改写了观众和他们所见事物的关系。电视这种技术使观众从远处眺望变得可行并且被鼓励：透过装有长焦镜头的摄像机，电视观众要比（博览会）现场观众希望看到的还清楚……由于电视在私密性方面素有声望，对于那些舒服地坐在家里，并用一根天线就可以观看电视节目且喜欢独处的观众来说，电视在保护私密性方面优势尽显，如果有优势的话。[13]

虽然在二战期间，全国广播节目和电视机的生产被勒令停止，但是工程研究和经营规划仍然在持续地进行着。[14]因为早期的电视机会发出令人生厌的绿光，所以工程师们研发了一个圆形的阴极射线管，以便可以从更宽的角度获得更清晰的黑白图像。[15]哥伦比亚广播公司（CBS）、美国全国广播公司（NBC）和杜蒙特实验室（DuMont Laboratories）开始筹备用电缆搭建城际间的电视网络，并且开始筹备被证明能够吸引观众的远程直播，比如足球比赛和摔跤比赛。[16]联邦通信委员会（Federal Communications Commission，FCC）和通信行业决心解决工程标准、广播的局限性以及频谱分配等问题。

电视网络的规划照搬了广播的成功模式：把日程安排的焦点放在了娱乐上。把新闻、信息、激励和教育散布于喜剧、戏剧、体育和其他任何可能把观众的注意力吸引到商业广告上的节目中。电视将提供“广播娱乐的美化版”，把影像与声音结合起来，用图片来点缀新闻，还可以展示商品，社会名流也能够出镜。[17]对于那些梦想着有一种媒介可以致力于更高社会目标——比如向公众传播科学——的人来说，电视与（“其直系的前任”）广播的关系阻碍了实现这个目标的努力。[18]曾经塑造了广播的企业界与将拥有电视台和电视网络的企业界是同一拨人；在20世纪20年代和30年代为广播而出台的联邦政府规章同样也适用于电视这种新媒介；同时因为广播仅在1945年的收益就达到3亿美元，所以广播电台有着雄厚的实力，并且与渴望购买电视广告时间的广告商有着良好的业务关系。[19]

杰克·古尔德（Jack Gould）是首批对电视节目进行评述的报纸记者之一，他在1946年评论说，当前几乎没有如何将这种技术用于公益方面的批判性思考。[20]与关于核能的控制和应用的激烈政治辩论形成鲜明对比的是，没有类似的公共辩论涉及电视的未来。相反，电视把“理想的潜力”和“实际的可能性”混为一谈，并且“主要的思考……聚焦在通过电视发送画面这一奇迹，而不是将发送什么样的画面。”[21]指挥着这个强有力的技术所走路线的是电视网络，而不是政府官员或者公民。因为广播电台一直相信更多的听众旋转收音机按钮的目的是为了获得娱乐，而非被教育或者受到启迪，所以在电视观众将如何对电视节目做出反应方面，他们也做出了同样的推测。同时因为电视节目的费用要比广播高很多，所以选择那些娱乐之外的节目与公认的常识以及谨慎的商业习惯是相矛盾和抵触的。

科学幻想之舞

当技术史学家在写“汽车时代”的时候，他们提到的不仅是汽车工程、流水线生产、交通信号灯以及洲际高速公路系统，而且还会提到汽车如何影响社会、文化、土地使用模式以及当代生活的很多其他方面。科学史学家同样也会通过文化变革和政治变革以及百万吨级的导弹和导弹射程来追踪“原子时代”。在纽约世界博览会之后的10年里，美国人经历了“电视时代”。电视正塑造着美国文化，同时也被美国文化所塑造。具有讽刺意味的是，世界同时变成了“地球村”（数以亿计的观众观看同一个电视节目）和“不毛之地”（数以亿计的观众发现没什么好看的并换台）。电视邀请皇室成员和暴徒、总统和诗人出镜，有选择性地播放“屁股和小巷”（backsides and backstreets）以及“花絮与平庸”（bloopers and banality）。电视结合了声音和影像，促使观众自发地追剧，并且成为幻觉的终极媒介。电视给观众欢笑、悬念、间接感受的冒险以及有用的信息，期间还夹杂着商业广告。在街头、立法机关、国葬以及最终在外太空进行远程实况直播，电视把对生命的展示带入到我们的视域中，与此同时给每个观众与其他电视观众一种共享的情境意识，即使她独自坐在家里的卧室中。1945年，电视这个词语的内涵是一种技术或者也许是一件新的家具；在10年的时间里，这个术语已经包含了情境、文化、产业、内容、经历以及对重要性的认可（“你上过电视吗？”）。

对于科学来说，研究人员及其实验室的可视化起初似乎是前途一片光明。许多科学家试验性地用电视来进行演说或者开展教育，一些充满活力的成就吸引了寻求灵感和内容的制片人及编剧，比如在物理学、生物学、天文学和化学领域。很快，大学、科学协会和其他非营利组织，比如史密森学会（Smithsonian Institution），开始面临重要的抉择：他们是应该坚守传统的公共拓展活动的途径（比如印刷媒体或者公共演说），还是投入精力为只有少数知识获取者可能会看的教育性电视频道生产内容，又或者是与商业广播电台合作？鉴于第二种选择需要大量的财政资源和机构资源，很多机构开始认真考虑第三种选择。但是，电视制片人要求这些机构做出让步，并认为科学家接受的节目类型（比如一些精英物理学家开展的圆桌讨论会）不会吸引到足够的观众，以同喜剧和游戏竞技类节目进行竞争。

尽管存在着这种张力（可能也是因为这种张力），在涉及科学的真实影像、虚构影像和信息方面，美国电视在整个 20 世纪上半叶的安排是形形色色却自相矛盾的。奇才先生（Mr. Wizard）用牛奶瓶子做神奇的实验，弗兰克·巴克斯特（Frank Baxter）博士和冷笑的太阳先生（Mr. Sun）开玩笑。电视让每个人都到月球上兜了一个来回。卡尔·萨根（Carl Sagan）到《宇宙》中旅行；马林·帕金斯（Marlin Perkins）和珍妮·古道尔（Jane Goodall）到热带雨林中探险；《新星》（*NOVA*）每周播放一次与工程混合在一起的科学花絮。《星际迷航》（*Star Trek*）利用不可思议的科学装置来窥探未来，就像犯罪现场调查（*Crime Scene Investigation*）后来用 DNA 分析来破解过去的犯罪一样。电子和胚胎、血液实验和火雷管、黑猩猩和化学、虚构的弗兰肯斯坦（Frankensteins）和富有魅力的诺奖得主——电视把他们都当作呈现科学世界以及其他领域的窗口。数十亿美元的电视产业使科学蜕变为娱乐，把科学纳入到了戏剧中，科学相关的事件被戏剧化了，并且强行地把教育节目挤到了日常生活的边缘。

最终出现在电视上的科学是各方与通过遥控器施加影响的电视观众进行讨价还价的结果，包括科学家、机构管理者、电视管理者和制片人、愿意承担节目费用的基金会和公司。电视观众感兴趣的是那些既有娱乐性又有相关性的科学节目，他们偏好虚构娱乐中的相关性并喜欢教育性话题所采用的方法。最终就科学的哪个方面是真正重要的问题上，电视在观众中建立了一个期望值。到20世纪30年代，与科学以及科学事实相比，广播对科学家以及科学家的个性给予了特殊待遇。电视慢慢地把科学理论、科学过程、科学解释以及科学结论塞进了原声重现中，而逐渐强调与科学相关的社会问题、道德困境、伦理挑战和争议话题。1948年《约翰·霍普金斯科学评论》（*The John Hopkins Science Review*）与1988年的《新星》之间的对比已经超出了技术创新的范畴，比如从黑白传输到彩色传输的变迁，或者多台摄像机的使用以及特效。在这40年里，美国电视上科学的关注点转向了政治和道德，转向了虚幻和动态的视觉，转向了社会情境和科学名流。幸运的是，很多坚定的科普工作者在这些年里一直坚守着，他们主持、撰写、生产着创造性的节目。在如何把技术内容带入到演播室中并让它发生作用方面，这些节目是杰出的案例。

两个伙伴加入到了科普工作者的“独舞”之中，他们是科学专家和科学诠释者。他们为着迷地盯着屏幕或者切换频道的观众展示着科学。几个世纪以来，对于有意愿让公众以最小的经济投入参与其中的科学家们来说，报告厅和印刷媒体（杂志、报纸和图书）为他们提供了舒适的场所。大众广播的出现创造了空中熙熙攘攘的电子市场空间，在这里对利润的强调会偏爱那些高级并昂贵的娱乐而不喜欢低调的教育。很多年前，罗伯特·保尔（Robert T. Bower）就提醒过，单纯地从技术的角度来解释电视的影响，而不考虑其相邻的影响可能是错误的，因为社会、经济和历史的力量（包括科学的进步所引发的因素）都会影响观众对电视屏幕上所显现的影像的反应。[22]尽管如此，在电视时代，通过重构科学自身的信息，电视这个媒介组装了一个适合于这块小屏幕的新发明——在远处的科学、适合于数百万人的科学以及转变成了娱乐幻觉的科学。

第二章

尝试幻觉

诚实且真实地对待它，并且肯定观众的智慧。

琳恩・普尔（Lynn Poole），1952[1]

二战期间，位于纽约斯克内克塔迪（Schenectady）的通用电气公司（General Electric Company）电视台向该区域的几百台电视机播放了混合的实验性内容。这种说教性质的临时性科学表演——比如描述合成材料的使用——无疑证实了这样一种事实，即在 1939—1944 年间，“轻歌剧”（light opera music）的观众是科学节目观众的两倍。[2] 第一个常规的电视网络科学系列片并非妙趣横生。《服务科学》（*Serving through Science*）是一档在 1946 年 6 月到 1947 年 5 月间由美国橡胶公司（Rubber Company）赞助并在杜蒙特电视网播放的电视节目，其主要特色是在半个小时的时间里播放《大英百科全书》（*Encyclopaedia Britanica*）的影片以及有人主持的讨论会。[3]

《服务科学》背后的创造性人物是广播主管米勒·麦克林托克（Miller McClintock）。他一开始的职业并不是科学家，而是文学和公共政策专业的学生。在 1924 年获得哈佛大学博士学位之后，麦克林托克帮助有关部门建立了一个街道交通研究局，以解决波士顿地区臭名昭著的交通问题。作为一些创新——比如实行单行道以及建立高架快车道——的支持者，他在 1926 年说服了芝加哥当局禁止畜力车进入城市街道。由于他在解决各种公共安全问题上的经历，麦克林托克对广告在公民教育中的作用十分感兴趣。从 1933—1942 年，他就职于广告研究基金会（Advertising Research Foundation）以及广告咨询公司（Advertising Council Inc.），随后的 1943—1944 年，他又担任了共同广播公司（Mutual Broadcasting Company）总裁。到麦克林托克主持《服务科学》的时候，他已经是《大英百科全书》影片的委员会成员和顾问了，他还力图说服纽约电影委员会（New York Film Council）相信电视为教育性影片提供了市场机遇。[4] 因此，源于一系列情境的第一部科学系列片也为下半个世纪取得同样成功的其他科学系列片留下了痕迹：一个有能力在科学及其之外的广泛领域中获得专业知识的精明企业家；对广告和公共关系技术的意识；在内容和企业赞助商或者承销商之间的协调。

《服务科学》的内容虽然相对简单，但是对于当时拥有电视机的大约 10 万名观众来说，可能已经足够新颖了。1947 年，观看电视是一种“独家爱好”，或者是在纽约的酒吧里和其他人共享的爱好。在一年的时间里，在家里看电视的人数翻了一番；电视机生产商开始运输更多的电视机到展销厅中。数十个电视台开始在全国范围内开播，在东西海岸间传送电视信号似乎有可能实现。在主要的市区，电视节目可以吸引大约 75 万观众，一些特殊的电视节目——比如世界职业棒球大赛——会吸引 100 万或者更多的观众。[5] 因为电视机的数目还相对较少，邻居们通常会同那些已经实现飞跃的消费者们一起观看电视节目。菲利普·怀利（Philip Wylie）认为美国人“一半的时间用在黑黢黢的房间里痴迷于观看电视节目，另一半的时间则挥汗如雨地赚钱来偿还电视这个商品的分期付款。”[6] 这种颇具活力的经济增长为更好的电视内容创造了市场，因为电视台意识到新颖的内容（而不是重播）能吸引大量需要售卖广告时间的观众。不过，和不关心“为什么人们在安装着（同一家公司）广告牌的高速路上开车”一样，赞助商们自己同样也不关心公益或者不关心为什么人们会喜欢他们的节目。[7] 如果一个化学实验会引起观众的兴趣，就太好了。如果其他的节目会吸引更多的人，那就更好了。

在 20 世纪 20 年代，广播电台的经营者会邀请专家进行在线广播；基于同样的原因，电视台经营者们也在他们的团体内搜寻着潜在的节目，并邀请科学家和教育家进行录制。1948 年 3 月，位于华盛顿地区的 WMAL-TV 开创性地播放了实时的科学节目——通过美国海军气象天文台（U. S. Naval Observatory）的 40 英寸望远镜展现了火星、土星和月球的过滤视图。[8] 次年，该电视台的摄像机通过显微镜（在电视上的首次）让观众可以看到小鼠血管中的血流。几天之后，该电视台播放了海军气象天文台望远镜捕捉到的月食影像。[9] 虽然技术的质量很少与网络节目的质量相匹配，但是当地的电视还是欢迎实验性的科学节目。三个最重要的科学先驱——罗伊·马歇尔（Roy K. Marshall）、琳恩·普尔（Lynn Poole）以及厄尔·赫勒德（Earl S. Herald）——在当地电视台开始了他们的职业生涯并且为成年观众制作电视节目。

事物的本性

费城电视台WPTZ-TV首先邀请了天文学家罗伊·马歇尔（Roy K. Marshall）——富兰克林研究所费尔斯天文馆（Franklin Institute's Fels Planetarium）的馆长——出镜，并推广一项名为“月球旅行记”（A Trip to the Moon）的展览，很快他就开始在博物馆内主持远程直播了。1948年2月5日，马歇尔举行了《事物的本性》（*The Nature of Things*）的首映。这是一部大众科学系列节目，于1948年12月移至美国广播公司电视网的黄金时段播放，并一直持续到1950年9月。在1953年秋季以前，它一直被作为夏季替代节目以及周末下午的特辑故事片播放。[10]

马歇尔在广播方面有很多经验，所以他理解精准定时和排练的重要性，也知道如何向普通公众宣传技术说明。中年的马歇尔满头黑发，双眼炯炯有神，留着小胡子，镜头感很强。于1932年在密歇根大学获得博士学位后，他在几所大学教授过天文学和数学，而后加入了费尔斯天文馆。1949年，在《事物的本性》一炮而红之后不久，他成为北卡罗来纳州立大学（以下简称北卡）天文系的主任以及新建立的摩尔海德天文馆（Morehead Planetarium）的馆长。根据当时报纸的报道，“他成为美国薪酬最高的天文学教授”。[11]除了主持《事物的本性》之外，他还在福特汽车公司的一个5分钟商业片中担任代言人，向观众解释化油器和迈速表是如何工作的。1951年他辞去了在北卡的职务，全身心地投入到广播中，并成为《费城问询报》（*Philadelphia Inquirer*）旗下的商业广播和电视台的教育主编。[12]作为电视时代“名流科学家”中的一员，马歇尔在夏季的各种节目中频频露面，用叙述的方式在《胡迪·都迪》（*Howdy Doody*）中对日食进行现场直播，还在美国医药协会（American Medical Association）的会场主持特别的远程直播。[13]

评论员约翰·克罗斯比（John Crosby）在当时写道，马歇尔在《事物的本性》中的目标是“说服尽可能多的人相信科学不是巫术，科学也没有那么难以理解，科学可以乐趣无穷。”[14]马歇尔认为电视的“展示业务”可以让科学家向公众推广他们的工作，并且同公众分享科学研究中固有的“乐趣”。[15]虽然该系列片中大多数有趣的、非说教性的片段都集中于天文学或者天体物理学方面，但是马歇尔也探索了一些实用的、接地气的话题，比如消防和汽化，并且他很愿意用“现实”做实验。1948 年 3 月，在 WMAL-TV 直播后的不几天，马歇尔工作室的技术人员把一个摄像头安装到了大型望远镜上，并且传回了它们自己的月球地表图像。[16]

然而，在电视的早期时代，这种现实主义的表现形式偶尔也会让观众感到恐慌。在观看完一档节目之后，观众们投诉说马歇尔泄露了原子弹的“秘密”。美国原子能委员会（Atomic Energy Commission，AEC）负责任地审查了脚本，随后宣布这不仅不违反保密规定，而且马歇尔还应该就这个重要议题提供公共服务，以协助教育广大公众。[17]

约翰·霍普金斯大学上了电视

作为全国性的传播媒介，电视的发展恰逢科学家及其专业组织试图利用他们战时的成就来争取公共经费以对研究进行资助的时期。[18]摆脱了军事保密的束缚，化学家和生物学家们趾高气扬地走到聚光灯下解释 DDT 的奇迹以及新型抗生素，比如盘尼西林；物理学家们解释原子能的基本原理。[19]在 1948 年首次面市后，《约翰·霍普金斯科学评论》（The Johns Hopkins Science Review）充分利用了这次公众传播中科学家高涨的热情，而这得益于约翰·霍普金斯大学公共关系负责人琳恩·普尔的推陈出新。普尔学的是艺术，然后就职于克利夫兰艺术博物馆（Cleveland Museum of Art）。从 1938—1942 年，他担任了位于巴尔的摩的沃尔特斯艺术画廊（Walters Art Gallery）教育部主管。[20]在二战期间，他出任军队公共关系局专员，并在 1946 年成为约翰·霍普金斯大学的第一位公共关系主任。[21]当巴尔的摩电视台 WMAR-TV 开始征集节目建议的时候，普尔建议围绕着约翰·霍普金斯大学科学和工程领域的教职工制作一个系列片。

普尔本打算在幕后担任编剧兼制片人，但是当他出现在镜头前的时候，他表现得气定神闲，这让他一举成名。他还出现在很多与科学相关的系列片中，这一直持续到 1960 年。[22]他在镜头前的形象非常契合电视中新兴的原型（arche type）——酷帅、内敛且镇定自若——而且他总是十分关注每个观众是否都能理解专家说了什么。

从约翰·霍普金斯大学校园的开场，到在尾声保证下周的节目将一如既往地引人入胜，该系列片精心地向观众展现了学院科学是可信的、权威的且值得公众支持的。大量公共机构的承销是该系列片得以幸存下来的关键，这反过来也补贴了所有的生产费用（每年 52 期节目的费用将近 3 万美元），约翰·霍普金斯大学也获得了好名声。[23]一些报纸认为这个节目表明“电视真的具有教育功能”，也有报道说琳恩·普尔在和米尔顿·伯利（Milton Berle）不相上下。此时，这些赞誉证明了该节目的投资价值。[24]评论员们一直把《约翰·霍普金斯科学评论》看作是 20 世纪 50 年代早期电视的亮点，这个“完全值得的”节目如实地把“复杂的科学世界翻译成了大众易于理解的语言。”[25]

对于普尔来说，电视最大的潜能在于把声音和动作结合起来并把这些影像直接发送到每个家庭的能力。对可视化的利用让信息性节目可以在娱乐市场中参与竞争。[26]当然，演示必须与电视这种媒介的实体限制相符，在避免科学话题太艰涩难懂且不容易被视觉化的同时，又要创造出富有想象力的视觉幻象。在制作一个有关火山的节目时，普尔和地质学嘉宾向观众展示了地图、地球截面、火山岩样本、火山喷发的影片以及维苏威火山模型。为了展示电子的流动，普尔把膨化的小麦谷物填充到一个玻璃瓶里，并把它们吹到空气中。爆米花被用来代表分子；在 100 个捕鼠器上放置方糖作为饵料以模拟原子链反应。

尽管面临着说服科学家上镜的重重困难——克服繁忙的日程以及对媒介的轻视——但是，普尔坚持用专家当作演员。他解释说，科学家“缺乏戏剧天分，（但是）却拥有自己的激情和权威。”[27]他认为，观众想看到真正的专家，而不是模仿者，所以他向嘉宾们传授如何在摄像机面前站立、如何缓慢且牢牢地拿起物体以及如何避免出现“在课堂上采用的像眼镜蛇一样的”迂回行进法。[28]

这个节目还首创了让专家通过电话或者远程直播的方式“出镜”的实践。当一个大夫在巴尔的摩演播室中用新型 X 光机器展示植入患者后背的钢片时，另外两个外科医生分别在纽约和芝加哥观看着电视监控器，并通过电话连线的方式发表评论。虽然他的脚本通常模仿的是大学里讲座的形式，普尔时而也会在其中插入小笑话或者用泳装模型来吸引观众的注意力，但是他一直坚守的底线是“不能把著名科学家当猴耍或者把他的表演变成马戏。”[29]其基本原则是

“诚实且真实地对待它，并且肯定观众的智慧。”[30]

1948 年 3 月 9 日，在普尔的第一个节目《关于原子的一切》（*All about the Atom*）中，物理学家佛朗哥·罗塞蒂（Franco Rossetti）讲述了核物理方面的最新进展。在接下来的 8 年时间里，普尔采访了几百位科学家和工程师。观众们了解了火箭、家蝇、流感、血吸虫病、光的偏振以及法医人类学，并且还观看了一次前脑叶白质切除术。制片人里奥·盖尔（Leo Geier）解释说，尽管很多专家“在面对新的公众渠道方面十分小心谨慎，”但是这个系列片能够邀请到著名嘉宾的原因在于它拥有“展现物质真面目的良好声誉，（并且）嘉宾们不会被要求做愚蠢的事情。”[31] 在《世界是一个原子》（*The World Is an Atom*）中，唐纳德·安德鲁斯（Donald H. Andrews）演示了原子和分子知识如何能够帮助研发新技术。在《不要喝那种水》（*Don't Drink That Water*）中，阿贝尔·沃尔曼（Abel Wolman）、约翰·查尔斯·盖耶（John Charles Geyer）和科尼利厄斯·克鲁斯（Cornelius Kruse）通过简单的动画、微生物的影片、过滤模型和污水处理厂模型使得水净化的历史和卫生工程科学跃然纸上。《了不起的显微镜》（*The Magnificent Microscope*）以展示普林斯顿大学和 RAC 公司实验室（RCA Corporation Laboratories）联合研发的新型电视显微镜为主要特色。在《深入了解火星》（*A Closer Look at Mars*）中，天体物理学家约翰·斯特朗（John Strong）阐述了这颗“红色星球”的最新信息；他看起来像是典型的学院派科学家——穿着斜纹软呢夹克，叼着烟斗，戴着金丝边眼睛。

在这些节目中出镜的科学家们必须感到这些经历足够新颖，以证明其付出的努力物超所值，虽然筹备节目所花费的大量时间终归会成为拒绝出镜的合理理由。史密森尼学会体质人类学部门的两位馆长——T·戴尔·斯图尔特（T. Dale Stewart）和马歇尔·T·纽曼（Marshall T. Newman）——在一个名为《橱柜中的骨骼》（*Skeletons in the Closet*）的节目片段中出镜。在与两位馆长面谈 3 个小时之后，普尔和他的同事筹备了一个脚本初稿，请两位馆长进行斧正并提供其他的细节，随后两位“电视人”（即两位馆长——译者注）返回到史密森尼学会查看可能用到的道具。为了确保两架骨骼的安全运输和储存，两位馆长用了好几个小时对其进行布置，最后交由一个助理把它们带到巴尔的摩。直播当天，斯图尔特和纽曼在早晨 9 点半抵达演播室开始彩排。晚上直播结束后，他们再次将样品打包后踏上了回家的旅程。此时，在全国有 22 个电视台正在播放《约翰·霍普金斯科学评论》。斯图尔特自信地向他们的上司说到:“考虑到这在观众方面的意义，在我看来史密森尼学会以非常低的成本取得了非常好的宣传效果。”[32]

1950 年，普尔出版了第一本图书，解释如何“通过电视”传播“科学”，以及心存疑虑的科学家在把通过电视传播科学的努力视为“纯粹的”电视是有难度的。[33] 约翰·霍普金斯大学的校长、生物物理学家德勒特夫·W·布朗克（Detlev W. Bronk）甚至认为如果研究机构不能充分利用这个媒介，那么这“将是”对其职责的“玩忽职守”，这与其前任约瑟夫·思维特曼·艾姆斯（Joseph Sweetman Ames）的观点有着明显不同。在 30 年代，艾姆斯把《纽约时报》中的科学新闻看作是可悲的煽情主义。[34]

作为行动的科学

另外一个以广大公众为目标受众的开创性系列片是《行动中的科学》（*Science in Action*），这是一个由加州科学院（California Academy of Sciences）在 20 世纪 50 年代启动的区域性项目，当地一个银行负责该系列片的承销工作。《行动中的科学》在加州（同时还采用录像的形式在其他一些教育性频道）一直播放到 1966 年，每年播放 30 多集。[35] 虽然员工们对采取这种冒险行为感到不安，但是《行动中的科学》取得了成功，获得了很多奖项并且吸引了大批参观者前往科学院的博物馆、植物标本馆和斯坦哈特水族馆（Steinhart Aquarium）。现场阐释以及“本周动物之星”（*Animal of the Week*）特写是特别受欢迎的。科学院主任罗伯特·C·米勒（Robert C. Miller）以及节目制片人本杰明·C·德雷伯（Benjamin C. Draper）希望《行动中的科学》可以名副其实:“科学院遵循的准则是：表现事物本身，如果不可能，那就播放该事物的影片，如果这也不可能，那就利用照片或者图画。”[36]

动物学家汤姆·格鲁蒂（Tom Groody）——该系列片的第一任主持人——和他的接任者，科学院水产生物学馆馆长厄尔·S·赫勒尔德（Earl S. Herald）扮演了与马歇尔和普尔相类似的屏幕角色，向嘉宾们提出问题并协助他们“展示观众自己心里同一时刻最可能想到的阐释。”[37]在一个设计得像实验室的场景中，赫勒尔德会采用指示棒（教鞭）、静态照片以及创新性的摄像技术来创造一种普尔首次命名的“此时此刻的氛围”，也就是观众们站在演示者身边的一种幻觉。把动作限定在一个看上去像是大型实验室一部分的“简洁且狭小的空间内”，约翰·霍普金斯大学和加州科学院的节目通过上述方式强化了“此时此刻的氛围”的感觉。[38]穿着实验室里的白大褂，赫勒德会握握嘉宾们的手以示欢迎，并且感谢他们的来访，从而创造出一种熟悉感和友好感。[39]他慢吞吞的说话方式让他听起来像一个电视牛仔，这给主持人的作用带来了一丝暖意，也不同于普尔故意采用的东海岸的老练。现场嘉宾包括诺奖得主［梅尔文·卡尔文（Melvin Calvin）讲述光合作用］、携带宠物鼠的小男孩（是“本周动物之星”环节的一部分）以及讲述雷达防御系统的空军准将。系列片的各集分别聚焦于古生物学、咖啡种植史、鸟鸣声识别以及原生动物学。生物学家在节目中绘声绘色地描述猛禽和白蚁；化学家热情洋溢地谈论新型塑料；昆虫学教授带来了世界各地的奇异昆虫；渔业生物学家详细地描述了条纹鲈鱼的习性和栖息地；物理学家解释了盖革计数器是如何工作的。

到1953年,《行动中的科学》不但获得了电视评论员的赞誉，因为它“不是一个充满着科学术语的枯燥的、板书式的谈话节目,”而且也获得了科研机构的掌声，因为在节目中科学家们表现得“逼真、如实且有趣”:“这个节目……的脚本得到了出现在节目中的科学家的认可……这里没有煽情，没有对观众居高临下的口吻，也没有对未解决的科学问题遮遮掩掩。”[40]一个商业赞助商的承销使得《行动中的科学》得以幸存下来。美国信托公司（American Trust Company）的名字出现在了该节目宣传材料的每一页当中，该银行甚至一度聘请麦肯广告公司（McCann Erickson）来推广这个系列片。

现实化

在电视发展的早期，吉尔伯特·塞尔迪斯（Gilbert Seldes）就预测说电视“安身立命之本”将是“对现实即时且完整的传输,”以及“人为地创造”反映真实事件的“幻觉”。[41]每当电视节目把“演示”输送到观众卧室或者对实验、测试以及吃惊的表情进行模拟的时候，它们就把电视机变成了一个通往实验室的窗口。除政治会议、竞技比赛和选美比赛之外，电视网络也会拍摄一些与科学相关的现实题材影片。1954 年 6 月 30 日出现的日偏食为展现电视这种媒介的技术优势提供了绝佳机会。人类不能直视太阳，否则会损害双眼。鉴于日偏食出现在北美上空的时间，电视为坐在摇椅上的业余天文爱好者提供了安全且“增强”的便利性。《纽约时报》解释说，人们可以选择在凌晨 6 点 06 分带着专门的有色眼镜到户外去看日偏食（虽然纽约当天是多云天气），也可以选择穿着睡衣留在家里并“打开电视机观看明尼阿波利斯的整个天空”——美国天文学会（American Astronomical Society）在明尼阿波利斯安排了电视直播。[42]《今日美国》（*Today*）转播了明尼阿波利斯的电视节目，美国国内的一些电视台录像播出了日偏食的全过程。在 30 年代，广播界的名人会与著名的日食探险队一同前往各处观测日食；听众们能听到来自于热带雨林、飞艇以及飞机上的广播。现在，电视观众将能够舒服地观看到日食，同时科学家还会在演播室内对日食进行解读。

原子弹试验提供了更加壮观的现实场景，这预示着电视广播网络将如何对待后来的航天任务。电视记者被允许观看 1946 年在太平洋进行的“十字路口行动”（Operation Crossroads）试验；而在 1952 年，美国政府甚至允许对内华达州丝兰平地（Yucca Flat）的原子能委员会的核试验场进行电视直播。虽然表面上这是一次科学试验，但是 4 月 22 日开展的“不倒翁—鲷鱼行动”（Operation Tumbler-Snapper）试验却被安排在了一个适于最大化电视网络覆盖的合适时间，当地报纸嘲笑这是“大人物的行动”，因为成百上千名记者和广播名人将会出现在现场。[43]当天早晨，记者们“就像动物园的动物一样坐在山坡的巨石之上”。幸亏在附近的山顶上有一个中继塔，它可以把信号发送到洛杉矶以及电视网络覆盖不到的地方，数以万计的人们才得以通过电视观看到这个场景。[44]当原子弹从飞机上抛下的时候，“地狱从天而降”。[45]第一次电视直播的技术质量不是很好，很多观众只看到了“巨大椭圆形黑色背景中间的一个小白点”，这是因为最初的冲击波超过了摄像机镜头所能覆盖的范围；其他观众也抱怨说这个爆炸发生得太快了，以至于它看起来有点“虎头蛇尾”。[46]次年春天，在广告委员会（Advertising Council）的协助下，电视网络和原子能委员会准备得更加充分。周日下午的一档节目为“门阶行动”（Operation Doorstep）试验场制定了达到顶峰的戏剧效果。电视记者在 3 月 18 日的早晨对本次核爆进行了绘声绘色的评论，比如沃尔特·克朗凯特（Walter Cronkite）和切特·亨特利（Chet Huntley），后续的节目——《核爆的影响》（*The Effects of an Atomic Explosion*）——展示了爆心投影点测试房屋的结构性损坏。

电视评论员们认为这些核爆的转播好像是黄金时段的各种“秀”或者足球赛。杰克·古尔德（Jack Gould）对电视网络“优良的公共服务”大加赞赏，并且认为电视直播“引发了戏剧感”，但是他对评论员们不充分的准备以及乏味的讨论进行了批评。[47]索尼亚·斯坦（Sonia Stein）抱怨说“核爆给了电视重重一拳”，“通过电视屏幕”观看这个事件“一点也不惊悚、没有戏剧性、毫无启发性、没有清晰性、甚至也不风趣”。[48]她写道：“你放在客厅的任何东西都会失去它具有恐吓性的潜力”，如果没有亨特利的解说，观众对于发生了什么会“毫无感觉”。其他评论员们认为相互竞争的电视广播不仅吸引了更多的观众，而且表明“即时性并不是一切”以及未来核爆试验“编辑完好的亮点”会更加有用。[49]大概有 800 万观众观看了核爆转播（是此前一周观看奥斯卡颁奖仪式观众的三分之一），但是西德尼·洛曼（Sidney Lohman）却建议纽约人在当天早晨观看一个不同的“景象”——有关圣帕特里克节（St. Patrick’s Day）当天游行的从头到尾的报道——因为这将会有“更愉快的内涵”。[50]

电视网络很快就学会了如何在他们常规新闻节目中对现实采用类似的幻想。广播已经在突发新闻方面吸引了大批听众，改善了现场报道技术并且带来了戏剧性的繁荣。[51]在电视方面，国家广播公司（NBC）的《骆驼新闻大篷车》（*Camel News Caravan*）[主播是约翰·卡梅伦斯·威兹（John Cameron Swayze）] 以及哥伦比亚广播公司（CBS）的《道格拉斯·爱德华兹新闻》（*Douglas Edwards with the News*）的制片人把电影纪录片的电视剪辑和为摄像机前的主持人准备的稿件结合起来，从而创造了一种“鸡尾酒式”的新闻。这两个节目都在 1948 年开播。时事报道和电影与“其他要素的混合体”混合在一起，比如现场采访、静态照片、图表、曲线图和动画等。[52]可视化把新闻从“纸上的名字”转变成了“生动、真实且可识别的面孔”，这会促进新的“判断和偏见”，强化老的观念，或者仅仅加强“知识的幻想”。[53]联邦通信委员会规定只要这个平台上纳入了各种多元的观点，那么广播乃至于电视就应该“像媒体一样自由”且允许它们发表社论。这个决定为具有重要意义的科学新闻的变化铺平了道路。[54]科学事实将会越来越被色彩斑斓的政治争议所影响。

查尔斯·西普曼（Charles Siepmann）和西德尼·莱斯贝格（Sidney Reisberg）在1948年指出，新闻永远不是“我们为了变得消息灵通而需要的东西的全部”。[55]在20世纪40年代，为了给听众提供额外的见解，广播纪录片把事实和戏剧技术混在一起来探究现代政治和社会问题，比如《你和原子》（*You and the Atom*）（1946）。[56]电视采用了和纪录片类似的方式来处理争议问题，比如医疗研究政策［《23万人将死亡》（230000 *W:U Die*, 1954）］、原子能的前景［《3，2，1，0》（*Three Two One Zero,* 1954）］以及原子弹试验是否会给公民健康带来危害［《原子弹试验威胁到你的生命了吗？》*Is Acomic Testing Endangering Your Life?, 1957*］。《1960？吉米尼蟋蟀》（*1960? Jiminy Cricket!*）是1947年美国广播公司摄制的更具创造性的节目之一，该节目用动画的形式展示了20位科学家在研究未来生命将会是什么样子的场景，其中创造出的一些虚构人物勾勒出了美国可能的“需求和资源”，比如唐老鸭（Donald Duck）、吉米尼蟋蟀和七个小矮人。[57]

对话和名流

由于有了电视，美国人现在可以亲眼看到他们曾经在报纸中读到或者在广播中听到的科学家们。访谈节目、小组专题讨论以及照本宣科的辩论偏爱的专家是那些出于社会或者政治原因喜欢在镜头前露脸的人，他们口齿伶俐、妙趣横生且简洁明了。阿尔伯特·爱因斯坦（Albert Einstein）于1950年在前第一夫人主持的《与罗斯福太太》（*Today with Mrs. Roosevelt*）节目中出镜，并第一次做了有关氢弹的公开声明，宣布研发这种武器将增加“大气中的放射性毒物并因而毁灭地球上所有生命”的可能性。[58]美国广播公司的《地平线》（*Horizons*）是从1951—1955年每周日晚上直播的一档节目，在这档节目中，哥伦比亚大学教授埃里克·巴尔诺（Erik Barnouw）采访了人类学家玛格丽特·米德（Margaret Mead），她谈到了“家庭的未来”。[59]

优秀的公共事务节目——国家广播公司（NBC）的《会见新闻界》（*Meet the Press*）（1947年至今）以及哥伦比亚广播公司（CBS）的《面对全国》（*Face the Nation*）（1954年至今）——只是偶尔把目光转向科学领域。电视已经开始偏爱名人和名流了。比如，在爱德华·R·莫罗（Edward R. Murrow）的著名节目《现在就看》（*See It Now*）（哥伦比亚广播公司，1951—1958）中，188集里只有15集以对科学家的采访为主要内容。[60]该系列片的第五集是有关神经科学研究的，它包括了在麻省理工学院的远程直播。虽然1952—1953年的其他节目涉及内华达的核弹试验以及萨凡纳河（Savannah River）氢弹工厂的建设，但是医学研究获得的关注度远远大于核物理。在1953年，莫罗与三位不同的科学家讨论心脏病和癌症的问题，并在1955年两次采访小儿麻痹症的研究人员乔纳斯·沙克（Jonas Salk）（分别在沙克团队宣布研发出了疫苗之前和之后）。《面对面》（*Person to Person*）（哥伦比亚广播公司，1953—1961）是莫罗主持的一档定位于名人的节目，在该节目中，嘉宾们在自己的家里或者办公室接受采访。全年的节目中只有三位科学家和工程师出镜。詹姆斯·L·鲍曼（James L.Baughman）认为，相当重要的原因在于“名声”而不是成就决定了谁会受到邀请。[61]

电视把默默无闻者置于一边，当镜头转向科学家的时候，电视试图把科学家变成性情随和的人。[62]莫罗的《现在就看》节目里最让人难忘的一次是《和罗伯特·奥本海默博士的对话》（*A Conversation with Dr. J. Robert Oppenheimer*）。到1955年1月，奥本海默成了一个有争议的人物，以至于哥伦比亚广播公司拒绝向广告商推广这档节目（7个月之前，政府举行了针对物理学家安全调查的听证会），所以联合制片人莫罗和弗莱德·弗兰德力（Fred Friendly）自己承担了承销工作。[63]然而，从来没有发生反对的观众和批评性意见“纷至沓来”的情况，评论员杰克·古尔德把这归功于莫罗“广泛、低调且非争议的”提问。[64]当奥本海默被妖魔化时，莫罗把话题引到了这个人的另一面，他们对话的焦点放在了哲学、人类自由以及科学的未来方面。这次“浮雕式的工作思想”采访还表明（电视）这种媒介能够让科学家们和其他知识分子以观众感兴趣的方式深入地阐述他们的研究和想法。[65]

当然，电视制片人偏好充满活力的交锋，比如1958年物理学家爱德华·特勒（Edward Teller）就禁止核试验条约的益处同化学家莱纳斯·鲍林（Linus Pauling）进行的辩论。旧金山电视台KQED-TV对两人的辩论进行现场直播，其他电视台对其进行了录播。鲍林督促立即停止核试验，而特勒则争论说核试验的危险被扩大了，并且核试验是必要的。[66]他们观点的交锋时而是个人的，时而是技术方面的。鲍林指责特勒让人“误解”且发出了“不实之词”，而特勒则要求鲍林对他更“宽宏大量”一些。他们这种公开的争吵也延伸到了其他电视节目中，当时很多顶尖的科学家对此十分懊恼。

越来越多的嬉闹

对科学如此严肃的争论只占到了电视内容的一小部分。全国广播工作者联合会（National Association of Broadcasters）开展的第一次综合性调查表明，在1951年纽约市电视节目中戏剧的比重是25.4%，1952年为35.7%。[67]当把综艺类节目、智力竞赛节目和体育赛事统计到娱乐内容当中的时候，（两年的）总比重达到了56%，而科学类节目的比重只占到0.3%。电视所具备的科学教育的能力与它实际所提供的科学教育的水平间的差距扩大了。很少有教育类节目——科学或其他的——在黄金时段播放，与精致的网络戏剧和喜剧作品相比，大多数教育类节目好像是“业余水平”的。[68]美国的全国电视观众数量在20世纪50年代早期超过了4000万人，这为娱乐提供了诱人的市场。

有些戏剧确实融入了科学，但是这并不完全准确。《演员工作室》（*Actor's Studio*）在1949年和1950年上演了《乔·麦克斯文的原子机器》（*Joe McSween's Atomic Machine*）的现场演出，讲述的是一个业余发明家建造了一台仪器、而其邻居将其误认为是一台“原子机器”的故事。一个评论员写道，在纽约市上空投掷一颗氢弹[《原子袭击》（*Acomic Attack*）]这个1954年更严肃的戏剧为宣传“民防系统的重要性和意义”给公众上了宝贵的一课，但是却忽略了在这种袭击中幸存下来的后果。[69]从1952—1957年，杜邦公司（DuPont Company）黄金时段的节目《美国行列》（*Cavalcade of America*）少了些哗众取宠的内容，多了些精确的科学内容，这样的主题与该公司早期的广播系列片相呼应。[70]《上帝做了什么》(*What Hath God Wrought*)是电报发明人塞缪尔·摩尔(Samuel Morse)的传记。《皮尔先生的恐龙》(*Mr. Peale's Dinosaur*)讲述的是查尔斯·威尔森·皮尔(Charles Willson Peale)的生平以及美国第一座自然博物馆的建设。其他节目也颂扬医学方面的进步，比如约瑟夫·古德伯格(Joseph Goldberger)对糙皮病的研究 [《古德伯格的 G》(*G for Goldberger*)] 以及乔治·麦诺特(George Minot)在恶性贫血方面的工作 [《麦诺特医生的礼物》(*The Gift of Dr. Minot*)]。

看上去像是未经准备的学科竞赛的现场直播偶尔也会纳入科学，比如 20 世纪 50 年代流行的(一群名流参加的)电视讨论会。[71] 罗格斯大学(Rutgers University)的院长梅森·格罗斯(Mason Gross)为《快速思考》(*Think Fast*)担任裁判，播音员罗伯特·特劳特(Robert Trout)引用时事新闻对电视讨论会上的专家进行质询，比如《谁说的》(*Who Said That*)节目中的约翰·卡梅伦·斯威兹(John Cameron Swayze)。电视讨论容易生产，成本也不高，观众也陶醉于参与讨论的人为了拼命解决这些难题而表露出难堪和困惑的表情。其中最成功的节目之一就是《到底发生了什么》(*What in the World?*)，这档节目是由宾夕法尼亚大学博物馆(University of Pennsylvania Museum)的馆长弗勒利西·雷尼(Froelich Rainey)主持的。一开始这个系列片是作为地方节目于 1951 年在费城地区播放的，后来成为哥伦比亚广播公司的一档节目，直到 1955 年还在全国播放，随后又转移到地方台播放(波士顿和芝加哥教育电视台重播)，并一直持续到 1965 年。在每个节目中，著名专家们在诙谐幽默的环境中被要求鉴别考古学标本和文化产品，描述它们的起源、时代、预期用途以及发现的环境等，比如人类学家卡尔顿·S·库恩(Carleton S. Coon)，考古学家亚弗雷德·基德(Alfred Kidder)以及博物馆馆长佩里·拉斯伯恩(Perry Rathbone)。[72] 在专家们被提问和参与讨论的过程中，观众们(“背地里”被告知了这些物体的真实身份)也可以跟着他们的思路走。[73] 据推测，这种物体鉴别的人为悬念模仿了商业游戏节目的自发性戏剧表演——不过这里的奖品不是现金而是智力上的优势。《纽约客》(*New Yorker*)(有些贸然地)声言这个系列片证明“电视在不失去其活泼性的前提下可以是一门有用的艺术”。[74]

图 2 惊奇会让观众感到欢乐。1948 年，广播播音员米尔顿·克罗斯（Milton Cross）和他的助理在费城 WFIL-TV 电视台《有什么新的》(*What's New*）上展示瓷器和三聚氰胺树脂塑料盘子的耐用性。承蒙史密森尼学会美国国家历史博物馆医学和科学部提供图片。

科学的一个人工场所

因为没有强有力的实体——政府或者私营部门——奋力争取不同的东西，活泼、取巧的逗笑以及娱乐很快就主导了这个进程。电视广播可能会是一种公益，但是1934年的《传播法案》（*Communications of Act*）确立了一种法律情境，使得电视一旦成为现实就没有调整的空间了，这就是历史学家詹姆斯·L·鲍曼（Jamers L. Baughman）所谓的“监管期望”。[75]国会持续地限制政府对无线电广播的监管，国会认为“最能够促进公共利益的是通过提供多元化的文化、教育和娱乐节目资源，提供各种观点和看法相互作用的市场空间以及提供社区自我表达的途径等方式来最大化私营企业的竞争，而非详细的监管。”[76]在批准以及适当的许可之下，美国法律把媒体看作是一种可以被商业利益所利用的自然资源，就像此前在共有土地上的林业和矿产所发生的情况一样。在政府干预的那些年里，联邦通讯委员会和国会在把这些问题看作是虚假广告还是攻击性言论方面进行了权衡，但是广播网络和电视台的所有者享受这样一种宽松的管制环境，这种环境鼓励电视的发展并只是象征性地关注一下教育节目和公共服务节目。[77]

电视一开始只是一种全国性媒体，跨国广播或者全球性广播只是在通信卫星发展起来之后才成为可能的。[78]当然，美国的电视网络系统并不是如何建设和管理电视的唯一可能选择。[79]在欧洲，虽然经济和通信基础设施的毁坏延迟了二战后电视广播的恢复，但是到1947年伦敦就有超过2万台电视机了。[80]来自于政府控制的英国广播公司（British Broadcasting Corporation，BBC）的第一档战后电视节目借鉴了英国广播公司广播分层的、阶级意识的方法（家庭服务，娱乐节目以及第三档节目）；该节目包括科学和博物学方面的内容，目标是满足观众“智力上的关注”。[81]通过《科学评论》（*Science Review*）和《医学问题》（*Matters of Medicine*），以及一些科学家［比如朱利安·赫胥黎（Julian Huxley）以及雅各布·布鲁诺斯基（Jacob Bronowski）］担纲的节目，英国广播公司迅速地让400万观众可以获得科学方面的信息。英国广播公司制片人在1953年说甚至他们的教育节目也越来越面临着“娱乐价值”标准的评估以及面临着采取美国商业广告模式的压力，因为这看起来是如此的成功。[82]

罗伯特·J·威廉姆斯（Robert J. Williams）强调说，当权力从设备制造商转移到广告商，然后再转移到娱乐企业集团的时候，“制度的嫉妒、意识形态信仰和经济利益在决定美国政府对广播管制的本质和有效性方面都发挥了各自的作用”。[83]尽管个人利益被认为是次于“公共利益、便利性和必要性的”，但是联邦监管机构授予了商业广播电台相当大的宽松度。这种情况对公共利益有好有坏，在阻碍教育性应用的同时也培养了创造性，同时对科学的传播具有持久的影响。

在全国广播发展的最初10年里，电视对文化、政治和社会影响的扩展是与经济和技术发展（电视机数量、电视台数量以及越来越先进的灯光和音响技术）齐头并进的。1945年的一本政府小册子——《电视的未来是什么样的？》（*What Is the Future of Television*）——对家庭社会结构、家庭装饰和购买模式的可能性变化做出了预测，但是地理学家鲍尔·C·亚当斯（Paul Adams）认为电视的影响最终将远远超过其物理层面（客厅）或者经济层面（个体消费者以及电视网络的投资），并延伸到美国生活的社会结构中。电视成为“文化意义的核心”，成为超越国家边界并忽视（虽然它稍微加强了）经济和阶级障碍的“聚集地”。[84]

评论员罗伯特·路易斯·谢昂（Robert Lewis Shayon）于1951年对《约翰·霍普金斯电视评论》中有关火山的片段进行了批评，他批评的是对地质学和地球物理学“事实”的坚守。他也在无意中预测了在（电视）这个电子空间中科学将如何被改变。谢昂写道他宁愿学习“约翰·霍普金斯文学系、历史系、可能还有艺术系和音乐系——对，甚至包括哲学系——对火山说了什么，”他还说“认为这不是”科学“只不过是想强调该节目人为的划分。”[85]实际上，谢昂呼吁置于文化和社会情境中呈现的科学将成为电视的标准模式。这种类型受到了数以万计观众的偏爱，虽然并非没有教育者的反对和抗议。

第 三 章

基础教育与基础经济学

好老师可能都是人来疯。

弗兰克 · 巴克斯特（Frank Baxter），1955[1]

通过商业电视来认真地传授科学的尝试开始于20世纪40年代中期的地方性电视节目，比如《明天的世界》（*Your World Tomorrow*），这是一档由高中教师约瑟夫·铭德尔（Joseph Mindel）以及纽约市教育委员会（New York City Board of Education）制作的全国广播公司的博物学系列片。[2] 作为一种向数以万计的学生和成人传播学科知识的途径，电视起初被认为是公共演说和图书的完美替代品。

闭路电视节目——在学校系统或者单个建筑物内传输——为缓解20世纪50年代"婴儿潮"时期的师资短缺以及生源扩张提供了短期的解决方案。[3] 开路的教育节目——通过商业电视台或者公共电视台发送信号，因而信号覆盖范围内的所有观众都可以接收到——后来则证明存在很多问题。拥有最强传输能力的商业频道不愿意把有利可图的播放时间贡献给教育性节目，因为无论接下来播放什么节目，这些教育性节目都不会吸引住观众。[4] 结果，教育节目被安排在了早间时段（对于上班的成年人来说通常不是最恰当的时间）或者信号不好的公共频道。当地的商业电视台可能会充分利用愿意共享其"知识宝库"的大学，一些电视台确实和中学建立了有效的联系，但是电视行业与公共教育社会目标之间的冲突一直阻碍着这些项目的发展。[5] 到1951年，纽约市电视台播放的所有节目中只有不到5%是教育性的。在1952年，纽约市电视台播放的节目中只有0.3%把焦点放在了某种类型的科学信息方面，那些可能吸引到成人观众的大多数节目都被安排在了深夜时段。[6] 到1953年，美国很多大城市只有一个教育电视台。评论家杰克·古尔德认为，"因为这个类别的科学节目很少会带来利润，因而它们被看作是第二重要的（不是最重要的），并且通常被看作是一件麻烦事……电视把广告商看作是它们接下来要做什么的最重要的信号，而非观众。"[7] 经济上的考量从一开始就阻碍了（电视的）良好愿望。

1951年，教育电视台联合委员会（Joint Committee on Educational Television）的法律顾问特尔福德·泰勒（Telford Taylor）强调说，公民、决策者和学校

系统必须开始考虑这个“教育上超凡的新设备”将会贡献出“什么用处和价值”以及教育者是否能够“有精力并且有机会充分利用电视”。[8]联邦通讯委员会被要求在数量有限的播放频率中保留一部分以供教学使用。商业运营商对这个提议的预留方案表示反对，因为在 1951 年任何一个地区播放的甚高频段（VHF）信号都不超过 7 个。把教育性内容推到特高频段（UHF）（信号较弱，且并不是所有的家庭都可以接收到这个信号）面临着巨大的压力。一些政策制定者强烈要求优先对待公民教育，他们认为无论这些内容是有关大选的报道还是地质学的报告，公众都应该得到更好的服务。当这个决定被抛给商业利益的时候，泰勒指出，他们选择只提供最少量的文化节目，以“作为他们可以自豪地指出来的案例展示以及作为转移公众和官方批判的避雷针”。[9]

在 20 世纪 50 年代参与促进教育电视节目的公民使人们联想到了早期的禁酒运动支持者——富有的商人、教授和名流贵妇，并且他们倾向于认为电视这

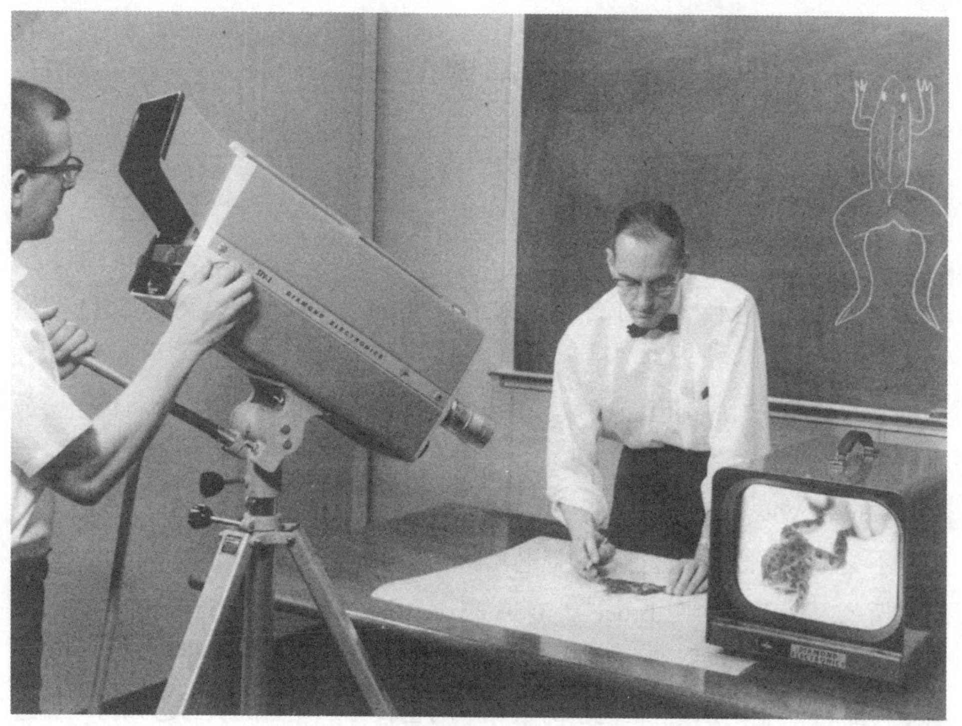

图 3　闭路科学教育节目。解剖的青蛙被用来展示一个价值 1.1 万美元的闭路电视系统（两个摄像头、一个放映机和显示屏）的重现性。这个系统在 1965 年被推销给了美国的学校。承蒙史密森尼学会美国国家历史博物馆文化艺术部摄影史馆提供图片。

种技术是一种对公众进行重整、启发或者教育的力量。他们的梦想是一个远离弥尔顿・伯利（Milton Berle）、搞笑以及智力竞赛的尘世，以及远离通过大众文化致力于民主化的媒介的尘世。就像之前发生在广播上的一样，科学在教育工作者的计划中只发挥了很小的作用。设计好的项目倾向于聚焦在戏剧艺术、舞蹈、音乐、文学、职业班或者工艺示范上，而非化学或者物理实验上。

当教育性节目确实取得成功的时候，其原因总是在于有一个锲而不舍的企业家，一个愿意学习如何创造性地利用这种技术而非在镜头前简单地复制课堂授课的“人来疯”。但是这些都是少数人。教育电视台在这次战争中败下阵来，R・D・赫尔登菲尔斯（R. D. Heldenfels）后来总结说，因为没有人，也没有创造一个同商业电视台上已有的节目完全不同的优秀节目的资源和能力，所以支持教育的理由很容易被削弱。[10] 科普再次深陷于教育者的偏见和媒体拥有者对电视广播控制之间的泥沼。

内部壁垒

1948 年，华盛顿当地电视台对本国最大的科学组织——美国科学促进会（American Association for the Advancement of Science，AAAS）（以下简称“美国科促会”）——100 周年纪念大会进行了大规模的报道，转播了著名科学家的报告，如天文学家哈罗・沙普利（Harlow Shapley）和心理学家阿诺德・格赛尔（Arnold Gesell）。[11] 鉴于电视这种媒介在公众拓展活动中的潜力以及普尔和马歇尔的电视系列片都已经获得了积极的反馈，人们可能期望美国科促会会鼓励更多的这种活动。1951 年的年会由美国科促会主席候选人、数学家沃伦・韦弗（Warren Weaver）召集，在公共拓展活动方面有所退缩的 1951 年年会对电视毫不关注，尽管正在进行着“把电视变成课堂”的全国性活动。[12] 历史学家布鲁斯・V・莱温斯坦（Bruce V. Lewenstein）指出，退缩的参与者在道德层面上对科普进行了解读。即使他们赞同科学知识的力量授予了科学家向社会进行科学传播的一些责任，甚至他们的共识声明也敦促科促会成员考虑如何“促进公众理解和鉴赏人类进程中科学方法的重要性和前景，”但是科促会的领袖不愿意大胆地利用这种新媒体。[13] 这些建议从来没有被转化为重大行动，无论是通过电视还是通过其他途径。冷战政治、政治争论、性格冲突和不愿意把传播任务交给媒体专家都降低了任何实验性努力的效果——这是在当时的科学界和学术界中不断重复的模式。[14]

当戴尔·沃尔夫利（Dael Wolfle）在1954年成为科促会的首席执行官时，他鼓励开展了一些可能会让电视参与进来的项目，但是科促会内部的阻力使得科促会把重点放在了同记者团巩固关系以及改善小学和初中的科学教育上。[15]整个20世纪50年代美国科促会和大多数科学组织的标准实践原则是：通过对正式会谈的报道进行管控，只让公众对科学进行“远观”。在人造地球卫星再次唤起人们对公众教育的关注后，美国科促会建立了公众理解科学委员会，但是几十年后该委员会才在利用电视促进科学上做出些重大努力。

韦弗长期以来坚持认为，科普应该强调的是科学价值，而非“科学成就”或者“辉煌的成就”。[16]社会学家W·F·奥格本（W. F. Ogburn）把这种方法描述为福音科普，也就是说以歌颂科学价值为目标的传播应该被作为一种生活方式和知晓方式，这与以解释科学发现或者基础知识为目的的说教科普是相反的。[17]这两种策略之间的对比是20世纪50年代利用电视开展科普的分歧的核心。

文化炼金术

“普及的科学”——特别是在广播媒体对科学的关注中——包含着观点和图像的大杂烩，既真实又虚幻，既精确又扭曲，观众可以随意地从中选择。有些讽刺意味的是，对科普学术性的怀疑与20世纪30年代社会科学的成熟同时发生。一些学者，比如鲍尔·F·拉扎斯菲尔德（Paul F. Lazarsfeld），认为对复杂议题——比如科学或者政治——的舆论和态度形成的分析必须对大众文化重叠的内容和重叠的受众进行解释。因为人们一次会“消费”很多类型的媒体，多变性和选择的范畴会影响预测的能力或控制影响的能力。[18]美国人在浏览杂志的同时还收听广播；购买解释相对论的严肃书籍的人同时也是对描绘心不在焉的科学家的漫画大笑的人。这种对信息接收的复杂性意味着正规教育对个体“知识”——比如化学知识——的塑造会少于他一生中消费的娱乐节目或信息对其知识的塑造。[19] 每个人对他从媒体中吸收的内容会有不同的反应；也会依赖于不同的信任渠道或者阐释者；还会从大众媒体的日常名单中选择不同的条目。因而理解公众如何对他们获得的科学进行阐释需要对整体的广泛关注，同时也需要分析不同的媒体机构在内容上如何互动与分享。向广大公众传播具体信息的时候，人们可能被强迫考虑其他更传统、更保守且更可控的渠道，比如印刷媒体或者正规的报告。

科学家和其他知识分子发现大多数大众媒体的内容空洞、糟糕，对他们来说，接受这样一种广角的观点意味着对流行文化的一种不可接受的认可。“低俗”和“高雅”这样的术语成了这个辩论中的“搬弄是非的言辞”。[20] 迎合大批观众可能会冲淡他们对美术以及古典音乐的欣赏，冲淡对哲学和诗歌的欣赏，从而冲淡对科学的欣赏。[21] 评论家们认为“没有艺术形式、知识以及道德体系可以强大到经得起‘俗话’”，因为“一种文化炼金术把它们都转换成了软通货。”[22] T・W・阿多尔诺（T. W. Adorno）对“广播使得贝多芬的《第五交响乐》变成了一个容易吹口哨的曲调”的哀叹以及汉娜・阿伦特（Hannah Arendt）对流行文化使“经典”变成了“一些容易被消费而非理解的东西”的观察都是学术上对此蔑视的一个缩影。[23] 20 世纪 30 年代盛行的对流行文化的批判在 20 年后卷土重来：电视贬低并且大肆渲染了每个话题；电视减损了更加实质且严肃的活动；电视鼓励逃避主义、损害了道德标准、曲解了现实；通过大规模广告，电视鼓励人们购买他们并不需要的产品。[24]

电视节目的所有者和决策者倾向于用君主式的傲慢来消解这些批判。尽情地放出你们刻毒的话并拍砖吧！我们掌控着演播室呐！伴随着代表性的蔑视，哥伦比亚广播公司的总裁弗兰克・斯坦顿（Frank Stanton）宣布学者们无法容忍他们的观点被冲淡，以及他们担心科普会成为对他们自身财产的审查。[25] “知识分子对大众媒体表现出好感是不可避免的”，他解释说，因为他们“不是真的甘心于民主生活的一些基本特征”。[26] 对娱乐毫不掩饰的敌意显然反映了专家们担心他们自身的权威和声誉会在大众论坛中受到挑战，但是尼尔・加布勒（Neal Gabler）建议，这些态度也来源于对公众趣味和情感的根深蒂固的不信任——也来源于对社会需要什么的冷漠。[27] 大众娱乐追捧非理性的“胜过智慧的感官胜利，胜过理性的情感胜利。”[28] 一些学者甚至把广大公众建构为受害者，并且把媒体丑化为公司的工具，他们拒绝承认媒体的内容能很好地反映“真实品位和价值”。[29]伊文 · 卡普（Ivan Karp）认为“高雅”和“低俗”“与权力观念和控制观念存在着密切联系，与谁应该有权发声以及谁应该保持沉默的观念存在着密切联系。”[30]无论其根本原因是什么，对于媒体科普的评论倾向于有一个家长式的腔调，帕特里克 · 阿扎尔（Patrick Hazard）认为，这好像在读“一份验尸报告。”[31]

一些科学家坚信“为了让科学知识能够被非专家所理解而对科学知识进行处理和重新打包”将不可避免地把科学知识贬低为一些“扭曲且不太真实”的东西，对他们来说，同大众文化的制片人合作是一个不可接受的选择。[32]其恐惧在于由那些既不尊重科学又不把其最佳利益放在心上的人所发起的科普会成为做给科学看的东西而不是由科学家做的东西，即使是以教育成年人为目标的科普。一旦落入“错误的”手中，知识就可能被误读。科学家本身应该控制信息的流动，并只把这种许可授权给被认为是精确且权威的作品，这种态度反映了强化文化界限的长期努力，这种文化界限支持着技术专业知识的名誉和权威。[33]安东尼 · 史密斯（Anthony Smith）曾经嘲讽地说道，撰写科普作品的问题在于“它快速地移动……并且落入‘与它毫不相干的人手中’”。[34]电视被认为也具有类似的潜在危险。

跨越整个美洲大陆的课堂

除了那些成为全国名人的人物之外，比如罗伊 · K · 马歇尔，其他科学家和学者也开始走进当地电视台的演播室，甚至参与到游戏以及现场访谈之中。西北大学（Northwestern University）教授卑尔根 · 伊万斯（Bergen Evans）经常受邀出现在小组讨论节目中，他告诉《时代》杂志说参与电视节目的学者“有一种进入到广阔世界的感觉。”[35]人类学家 M · F · 阿什利 · 蒙塔古（M. F. Ashley Montagu）在纽约教育局《三台相机》（*Camera Three*）节目中亮相并讨论诸如进化的议题，这次亮相也让他受邀在工作日期间的《家庭》（*Home*）系列中讨论家庭关系和育儿技能，并且巧妙地回避了《今夜秀》（*The Tonight Show*）主持人的玩笑。[36]

对于爱冒险的教授来说，一个虽然不那么振奋人心但是却更有效的平台是为电视提供大学课程。这些项目是民主传播中的实验。他们把科学课程带给成千上万愿意观看的观众，早些时候是通过广播，从而传播给那些因为经济原因或者由于种族隔离或其他偏见而无法倾听公开演讲或者获得足够正规教育的人们。于 1951 年在宾夕法尼亚地区播放的《空中大学》（*University of the Air*）是由三角电视台（Triangle Television）[《电视指南》（*TV Guide*）的出版商］和 22 家宾夕法尼亚州的学术机构联合制作的项目，并很快就扩展到三角电视台的全国网络。[37] 这些课程的议题包括文学、经济学、化学和自然资源保护。利哈伊大学（Lehigh University）的生态学教授弗朗西斯・J・特朗布莱（Francis J. Trembley）对《人类事务的百万年印记》（*The Imprint of a Million Years of Human Affaris*）进行总结。来自于布林摩尔学院（Bryn Mawr）、斯莫斯摩尔学院（Swarthmore）以及海卫福特学院（Haverford）的 22 名教授联合制作的《我们与其他文化的关联》（*Our Ties with Other Cultures*）把艺术史、音乐、社会学、地质学、动物学和工程学交织在一起。布林摩尔学院的教授玛格丽特・莱尔（Marguerite Lehr）告诉其数学同行说，虽然“机会与风险都很大”，但是她说在“用电视做实验”期间，她最享受的是即兴演出以及观众的电话互动环节。[38] 1959 年，注册了《空中大学》的学生中有 84% 是女性；大多数观众的年龄在 36~55 岁。[39]

两档电视节目——美国全国广播公司的《大陆教育电视班》（*Continental Classroom*）和哥伦比亚广播公司的《日出学期》（*Sunrise Semester*）——依赖于个体教员的魅力。在康奈尔大学获得博士学位后，物理学家哈维・艾略特・怀特（Harvey Elliott White）在 20 世纪 30 年代进入到加州大学伯克利分校的师资队伍当中，怀特因在原子光谱学领域的卓越工作而知名。在收到福特基金会奖学金并冒昧地为匹兹堡电视台 WQED-TV 设计物理课程的时候，中年的怀特还是几本重要教科书的作者。WQED 项目的成功促进了《大陆教育电视班》的发展，并且成为第一档可以获得学分的全国性物理课程，当然福特基金会承担了更多的承销工作。该项目与美国教师教育学院联合会（American Association of Colleges for Teacher Education）进行了很好的合作。1958 年秋季系列上线的两个月里，大约 5000 名学生以每集 45 美元的价格登记获得学分，250 所大学认可这些学分，150 个电视台播放这档节目。《原子时代的物理》（*Physics for the Atomic Age*）吸引了超过 250 万拿学分的学生和“旁听生”，这些常规观众包括高中生及其家长、蓝领工人、军事人员、修女以及圣昆廷监狱（San Quentin Prison）的 500 名服刑人员。[40] 如此的成就表明这档节目物超所值——公司和基金会一开始投入了 1000 万美元来对节目进行策划和制作，美国全国广播公司的附属机构也提供了播出时间。[41]

虽然全国广播公司的这个项目受到苏联人造卫星时代改善科学教育的目标的刺激，且一开始是为高中科学教师准备的，但是观众规模的扩大是怀特的功劳。该节目的片段在纽约被录制下来并在全国放映，怀特成功地向通常“为了科学而牺牲睡眠时间的”观众传达了自然感和友谊之情。在很多地方，《大陆教育电视班》的播放时间是早晨 6:30~7:00。《时代》杂志写道：这档节目应该是“没有典礼官的核子火鸡节，通过电视屏幕上诡异的蓝光，在寒冷冬日清晨之前的黑暗时刻，这个节目中衣着凌乱的明星好像是失眠的炼金术士。随着眼镜滑下他的鼻子，他制作出了让人们想起牛顿、法拉第、普朗克、爱因斯坦和海森堡的电子、质子和介子。”[42] 作为一个“身材瘦削，友好且健谈的人”，怀特通过准备而非演技让物理学变得迷人。《时代》把他描述成一个喋喋不休地“絮叨着市场报告的农场代理”，但是他总是准备得很充分，花费大量的时间在剧本的制作和排练上。他还邀请众多科学名人作为嘉宾，包括 7 名诺贝尔奖得主。后来的《大陆教育电视班》课程聚焦于化学、数学和美国政府，并通过与相关的专业组织合作来遴选教员。[43]

该项目的竞争者——哥伦比亚广播公司的《日出学期》——在 1957 年是作为纽约大学主办的一档地区性节目，接下来的 1958 年该节目扩展到每周播出 6 个小时，包括周六。作为一档低预算且没有赞助商的节目，《日出学期》依靠捐赠的播出时间和志愿者运行。在全国范围内，其他电视台和大学也参与到类似的活动中，比如犹他大学（University of Utah）和密歇根大学（University of Michigan）资助的人类学课程，麻省理工学院的教授讲授的科学讲座以及亚拉巴马大学（University of Alabama）资助的数学课程。[44] 芝加哥大学的项目《科学 ’58》（*Science ’58*）每周末早晨 6:30 分直播，为大清早起床的人提供最新的科学事件和科学成就的信息。[45] 为了配合其附属教育项目的公共宣传，哥伦比

图 4　一些科学家成了电视名人。1958 年，加州大学物理学家哈维·艾略特·怀特在美国全国广播公司的《大陆教育电视班》上进行首次授课。承蒙美国物理学会埃米利奥塞格雷视觉档案馆提供图片。

亚广播公司在 20 世纪 50 年代晚期设立了一个科学召唤（*Science Calling*）项目。比如，在旧金山电视台的新项目是同斯坦福大学进行合作的，在洛杉矶电视台的项目是和加州理工学院（California Institute of Technology）合作的。

尽管有良好的收视率以及激情四射的学生们，但是这些教育性节目总体上对电视影响甚微。在一些产品市场中，这些课程是电视节目中唯一与科学相关的节目，这反映了与“课堂而非客厅”紧密合作的学术偏好。[46] 就算没有预算的压力(《大陆教育电视班》表明承销可以通过制作高质量的系列片来实现)，学者和教育群体的态度和热情也会大不相同。一个评论家建议教育者应该后退，只提供材料和总体指导，让专家来陈述:“在没有这样的融合性人才之前，教育节目将不会让教育者或者广播公司非常满意，也不会让观众满意。”[47]

成本估计

钱一直是个持续性的问题。对于任劳任怨、不拿任何报酬地为广播制作非商业性节目的科普人员来说，在向电视贡献更多的时间以及精力方面持谨慎态度是可以理解的。科学服务社（Science Service）的主任沃森·戴维斯（Watson Davis）在 1949 年解释说，虽然（电视）要比广播更昂贵，但是电视所处的发展期就等同于 20 年前广播的发展期:“如果我们要制作电视节目，他们应该自食其力。”[48] 如果没有慈善性的补助，那么一个电视系列片就需要商业赞助，而类似于科学服务社或者美国科促会这样的非营利组织认为这是与它们的使命格格不入的。

对于《约翰·霍普金斯科学评论》来说，该大学接受了来自于杜蒙特网络的小额资助和捐赠（年度金额从 1 万美元增加到 5 万美元），当地电视台拿出了播放时间，并且资助了学术奖学金。[49] 约翰·霍普金斯大学短暂地同意接受一家化学公司的赞助，但是随后不久又禁止插播商业广告。[50] 尽管如此，琳恩·普尔确实接受了来自于政府机构和公司（比如，通用电器和美国无线电公司）的设备、道具和协助，并以节目中鸣谢和公共宣传的形式作为交换。[51] 1955 年的 52 个节目的直接花费达到大约 3 万美元，这个数字还不包括普尔及其员工的工资，或者嘉宾及其演员（这些演员来自于其家庭成员或者大学成员，他们对历史场景进行戏剧化并且展示科学原理）的时间成本。

没有了重要的资助，正建立自己教育电视台的大学面临着更艰难的挑战。1952 年，威斯康辛大学电视演播室和录像设备的费用是 20 万美元左右。[52] 为了在全州播放并且生产出可以竞争过商业网络中那些“摔跤、西部电影和袒胸露乳”的内容还需要上百万美元。[53]

对电视缺乏激情的大型学术共同体也帮不上忙。当联邦通信委员会在 20 世纪 50 年代早期对电视的教育性用途举行听证会的时候，一流大学的代表都懒得发表看法。“他们对迄今为止最好的教育性媒介放任自流，（就像）他们让广播放任自流一样，”约翰 · 克罗斯比（John Crosby）抱怨说。[54] 同时，商业电视产业的利润猛涨。1955 年，四大全国电视网络及其拥有的电视台创造的利润超过 3.74 亿美元。同年，杜蒙特网络的利润也翻番；美国广播公司、哥伦比亚广播公司和全国广播公司可以对独立制作的节目挑三拣四了，并且其经济利益已经插足到了超过一半的黄金时段的内容之中。[55]

虽然联邦通信委员会允许非营利组织申请电视执照，但是国会并没有就生产设备或者为传输塔提供经费出台规定。教育性机构不得不抓住来自于私人捐赠者或者州议会的经费的机会；直到 20 世纪 70 年代中期，对教育性（公共）电视的联邦补贴经费才出现。与此同时，商业电视网络塑造了观众的预期，R · D · 赫尔登菲尔斯（R. D. Heldenfels）也指出，这种情况“搅浑了”教育性电视可能是什么的任何清晰愿景。[56] 当联邦通信委员会在 1952 年对许可证的冻结进行松绑之后，超过 200 个电视频道可以用于教育用途。两年后，许多频道仍然无人认领。一些大学最终再次把其许可让渡给了商业运营商，因为他们无法（或者不愿意）为电视台的运行提供经费。

政治压力以及心理障碍

史密森尼学会这个多层的准联邦式组织在其“增加并传播知识”的使命内承担了研究和教育活动，因而人们可能期望史密森尼学会满怀激情地拥抱这项新的传播技术。然而，史密森尼对此的反应类似于其他精英的科学机构和文化机构：设立委员会研究这个媒介，热情地对待外部制片人提出的建议，然后止步不前。生物学家亚历山大・维特摩尔（Alexander Wetmore）和心理学家伦纳德・卡迈克尔（Leonard Carmichael）是在电视出现的初期领导史密森尼学会的两个人物，他们都持续地对电视表现出不温不火的兴趣，对是否选择利用电视也思忖再三，进而犹豫不决。比如，1948 年 6 月，广播和电视台的负责人建议在附近的一所大学里开播一档比富兰克林研究所的《事物的本性》还要“火”的节目。[57] 经过一个月的协商，史密森尼学会的秘书维特摩尔解释说史密森尼期望“他日（史密森尼）以公共服务的形式进入到电视领域中”，但是史密森尼不会追逐这个特定的想法。维特摩尔引述了他和他的继任者们几十年来重复的理由，比如不情愿把有价值且易碎的展品运送到演播室中，给史密森尼学会的工作人员带来额外的工作负担（“博物馆馆长是否欢迎这种对他们时间的额外要求？”），以及认为这种媒介也许不那么重要（维特摩尔把“电视广播相对较小的范围与全球广播进行对比”）。[58] 即便电视的活力和“范围”得到了证实，但是电视给史密森尼学会的员工带来的潜在压力仍然是其拒绝任何请求的方便借口。[59]

当《哥伦比亚广播公司新闻》建议就有关怀特兄弟的飞机和类似的历史文物开播一档电视片的时候，史密森尼的官员们成立了一个委员会来研究这项倡议。[60] 其成员赞赏该提议“以学会较低的成本”覆盖大量受众的前景，承认电视在文化和科学表达方面的潜力，并且发现这个提议与史密森尼的使命相一致，并最终认为电视可能会提供有用的宣传作用。[61] 一档成功的节目“可能把史密森尼带入到人们的家里”，而这些人则是选民的代表。起初，该委员会就剧本审核和拍摄的建议安排表示赞成，但是很快他们着眼于三个问题：谁为产品买单？对这种内容是否存在着需求？如有需求，是否可以通过其他媒体得以满足？维特摩尔最终拒绝了哥伦比亚广播公司的提议，他解释说史密森尼只想在“高层次上”参与进来，并且预估的 4 万 ~5 万美元的内部成本（再加上员工的时间）超出了其可利用的资源。[62]

偶尔，史密森尼的个别科学家们或者馆长们确实同意出现在当地或者电视网络的节目中。1953 年春，有几个广播电视台联合开展了动力飞行 50 周年纪念活动，比如《戴夫加罗威表演》（*The Dave Garroway Show*）中的一个片段。1953 年 4 月 8 日，一档有关查尔斯・林德伯格（Charles Lindbergh）的当地节目——《圣路易斯的精神》（*Spirit of St. Louis*）——邀请了史密森尼的一些人员出镜，包括卡迈克尔（Carmichael）、史密森尼前秘书长查尔斯·格里利·艾伯特（Charles Greeley Abbot）和国家航空博物馆馆长保罗·加伯（Paul Garber）。同年春，史密森尼遭到了南达科他州参议员弗朗西斯·凯斯（Francis Case）的炮轰，他认为史密森尼应该设立一个电视项目，而不是要求为展览和史密森尼的建筑增加额外的经费。[63]凯斯向记者们解释说，电视能让身在美国的任何人看到史密森尼学会所属博物馆里的内容。[64]受到凯斯办公室的鼓励，众多电视台、广告商和公共关系公司开始联络卡迈克尔，要么提议建立电视节目生产部门，要么建议拍摄系列片。[65]到 1953 年中，史密森尼开始了同哥伦比亚广播公司和全国广播公司的讨论。

这些电视网络的谈判受到了两个因素的困扰，即编剧和经费。这也是几十年来困扰着类似于史密森尼这样的冒险项目的两大问题。电视要求具有一个叙述主线来统领节目中的形象，剧本提供了一个比拍摄展览馆的影片更具创造性的工具，以讲述博物馆研究和展品背后的故事。一个制片人说到“纯粹教育性的东西……是无法吸大批观众的。”[66]当全国广播公司在推动“有兴趣且戏剧化的”节目的时候，史密森尼的官员们担心剧本可能会损害研究和藏品的“真实性”和“独创性”。[67]虽然哥伦比亚广播公司每个节目都在预付款以及附属权利方面有着明确的分工，但是其想法也遇到了类似的问题。[68]对于那些系列片来说，出现在镜头前的科学家们和馆长们被要求加入与哥伦比亚广播公司签订协议的工会，并且禁止他们在合同期间出现在其他广播或者电视节目中。此外，哥伦比亚广播公司还要求拥有节目播出的最终批准权以及向赞助商销售节目的权利。经过长达数月的陷入僵局的谈判，哥伦比亚广播公司和全国广播公司都撤回了自己的倡议。

其他试图作为中间人协调类似项目的制片人也遇到了同样的阻力。1954 年早些时候，史密森尼的摄政者们（他们是该机构的受托人）对卡迈克尔施加压力，要求他继续尝试。[69]那时，至少有一个可行的模式是存在的。1952 年，福特基金会赞助罗伯特·索德克（Robert Saudek）成立了实验性的电视 / 广播工作坊，该工作坊促成了《奥秘》（*Omnibus*）的诞生，这是一档以受过良好教育的精英为受众的综艺节目。[70]一个小时的节目可能包括科学表演、诗朗诵、音乐或者舞蹈表演以及一场莎士比亚戏剧。受到卡迈克尔与电视台网络管理者会议的鼓励，索德克带着一个典型的《奥秘》想法找到了史密森尼——让高大上的文化变得“有意思起来”。在馆长们的陪同下，喜剧演员弗莱德·艾伦（Fred Allen）可以于电视直播期间在博物馆内游览“某一有意思的区域”。艾伦巧妙的对答可能“具有幽默的性质”，而史密森尼的馆长们则担任滑稽演员的配角。比如，索德克建议艾伦可以拿“潘兴将军坐骑的皱巴巴的皮肤”开玩笑（近期在《生命》杂志上描绘的手工艺品）。[71] 当卡迈克尔回应说他在设想一个完全不同的项目时，索德克说即使对于“一个绝对具有教育意义的故事片来说”，

图5　1953 年 4 月 8 日，电视的“展示和讲述课”。在本次华盛顿特区的广播中，史密森尼学会前秘书长查尔斯·格里莱·艾博特（Charles Greeley Abbot）与现任秘书长伦纳德·卡迈克尔（Leonard Carmichael）、国会山航空公司（Capitol Airlines）首席执行官詹宁斯·兰道夫（Jennings Randolph）、WTOP-TV 电视台播音员比尔·詹金斯（Bill Jenkins）和国家航空博物馆馆长保罗·格伯（Paul Garber）共同讨论查尔斯·林德伯格（Charles Lindbergh）著名的跨大西洋飞行。利用一张地图和一套飞行员的原始飞行服（挂在身后的墙上），格伯解释了林德伯格的圣路易斯精神号（The Spirit of St. Louis）飞机如何向华盛顿进行了最后一次飞行，现在它永久地陈列在史密森尼学会。承蒙史密森尼学会档案馆提供图片。

折中也是必要的："特别重要的是让故事片有吸引力，在这个意义上华特·迪士尼把自然处理成舞蹈音乐的娱乐，有时候还伴随着鸟类和动物的反常行为……我们节目的哲学……确实尝试利用一些技术，而这些技术能对绝大多数人面对大多数严肃主题都会产生的特殊心理障碍进行回击。"[72]艾伦的诙谐风趣不会主导这些片段。欢声笑语只是充当吸引观众的"诱饵"，"就像《生命》杂志上有关潘兴将军皮肤皱巴巴的坐骑的全页图片意在吸引读者阅读有关史密森尼更多严肃的内容一样，"索德克如此写道。弗莱德·艾伦要比"从杰基·格里森（Jackie Gleason）到亚瑟·戈弗雷（Arthur Godfrey）的其他一百个喜剧演员"优雅得多。

作为心理学家，卡迈克尔承认这一点，并且他对为了保持住观众的注意力而需要采用传播技术也表示"赞同"，但是他对电视做出了一种典型的学术反应。他迟疑于允许采用一种可以"诙谐幽默"的方法，因为担心看起来不严肃："你可以回想起马克·吐温谈论他的悲伤，但是却无法做出严肃的评论，因为他说的任何事都是搞笑的。"[73]

卡迈克尔在1954年年底发表了自己的意见，他说他曾"多次不情愿地就这个问题与董事会进行过非正式的讨论，这些讨论通常都因同样的看法而终结，即我们不应该与电视网络建立正式化的关系。"[74]然而，史密森尼的官员们继续在谈判、协商和拒绝。[75]拒绝的原因可能多种多样：把一件贵重的或者极具历史意义的展品带到演播室是不可能的；现场拍摄可能会打扰研究或者干扰参观者观看展览；制作合格质量节目的成本超过了史密森尼的可用资源；没有制片人或者电视台网络会被授予独家权限。然而，这个"不可逾越的"障碍仍然是科学家们和馆长们的态度。

寻找观众

《约翰·霍普金斯电视评论》停播之后，在20世纪50年代针对成年人的大多数新出现的科学系列片都是"和好玩没有任何关系的事情。"作为夏季替代表演的《搜寻》（*The Search*）于1954年在哥伦比亚广播公司首播，并一直持续到1958年。该节目由记者查尔斯·罗米（Charles Romine）和埃里克·塞瓦赖德

（Eric Sevareid）共同主持，展示的是一些学术研究，话题包括口吃（爱荷华大学）、汽车安全（康奈尔大学）、儿童发展（耶鲁大学）以及种族关系（费斯克大学）。对于那些通过电视捍卫公民教育的人来说，这种一本正经、说教式的方法代表着视觉上的失败。教育者们和共同体的领袖们仍然作壁上观，他们对电视吹毛求疵、多管闲事，但却拒绝制作电视节目，而不是去塑造电视。[76]当广播兴起的时候，评论员杰克·古尔德认为教育者不是“没有理解广播并放弃了与觊觎少数可用波长的商业利益进行搏斗”，就是把他们在象牙塔中的态度带到了演播室并且招致听众的烦恼。现如今，这个模式再次重现。预测电视将使文化标准降低地位的教授们无助于生产高质量的具有竞争力的电视节目。[77]但是古尔德没有让学者们摆脱困境。仅仅对商业电视表示“清晰的绝望”是不够且不负责任的。[78]

电视网络也共享了这种失败。在整个广播时代，广告商通过购买产品或者否决潜在的议题或方法对广播的内容进行塑造。[79]哥伦比亚广播公司在 1946 年开始自己生产广播节目，并且这种实践延续到了电视当中。广告商的影响力仍然是相当大的，虽然是间接的。赞助商要求高的收视率。每当广播公司把过去观众的选择解释成是对保守的、模仿的故事情节表达的一种偏好时，这种假设就会促使广播电视节目离更具挑战性的内容越来越远。极大地增加了电视系列片利润的国内和国际企业联合组织使得普遍的、均质的方法更具有吸引力。[80]

为了对林恩·普尔和罗伊·K·马歇尔的更具娱乐性的演出进行补充，哈维·埃利奥特·怀特以及其他热忱的、激情四射的科学教育者们提供了积极、精确的科学课程。电视的其他方面——不幸的是，电视的大多数方面——在推动着另外一种现实。电视的经济和文化力量来自于它能够利用戏剧和刻板印象来抓住观众的注意力。当真正的科学教师们在当地电视台做演讲的时候，演员沃利·考克斯则展现出了一个竞争性的画面。[81]从 1952 年 7 月到 1955 年 6 月直播的《皮珀斯先生》（*Mr. Peepers*）是第一部以虚构的科学教师为主要内容的电视系列片。考克斯扮演的罗宾森·J·皮珀斯是一个讨人喜欢但不起作用的角色，他“温文尔雅、枯燥无味、还有点文绉绉”，不切实际且过于沉迷于理论。他不知所措且“脱离现实世界”，他“梦幻般的眼神”透过厚厚的眼镜片目不转睛地盯着学生们、同事们和怒不可遏的学校官员们。皮珀斯为观众提供了这

图 6 《教育性电视给你提供了什么》宣传册的封面插图，由公共事务委员会于 1954 年出版。虽然一些大学和高中教师参与到了利用电视来超越课堂，但是其他美国教育人员对电视这个媒介采取了更加冷淡的态度。承蒙史密森尼学会档案馆提供图片。

样一种令人欣慰的印象，即在大清早的电视中看到的并不是胸有成竹且有条不紊的专家在电视上做报告。[82]

“科学家”因而可能会被具化为电视所需要的任何形式。华特·迪士尼于 1945 年在《舆论季刊》(*Public Opinion Quarterly*）上发表的题为《作为教授的米奇》(*Mickey as Professor*）应该对教育者们释放出一种信号，即对电视这个小屏幕进行控制的战争需要战略性的参与。[83]迪士尼主张通过动画和戏剧化的方式纳入“虽然以娱乐的方式表现的但根本上是教育性的态度”。[84]为了取得成功，他认为产品必须适应电影制作人的技艺、教育者的目标以及经费和促销方面的局限性。他坚持认为电视只能对课堂进行补充，而不是取而代之。

科学家们通过电视发表的演讲无法同和蔼可亲的动画老鼠相抗衡。不论结果如何，使博物学、物理学、医学以及太空等具体化的娱乐节目以及那些很多由迪士尼生产的或者受到迪士尼影响的节目很快就成了电视传播科学的主要渠道。

第四章

科学之戏剧化表现

在电视中，对某些节目材料的类型进行强调是自然的，比如戏剧、新闻或者体育赛事，这些类型的可见性有助于强化其情感效应。

大卫·沙诺夫，1939[1]

由于科学的公众形象会削弱情绪的重要性，所以在传播科学的公众形象这个主题方面，戏剧似乎是一种不合适的工具。欢声笑语和幽默是实验室文化的旋律主线（并且雄心壮志和竞争力会困扰专业交流），但是研究人员的公共演讲在传统上会回避任何有关激情、恐惧、欲望、愤怒或者悲伤的建议。期刊论文会删除文中提到的人名；句子也被建构成被动语态。

就像长期以来讲故事被用来让有关科学的印刷品和讲座生动活泼一样，戏剧为电视科普人员所面临的困境提供了解决方案。[2] 好莱坞导演欧文·雷纳（Irving Lerner）曾经抱怨说在科学中“所有的事情都发生在实验设备上”，因而在电视屏幕上难以（如果有可能）可视化。[3] 他说把摄像机镜头对准回旋加速器，观众们只能看到一个金光闪闪的金属外壳。戏剧化有助于克服这种障碍。比如，角色之间的对话可以用来解释物理学。此外，到 20 世纪中叶，戏剧已经成为一种熟悉的传播模式。雷蒙德·威廉姆斯（Raymond Williams）认为，电视出现的时候正是戏剧不再局限于舞台的时候。[4] 体育赛事和政治会议的每个瞬间都被常规地灌输到“戏剧”中。电视脚本可以提炼出人类的情感以引起同情、引发赞美、引发欢笑以及激发人们的厌恶之情。剧本作者们采用经典的戏剧性的跨度来实现兄弟姐妹之间、配偶之间、战友之间以及科学家之间的悲剧或者喜剧、滑稽或者悲怆的效果。[5] 这种技术利用了电视这种媒介的亲密风格，从而有助于实现威廉姆斯所谓的“盒子的戏剧”，即“在小型的封闭房间里，一些角色体验着私人的经历。”[6] 为了和这种情境进行竞争，科学不得不被戏剧化。在电视制造的环境中，每个词语和动作都经过精心的编排，为了获得戏剧效果，自发性被从科学中挤掉了。罪犯被捕、电视游戏节目获胜、科学实验完成都发生了转向。

早期的电视小说确实偶尔以科学专业知识为特色——丛林探险者、太空旅行者、英雄的医生以及典型的“疯狂科学家”。1940 年，全国广播公司的《马格诺利阿漂流剧院》（*Magnolia Floating Theater*）包括了罗伯特·路易斯·史蒂文森（Robert Louis Stevenson）的《化身博士》（*Dr. Jekyll and Mr. Hyde*）改编版，这个科学家自行开展实验以摆脱其潜意识中邪恶方面的故事有数十个版本，而这是第一个版本。电视还通过“文献电视片”的方式来探索科学，在这些文献纪录片中虚拟化和事实叙述夹杂在一起。罗杰·西尔弗斯通（Roger Silverstone）指出，电影纪录片传统上是和电影戏剧相区别的，因为前者“主张真实性和现实性，主张未拍摄的现实的特定方面的事实精确性以及正确重复”。[7] 在文献电视片中，真实科学家的生活和工作可以加以调整以增加悬念（“这个实验会成功吗？”）。导演们把表演活动、戏剧和动画同原版电影结合起来，并由此延伸了叙述的边界。[8] 对场景进行编辑、删减以及重排变得可以接受，用音效、音乐和叙述对场景进行润色也变得可以接受，即使对科学节目也是如此。[9] 有些文献电视片紧贴事实；其他的则是无可辩驳的混合体。这些混合体再造了当镜头对准玛丽·居里（Marie Curie）实验室或者当考古学家霍华德·卡特（Howard Carter）打开图坦卡蒙（Tutankhamen）的墓穴时可能发生的事情。[10]

对于博物学纪录片来说，利用戏剧化的技术可以强化隐藏在自然王国内的无上神秘。[11] 一个镜头可以缓慢地略过一片漆黑的森林，或者追踪在一头鲨鱼前面“飞奔”的色彩斑斓的小鱼，或者悬停在正在巢穴中孵化的幼鸟上。从《在动物园和我见面》（*Meet Me at the Zoo*）以及《动物园巡游》（*Zoo Parade*）开始，电视上的博物学系列片有意识地把采集于当代研究的事实与动物“生活故事”“可接受的戏剧化”混合起来。讲故事的手法主导了科学。科学家们被模式化成自然的观察者、动物的追踪者、栖息地的守护者或者环境保护方面的政治卫道者，而他们的研究工作（评估、分析、认真但单调乏味的累积数据）在叙述中得不到承认。戏剧意欲加强观众对科学的兴趣，却无意中发挥了让科学研究工作晦涩难懂的作用。

自然王国的可视化

为了娱乐而采用博物学影像的时间要早于电视的出现。从博物馆“展柜的好奇心”到幻灯片放映，像马丁（Martin）和奥萨·约翰逊（Osa Johnson）这样的早期电影制片人吸引了大批观众关注他们的非洲动物园游记，很多节目都是和美国自然历史博物馆（American Museum of Natural History）合作拍摄的。[12]约翰逊夫妇及其竞争者们在20世纪20年代和30年代利用与博物馆和动物园的联系来强化虚幻的真实性，甚至是漫不经心地再创作、重构以及巧妙地重组事实；然后好莱坞把这些电影作为具有“教育性”“信息性”并适合家庭观众观看的节目来销售。[13]

由于实景模型、展品和珍奇动物包含着丰富的可视化潜能，因而早期的电视把触角伸向了博物馆和动物园，并且这些机构通常欢迎对其进行宣传报道。1948年，全国广播公司的《科学和工业博物馆》（*Museums of Science and Industry*）在纽约进行直播。[14]美国广播公司的《周日的布朗克斯动物园》（*Sunday at the Bronx Zoo*）在1950年开播，由动物园园长兼作家的威廉·布里奇斯（William Bridges）和喜剧演员兼播音员的德沃德·科比（Durward Kirby）共同主持；在纽约动物园播出的节目包括了动物之间的“对话”。其他广播电视台说服动物园管理人员把他们的野生动物带到演播室中。《动物诊所》（*Animal Clinic*）由芝加哥的兽医卫斯理·A·杨（Wesley A. Young）在1950—1951年主持，该节目建立了电视的第三种模式，一种直到今天还在电视上出现的模式：一个友善的、适合上镜的兽医在传播动物行为和生物学方面的基本信息，同时自信地应付着精力充沛但愿意配合的小狗、小猫、鸟类、爬行动物和啮齿动物。

1947年年末，史密森尼国家动物园的园长威廉·M·曼恩（William M. Mann）允许在园内进行直播，他认为这项工作让人兴奋但质量平平，动物园员工们也反应不一。一个动物园管理者认为史密森尼的设施包含着把娱乐和教育结合起来的巨大可能性：“动物园中的每只动物可以有值得拍摄的事实和评论，比如它的名字、活动区域、野外的栖息地、经济上的重要性、特定动物在动物园中形成的结构特点、它吃什么以及它如何应对它的饲养员及其他人等。”[15]虽然当地电视台工作人员为动物们虚构了（或者弄混了）名字（镜头中是白尾猴，而播音员描述的则是“蒂蒂猴”），观众可能也不知道（后者没有必要去关注）它们的区别。然而，对于专家来说，这样的错误损害了传播的价值。

到1949年，史密森尼动物园的管理者们和博物馆馆长们会定期地出现在当地电视节目中。被邀请携带“小动物”（大多数电视人似乎不关注他们带了什么物种来）在华盛顿青少年联盟的社区表演《娱乐时间》（*Playtime*）中露面时，动物园的助理主任选择了一只哥伦比亚小尖吻浣熊（cuzumbie）（已灭绝——译者注）。其他员工在 1949 年全年的节目中则多次携带爬行动物到《护林员哈尔》（*Ranger Hal*）的演播室。

纵然员工们付出了大量的时间和精力，但是大多数动物园不会从这些配合性的工作中得到任何报酬。《在动物园和我见面》于 1953 年间的每周六下午进行现场直播，担纲主播的是费城动物园的主任弗里曼・M・雪莱（Freeman M. Shelly）。雪莱向曼恩吹嘘这个节目有多么成功（"这种媒介的宣传效果很好"），但是他也承认"有一个超级头疼的事情，并且引发了各种各样的员工问题……这使得我多次思考该节目是否值得我们付出的时间和精力。"[16]（有人提出）一个晚间节目的倡议，其特点是让史密森尼的动物们占据三分之一的播出时间，并且该节目将每周播放四次。史密森尼的秘书长伦纳德・卡迈克尔对节目主持人（当地一个美女）并不反对，但是他拒绝了商业赞助。[17]

在整个 20 世纪 50 年代，这方面的邀请持续增加，并最终让合作的重负开始超过任何预期的回报。在 1960 年，为了在当地《丛林吉姆》（*Jungle Jim*）表演中出镜，史密森尼动物园管理者在对动物进行准备、装箱、运输及安全返回方面花费了 12 个小时的时间。工作人员马里奥・德普拉多（Mario DePrato）甚至用自己的卡车把球蟒运回动物园。[18]同年，曼恩的继任者西奥多・里德（Theodore Reed）叫停了这项业务。他说，虽然"在过去 3 周里，国家动物园对于携带活体动物参加每周六下午的《丛林吉姆》感到很享受……动物园的环境要求……我们将不得不中断定期地向你们的节目输送动物。有时，当我们动物园可以腾出人手的时候，我们还很愿意同你们进行合作。"[19]史密森尼动物园在宣传其使命方面采用了不太耗时的方式，其他更适合出镜的动物园管理者们则正在吸引着全国的注意力。

最长的王国

作为一个年轻人，为了追求对野生动物的兴趣，马琳・帕金斯（Marlin Perkins）从密苏里大学退学了。[20]1926 年，他开始在圣路易斯动物园担任清洁工，两年后成为爬行动物馆的馆长。到 1938 年，在运营布法罗动物园的过程中，他已经积累了充足的经验，然后他在 1944 年开始领导林肯动物园。后来帕金斯写到，当他受邀携带小型哺乳动物到芝加哥电视台并在镜头前“谈论它们”的时候，他“抓住了这个机会”，因为“公共宣传和推广”是动物园的“命脉”。[21] 这档短命的实验性节目也让当地的批评家们感到欣喜：“昨天加入彩排队伍的明星演员们有帕金斯本打算明天对其进行催眠的一只短尾鳄；还有猫头鹰、乌鸦、乌龟、变色龙以及无毒的加州王蛇和威斯康辛牛蛇。”[22]

1949 年，全国广播公司的当地附属机构邀请帕金斯在《参观林肯动物园》（*Visit to Lincoln Park Zoo*）节目中在动物园进行现场直播。作为一个拥有“迷人性格”且被描述成“比好莱坞电影的男主角还帅气”的机敏的主持人，帕金斯还是一个精明的谈判者。[23] 当他得知该电视台把这档节目（改名为《动物园巡游》）销售给了美国中西部的食品连锁店并进行商业运作的时候，他要求电视台对他本人以及动物园进行赔偿。那个系列片［得到狗粮制造商的赞助并最终得到桂格燕麦公司（Quaker Oats）和奥马哈互助保险公司（Mutual of Omaha Insurance Company）的赞助］在全国广播公司 28 个全国电视台首播。在一年内，它就在 41 个城市放映了。到 1952 年，其每周的平均观众人数达到 1100 万，这让帕金斯成为一个全国知名人士。1954 年，《动物园巡游》成为当时全国在播的所有科学相关节目中收视率最高的一档节目（尼尔森的收视率[24] 几乎达到了 21.5，占到了 50 个全国电视台潜在受众的一半），但是 3 年后该档节目被取消了。

1962 年，帕金斯又回到圣路易斯动物园担任园长。在 1 年的时间内，他又制作了另外一档电视系列片，该节目由奥哈马互助保险公司独家赞助。他为动物园洽谈到了一笔大交易，并最终增添了一连串跟班来共享上镜时间［包括吉姆·富勒（Jim Fowler）和史丹·布鲁克（Stan Brock）］。《狂野王国》（*Wild Kingdom*）从 1963—1971 年在全国广播公司放映，并且在 1988 年（帕金斯从该节目退休后的很长一段时间里，甚至在他 1986 年过世之后）之前一直定期在多家媒体放映。

就像儿童自然书籍一样，大众博物学电影经常对动物进行拟人化的处理，赋予它们名字和指向性。[25] 电视现在拓展了这种实践，即和观众建立起情感的关联，并且意图讲述“动物”故事的另一面。[26]当叙述暗示着影片摄制组（或者主持人）是第一个观察一个物种或者特殊动物行为的人时，观众们被鼓励和镜头一起“体验”探索的奇妙（以及戏剧性场面）。剧本强调的是动物的生存以及它们与天敌斗争中的伤感。然而，实现这些戏剧性场面需要驯服的动物或者深思熟虑的重构。影片摄制组通常会追赶一个动物，拍摄下追赶的过程，捕捉动物并让它安静下来，然后再“追捕”一次以便主持人假装进行营救，从而建立起一种在今天博物学电影中持续采用的实践。[27]

几个历史学家注意到，即使当节目克制住了“显性的”伤感，他们传递的还是普遍的道德准则方面的信息，重申家庭方面的必要价值，并且为自然界提供美化的版本。[28]然而,《狂野王国》在尖牙利爪方面只是稍微地暴力了一些。“斗争还是逃跑”的暴力场景不可避免地面临着环保责任方面的训诫。

迪士尼打开了一扇新的窗户

当电视时代来临的时候，华特·迪士尼影视公司在博物学戏剧方面已经是一个成功的制片方了。它们在票房精品中把一流的自然摄影变成了“叙述的娱乐”，这些精品包括《海豹岛》(*Seal Island*)(1948)、《沙漠奇观》(*The Living Desert*)(1953)以及《原野奇观》(*The Vanishing Prairie*)(1954)。[29]这些影片后来成为格雷格·米特曼（Gregg Mitman）所描述的“糖衣炮弹教育”的电视系列片的支柱。[30]

1954年第一部迪士尼乐园节目以向米老鼠（Mickey Mouse）致敬为特色。那季的第三个节目是迪士尼最新的未经删节的自然电影的节选，并结合了有关电影拍摄技术这个“银幕背后”故事的纪录片。即使迪士尼宣布“自然写就了这个剧本”，但是其电影摄影技师通过在蚁丘或者蜂窝旁边架设相机窗口的方式对拍摄给予了协助。[31]历史学家史蒂芬·沃茨（Steven Watts）写道，在迪士尼的节目中，自然从来不会真正地“以自己的方式”出现，并且也从来不会没有道德地出现。[32]《真实生活的冒险》(*True-Life Adventures*)开始于黎明和出生，而终结于日落和重生，并且把“求偶、筑巢和孵育”的故事线、“明显的寓言进展”或者“乌托邦式幻想”作为原始的、未开发的自然愿景。[33]他们以拟人化的角色为主角，比如《自由的雄鹰》（*the Off-Beat Eagle*）中的艾达（Ida）。通过编辑来凸显戏剧效果以及在动物行为和动机之间建立起关联，迪士尼对自然的小说化构建了一个没有混乱、偶然性和人为错误的整洁世界，并且维持住了 50 年代环境监管者的风格。这种风格把支配和控制强化为人类和其他物种之间的恰当关系，而这种支配和控制又不时地被带有感情色彩的奇迹所强调。[34]

迪士尼的方法还助长了科学模棱两可的印象。科学权威被用来传授真实性，而科学家在自然界方面对知识的真正贡献则通常被忽略。声音洪亮的叙述可能描述的是动物的饮食、交配行为以及生存技巧的细节，传播的结论也是源于若干年的有条不紊的实地调查，而科学家自己则很少出现在影片中。当科学知识被提及的时候（比如，当一个剧本描述动物的饮食或者迁徙模式的时候），这方面的事实通常以民间知识的形式被表现出来，就好像这是人类已经知道的一部分而已，而不是系统研究的结果。

为了强化戏剧效果，影片还会把动画和实景结合起来。[35] 有关野生狮子或者大象的影片可能紧跟着动画幻想的节选，有关太空旅行的片段紧跟着老鼠的对话。路德维格·范·德雷克（Ludwig von Drake）教授这个卡通人物被用来解释数学原理。科学被赞誉为生活的一部分，但是不比人类文化的其他产品更具价值。在二十一季的第一季中，大约有五分之一的迪士尼影视公司的电视节目是和科学、自然、太空或者技术相关的，大多数都出现在《探险世界》或者《明日世界》的片段中，以及后来的野生动物影片中。[36]

博物学节目把对商业节目不具威胁的内容分配给了黄金时段以外的时间，这个节目类型在全球电视巨头中发现了诱人的市场空间。《狂野货船》（*Wild Cargo*）（1963 年在非联网电视台市场播放）描述的是为动物园抓捕野生动物；《动物园戏剧》（*Zoorama*）（1965 年在非联网电视台市场播放）是在圣迭戈动物园进行录制的。有时候，一个成功的系列片会让专家而非演员参与进来，比如全国广播公司的《动物的秘密》（*Animal Secrets*）是由人类学家洛伦·艾斯利（Loren Eiseley）主持的，但是通常它是一档当地的教育性节目，由政府机构负责制作或者承销，其受众是像观鸟者或者徒步旅行者这些特殊的选民。这些节目被用来填补深夜或者清晨未销售出去的时段，并且只对迪士尼复杂的自然魔法形成了象征性的竞争。[37]

自然和文化

1954 年，文化系列片《奥秘》把出现于美国电视上的第一部雅克－伊夫·库斯托（Jacques Yves Cousteau）的纪录片《海底考古学》（*Undersea Archeology*）纳入进来，这个节目通常以博物学影片以及音乐、舞蹈和文学作品的片段为特色。类似的是，把科学点缀在艺术和人文之中是哥伦比亚广播公司于 1953 年与美国自然历史博物馆制作的系列片的特点。

该电视网络首先主张“雇员科学家”在节目中露面，“讲述博物馆一些价值 4000 万美元展品背后的故事”，而人类学家玛格丽特·米德和其他馆长确实在第一季的《探险》（*Adventure*）节目中露面。[38] 制片人承诺“科学的精确性将和制造幻觉的新电子设备……混合起来。”[39] 评论家也对这个系列片大加赞赏［其中一人写道：“这不是一个让人兴奋不已的《电影游侠》（*Captain Video*）”］，这些情节每周吸引了大约 200 万观众，但是没有商业赞助商购买播放时间。[40] 哥伦比亚广播公司最终在第一季期间收回了超过 75 万美元的成本。在主要的东海岸市场中占到 20%~30% 市场份额的下一季节目确保了《奥秘》的观众数，该节目出现在周日下午的节目单中，而广告商们则仍然煞有戒心。

对节目进行监管的哥伦比亚广播公司新闻及公共事务主管锡格·米克尔森（Sig Mickelson）表示，“为了提供最有用的教育服务”，电视网络知道系列片必须在精确性和吸引广大观众之间达到平衡。[41] 因为博物馆拒绝了“用虚构的方式对事实进行调味”的想法，并且坚持起用博物馆长和雇员科学家，该主管尝试着用悬念对专家的“故事”进行分层：“通常，与对一项成就的回顾或者一项过去的探索相比，更振奋人心的是（科学上以及小说中）挑衅性的问题和不可预知的结果，因为前者往往把结果描述成既成事实。通过注入这个因素——电视无价的即时性因素——我们希望通过让观众成为这种体验的一部分从而捕获和抓住观众的想象力。”[42]

注入“即时性”以及纳入文化议题的欲望可能有助于解释《探险》的权力下放。第一季节目中有大约三分之一到一半的话题是与人类学（博物馆的主要专业知识领域之一）或者其他话题相关的，比如通过博物馆的海顿天文馆（Hayden Planetarium）（一个评论家认为其中一集“承诺比成就更丰富”）进行的“太空之旅”。[43] 其焦点然后转移到了包括更多文化和社会议题方面，比如探讨宗教和原子弹实验。戏剧演员亨利·摩根（Henry Morgan）主持了几期有关“人体及其功能”的节目。第二季和第三季的特色则是更多地采用了电视“名人”充当主持人、诠释者和向导，因而给科学家的上镜时间就少了很多。

漫画、行话和噱头：贝尔系列片

除了对电视上自然类节目的影响之外，迪士尼乐园对现场演员、电影片段和动画的结合还激发了其他教育取向的节目。早在 20 世纪 50 年代，贝尔电话系统（Bell Telephone System）[美国电话电报公司（AT&T）、贝尔实验室研究团队以及其区域附属机构] 就开始制作一组野心勃勃的电影，该节目首先打算在电视中的黄金时段播放，随后被分配给学校“长期用于短暂的广播”。[44] 以“通过娱乐的方式来教育公众”为目标，其中的四部电影是由好莱坞电影导演弗兰克·卡普拉（Frank Capra）执导的，分别是 1956 年的《我们的太阳先生》（*Our Mr. Sun*）、1957 年的《宏伟的血液》（*Hemo The Magnificent*）、1957 年的《宇宙射线的奇怪事件》（*The Strange Case of the Cosmic Rays*）和 1958 年的《奔放的女神》（*The Unchained Goddess*）；四部是由华纳兄弟电影公司制作的，即 1958 年的《心灵之门：人类感官的故事》（*Gateways to the Mind：The story of the Human Senses*）、1959 年的《字母的阴谋》（*The Alphabet Conspiracy*）、1960 年的《生命线》（*The Thread of Life*）和 1962 年的《关于时间》（*About Time*）；同时另外一部短片《不平静的大海》（*The Restless Sea*）（1964 年）是由迪士尼公司制作的。[45]《我们的太阳先生》在加拿大和美国吸引了大约 2400 万观众，这几乎是当晚可能收看任何节目的观众人数的三分之一，并且该节目得到了评论家和电视行业的赞赏。其他的电影也收到了类似的效果，虽然观众的亢奋多年来在减少。

除了采用迪士尼将动画和纪录片混合起来的做法，贝尔公司的节目还使一个新的名人登上了宝座，一个充当观众信任的代理的“面孔”，他负责对科学的复杂性进行解释，并引导观众去了解他们不熟悉的、最新的科学领域。就像琳恩·普尔一样，这个主持人并不是一个科学家；实际上，他发挥的作用是科学的倡议者和诠释者。弗兰克·C·巴克斯特（Frank C. Baxter）是倍受尊敬的南加州大学文学教授，他在剑桥的三一学院完成学业，当被说服扮演“研究博士”（Dr. Research）的时候他已经在获得大奖的电视节目中出现过了。[46]观众们把60岁的巴克斯特看作是智慧的科学教师的缩影——胖乎乎、兴高采烈、笑容可掬，但有些呆板，衣服有点皱巴巴。[47]首次露面之后，巴克斯特的家庭成员取笑他是一个“胖乎乎的、衣衫褴褛的、两眼发光且光头的狂热分子”，但是他逐渐地接受了自己既是名人又会有其他额外“收入”的现实。[48]在早期的一些节目中，巴克斯特和其他一些专业演员共同在荧幕上亮相，这些专业演员扮演着满嘴俏皮话、爱怀疑的、反智的作家。对于四部华纳影片来说，巴克斯特则是唯一的解说员和明星。

虽然卡普拉制作的四部电影的视觉风格不同于华纳兄弟公司制作的电影，但是它们都表达了类似的主题，也许这些主题反映了有声望的顾问委员会监管的持续性。该委员会由工程师拉夫尔·鲍恩（Ralph Bown）和洛克菲勒基金会的副主席瓦伦·韦弗（Warren Weaver）共同担任主席。[49]毕业于加州理工学院的卡普拉毕生对科学和工程都保持着浓厚的兴趣，他坚持认为一个人“只需要”在科学家和公众的隔阂之间“放上一块木板”，“人们就会一拥而上”。他解释说科学是充满了可以“抓住身心的”“历险故事”。[50]为了加强戏剧色彩，卡普拉把很多场景放在了人头攒动的演播实验室，墙上安着一个“魔法屏幕”（模仿的是观众在家里看到的小屏幕）。从第五部电影开始，华纳兄弟从布景中把杂乱无章的东西移走了，并且把情绪放到了角落里，但是这些区别都是表面功夫。这个项目中的所有节目在国家安全和科学秘密方面都纳入了类似的冷战思维，这些节目提及了核能的发展（和利用），对与宗教同居而非发生口角的科学的形象进行了颂扬，甚至在一定程度上建议把宗教作为解决自然界谜题的另外一种答案。

卡普拉和华纳兄弟公司竭力吸引尽可能多的受众。不管多少科学家将这种产品批判为“娱乐人们”的“爆米花”，但是高的收视率和积极的批判性反响证明这种充满更多趣味的方法是正确的。[51]《我们的太阳先生》——评论家称赞

图 7a　用来推广《我们的太阳先生》的公共宣传册的封面，这是 1956 年由贝尔电话公司制作的首部科学专题片。这个宣传册强调了科学顾问的参与。承蒙史密森尼学会档案馆提供图片。

图 7b 《我们的太阳先生》中的动画人物。该影片生动的动画形象释放出了其追求娱乐目标的信号。承蒙史密森尼学会档案馆提供图片。

它是既有“有趣的信息性”又“宝贵且居高临下的”作品——以合唱音乐、丰富多彩的日出以及圣诗开始。[52]然后一个卡通形象提供简单的科学解释（“你知道我是太阳，而实际上我是一颗行星”），然而他对太阳系历史的解释与其说是技术的不如说是文化的。太阳先生的角色对从崇拜到分析的转变表示公开反对（“不是寺庙，不是仪式，不是对太阳的赞美诗……它是穹顶，是精巧的小玩意，是图表，是数字……我被降级为一个标本”）。

无聊的活动（“解剖教授”）和简短的教程交替出现在《宏伟的血液》的血液循环系统的“短程航线”中。在这里，核心的卡通角色（血液）也抱怨科学对自然的解构——人类不能真正讲述血液的故事，因为他们不能“理解”它——并且把血液描述为“百灵鸟的歌声、耶稣的不老泉……银圣杯中的圣酒”，它们的神秘可能会被科学的分析所剥夺。巴克斯特用科学的重要性来安抚观众，他解释说获取知识需要努力工作、大量的投资、自我牺牲以及“挑灯夜战……来找到为什么，什么时候以及是什么。”然而，这种对研究人员风险精神和创造力的严肃声明与万花筒式的、讥讽的动画交替出现。评论家约翰·克罗斯比（John Crosby）解释说:“电视本身教会了公众如果电视没有制造噱头，那么就见鬼去吧”。[53]

《宇宙射线的奇怪事件》这部视觉上最复杂的卡普拉电影以“不切实际的真实侦探故事”为特色。[54]由比尔（Bil）和科拉·贝尔德（Cora Baird）制作的提线木偶分别代表着在“侦破艺术与科学学院”委员会供职的埃德加·艾伦·坡（Edgar Allen Poe）、查尔斯·狄更斯（Charles Dickens）以及费奥多尔·陀思妥耶夫斯基（Fyodor Dostoyevsky），他们正在就“20世纪前半叶最好的侦探故事”进行着激烈的辩论，而此时怀特（Writer）打断了他们并提出了“宇宙射线的奇怪事件”。他说，和任何科幻小说一样，如何侦测并测量宇宙射线的问题充满着神秘和惊险，因为“科学侦探”以及“穿着学位服、戴着学位帽的私家侦探”现在正参与到理解宇宙基础力量并发现新粒子的这项“全球性的外勤工作”中:“想想吧，截至1932年年底，科学把宇宙整整齐齐地包裹在三种基本‘组合’中——电子、质子和中子。仅仅25年之后，也就是1957年，独立且独特的物质微粒猛增到至少20种。”当提线木偶问到这些“真正大量的”数据对于“那些有工作、有爱，有恨的普通人”意味着什么的时候，巴克斯特回答说“有可能人们如何工作、如何爱以及如何恨会受到宇宙射线的影响，甚至现在正在受着影响；也有可能……这些宇宙空间的子弹……可能是导致进化的部分原因，它们冲进我们的繁殖基因从而引发变异。”

大学校园中的私人放映得到了当地电话公司的赞助，通常在每个节目被电视台首播之后，他们就会在大学校园中进行私人放映。到 1958 年，当卡普拉的《奔放的女神》发行的时候，美国已经有超过 600 万学生看过他的前三部电影了。《奔放的女神》包含着性暗示——动画角色美特拉（Meteora）这个“任性的、狂暴的、非理性的”天气女王大胆地与巴克斯特调情。和以前的节目相比，这个节目并不具有太多的技术性，而是具有投机取巧的调皮风格。[55] 然而，《奔放的女神》包含了场面壮观的天气现象（飓风、雪崩和暴雨洪水），对

图 8 1957 年，麻省理工学院的物理学教授布鲁诺·罗西（Bruno Rossi）出现在了贝尔电话公司第三部科学专题片——《宇宙射线的奇怪事件》（*The Strange Case of the Cosmic Rays*）——的宣传中。除了在影片中出镜，他还担任技术顾问。承蒙史密森尼学会档案馆提供图片。

在实验室中工作的气象学家进行了赞扬，比如全国飓风研究项目（National Hurricane Research Project），并承诺这些研究可能在将来的某一天会揭示如何“驾驭”飓风以扑灭“海上燃起的石油火灾”。《奔放的女神》还对气候变化提出了谨慎的警告。巴克斯特告诫人们，极地冰盖的融化可能意味着人们正“通过文明的废物而不经意地改变着天气。”

在华纳的第一部电影《心灵之门：人类感官的故事》中，电视的摄影棚充当人类大脑和感官之间联系的象征。巴克斯特和演员们扮演的是意气相投的、放松的技术翻译，而在胶片中出现的真正的科学家和工程师们则动作生硬、语言迟钝、紧张，貌似不敢直视摄像机镜头。华纳公司的《字母的阴谋》试图通过将科学与魔术及虚构纠缠在一起的方式来解释语言学，并用不那么隐蔽的方式对贝尔公司商业利益进行了推销。因为“科学是试管、是望远镜、是显微镜以及镀铬机”，所以语言学可能不是一门科学。当虚构的角色做出这个断言的时候，巴克斯特用一些反例进行了回击，比如电话、留声机、无线电、电影、声谱仪以及最新的可以让电脑“通过普通电话线而彼此进行对话的”语音识别设备。

在 1960 年年底首播的《生命线》翻新了这个教授周围的环境并且重塑了研究博士作为实业家的形象。身着量身定做的灰色西装，巴克斯特站在防腐备用设备上（手头没有显微镜、玻璃器皿，也没有其他科学仪器），身旁是六块电视屏幕，他向其他演员的镜像而不是面对面地解释遗传过程和遗传学（“为什么我们——在某些方面——看起来很相像，而每个人又都各不相同”）。把电视作为情节的一部分可以在提问者（观众的代理人）和科学代表之间设定情感距离，从而防止在讨论人类繁殖的时候出现令人难堪的局面。这些设备还释放出这样一种信号，即科学仍然和大多数观众的亲身经历具有一定的距离。《生命线》忽视了人际关系中的情感因素，并且切断了来自于任何暧昧的荷尔蒙的精子和卵子之间“见面”的联系。巴克斯特甚至把赌博设备当成是小道具来解释各种基因组合的可能性。当一个只闻其声不见其人的声音抱怨说科学显然不能“真正地预测事情是如何出现的”，巴克斯特自鸣得意地回应道：“和你预测掷骰子差不多。两者都是由复杂的成因所决定的，我们称之为‘概率’”。《生命线》虽然对核子时代引发的可怕性后果提出了不祥之兆，但是却以缺乏对这个话题的深入探究而告终。当巴克斯特被问到是否所有的辐射影响都是坏的的时候，他仅仅回应说“大多数是这样的”并且“当我们利用辐射的时候必须十分小心”。评论家杰克·古尔德认为，“一档对其提出的最大问题没有给出答案的教育性节目总体上很难被认为是成功的。”[56]

华纳兄弟公司的最后一档节目是《关于时间》，该节目以宣布“命中注定，天底下凡事皆有定期，万物皆有定时。”巴克斯特拿起一个沙漏并且开始了一次“向Q星球的幻想之旅”——Q星球上的人们对时间一无所知。他对该星球国王所提问题的机械式回应以及从生物学和航行中得到的枯燥无味的案例降低了节目的戏剧色彩，然而，用问答模式引入的概念反而引出了更多的问题。[57]国王想弄明白我们怎么知道“爱因斯坦猜对了，以及他的理论是真的？”巴克斯特建议说：“让我们来问问物理学家理查德·费曼博士（Richard Feynman）吧。”费曼站在一块写满了方程式的黑板前，看起来自信满满且全情投入，但是他有见地的解释却平淡无奇。国王表示理解地抱怨：“我的问题比以前更多了”，巴克斯特得意地回答说：“好……我们知道的越多，问题就越多”，并提醒国王说“一开始，你只有一个问题：时间是什么？”复杂性越强，神秘性就越大。

这种产品方法不是让观众们渴望获得更多的信息，就是改变了寻找充满趣味的娱乐的渠道。在1957年对贝尔公司项目的创造力表示赞赏的评论家们越来越对后来节目的含混不清感到厌烦了。约翰·克罗斯比解释说：“如果你试图把过多的娱乐掺入教育性节目中，那么这档教育性电视节目的全部意义就没有了。想获得教育的人们会去看教育节目；想获得娱乐的人们会去看娱乐节目。你既不娱乐又不教育，那就完蛋了。”[58]当诸如核武器这个严肃议题的探讨被“小男孩”这个聪明的卡通形象点缀的时候，科学很容易迷失在笑声中。

第五章

给受众把脉

媒体的权力在于它可以选择呈现哪种观点。

莱斯利·盖尔布（Leslie Gelb），1991[1]

在广播出现的头 10 年里，美国医药协会（American Medical Association，AMA）满腔热情地与商业广播电台开展了合作，赞助了健康讲座并对医学剧进行补贴。[2] 一直到 20 世纪 40 年代，美国医药协会的官员和著名的医生仍继续鼓励利用广播媒体，并把它作为与公众的“无知、冷漠和误传”进行斗争的一种途径。[3] 1942 年，仅纽约市广播电台就播放了 238 次有关健康的节目，很多都是和当地的医疗机构合作完成的。然而，一份纽约医学研究院（New York Academy of Medicine）的报告认为这些节目的大多数都是徒劳无功的:“所谓的戏剧一点也不具有戏剧性，其中有的仅仅是喋喋不休的混杂的情况……几乎完全没有健康教育的内容。”[4]

医学对电视技术的首次利用是以专业培训为中心的。在 20 世纪 40 年代后期，医学院开始在供观摩外科手术的梯形教室中安装闭路系统，以便学生们能更好地观察手术。在美国，第一次对外科手术进行远程直播于 1947 年在约翰・霍普金斯大学出现。同年的晚些时候，在华盛顿其他地方开会的外科医生们（通过电视）观看了在华盛顿特区医院开展的一场阑尾切除术。[5] 1948 年，参加美国医药协会年会的代表们在附近的一所医院里观看了剖宫产手术。1951 年，现场接生的画面通过彩色图像发送给了美国医药协会年会的参会者（报道说导致了几名观众当场昏厥）。[6] 短短几年后，医学院就开始提供以农村和偏远地区的外科医生为受众的闭路进修课程和远程教育展示，卫生部门的官员们也开始筹划如何利用电视对公众进行急救、卫生和事故预防方面的教育。[7]

医药公司对这些早期的展示课程给予了经费支持。1951 年，在葛兰素公司的赞助下，美国医药协会开展了第一次全国性的外科手术直播，芝加哥和纽约的外科医生们观摩了在洛杉矶开展的心脏手术。[8] 1952 年，在葛兰素公司的再次赞助下，电视明星罗伊・K・马歇尔在美国医药协会的一次会议上进行了电视网络直播，从而让观众可以观看医学展品和新的复苏技术的展览，并对新药进行了报道。[9] 在没有事先通知的情况下，1952 年 6 月的节目第一次在黄金时段对手术进行了现场直播，观众们看了几分钟摘除患者部分胃部的复杂手术。[10]

医药行业和专业协会之间的紧密合作也是第一批公众普遍关注的节目的特色。全国广播公司的《医学地平线》（*Medical Horizons*）聚焦于探索发现、科研项目以及医疗技术，在对外科医生和研究人员的采访中还夹杂着外科手术或者实验设备展示的影片，比如一台全新的人工肾脏机。[11]在第一季期间，每一集都由前美国医药协会主席主持，并在1955—1957年由汽巴药业（CIBA Pharmaceuticals）进行赞助。在1952年全年中，美国医药协会和医药公司通过合作经营的方式为全国观众拍摄了很多医学方面大场面的电视节目，包括在医院开展的远程医疗、导管术期间观察跳动的心脏和对从大范围的颌骨重建手术中康复的患者的采访。[12]今天的观众们已经习惯了来自于事故现场的耸人听闻的新闻片或者习惯了犯罪连续剧中刺激的血腥场面，但是这些画面在50年代的电视中并不是常见的。医学专家们通常要比评论家们更迷恋手术，后者对剖腹产和其他手术过度“隐秘的细节”有所抱怨。[13]

尽管资源有限，很多机构还是试图对网络公共卫生节目缺乏的状况进行补充。到1954年，大约有90个县和州的医学会独自或与政府机构合作制作了电视节目内容。[14]当地制作的系列片往往不是充满着溢美之词（“真正的医生……是今天那些挽救了曾经认为会失去生命的患者的人”），就是枯燥乏味的说教。[15]美国医药协会也不得不提醒其会员，“三维的视角”可能会增加“真实性和影响力”，直观的教具可以帮助保持观众的注意力，而诸如圆桌会议这样的低成本形式可以有助于同电视台员工保持良好的关系：“当本地电视台台长患上了溃疡，或者冠状动脉心脏病，或者二者兼而有之的时候，设备、房屋面积、时间和人员都是供应短缺时代的商品，更不要说我们的节目了。此外，电视台在舞台布景、戏服、插图、道具、特效和灯光方面也需要大量的经费支出。”[16]每当外科医生们请求当地电视台协助的时候，美国医药协会就提醒他们说，他们需要注意的是他们在“谈一笔大买卖”——电视台的时间应该被看作是一份“礼物”。[17]

作为对广播电台制约因素敏锐的感觉的交换，医学界显然期望在这项运动中开展合作，以防止电视广告播放未经证实的健康主张或者提供不切实际的医学建议。《美国医学协会杂志》(*Journal of the American Medical Association*)声称，广告中“对听诊器和白大褂的使用”是“误导观众认为这些健康主张已经在医学上得到证实的低级趣味的尝试。”[18]在向国际无线电和电视广播协会(national association of radio and television broadcasters，NARTB)发出的一份正式申诉中，美国医药协会起诉说电视广告没有告诉观众(广告中)穿着白大褂的人“只是化了妆的努力工作的演员”。虽然国际无线电和电视广播协会收紧了对涉及某些似乎是医学专家的人所做的声明的管制，但是问题没有得到解决。[19]5年后，纽约州医疗协会(New York State Medical Society)再次抗议推销人员身着白大褂，并且呼吁联邦立法机构对提到“医生们”或者“你的医生”这些暗含着受认可的外科医生的说法或为某个产品做广告的医生的说法加强管控。[20]

在有关国际无线电和电视广播协会首次裁决的一个新闻中，杰克·古尔德认为美国医药协会的抱怨是“错位的”。该协会应该对医药广告中所有荒谬的主张承担责任，而不是对“‘身着白大褂的人’的命运斤斤计较”。[21]古尔德解释说，观众们意识到这些戏剧化的场景是虚拟的，无论其演员是否被贴上某些标签。如果“一个真正的医生……走到了摄像机前并开始陈述某个赞助商正在销售的药品的‘真实感受’”的话，他(有预见性地)想知道美国医药协会该如何应对，这样的事情确实出现在了50年后的电视上，也让很多医学专家十分懊恼。

全是装的

有关医院、手术、疾病以及有魅力的医生的电视剧(既精确又误导地)把医学信息带给了更多的观众，并且确实在这方面做得十分有效，这些观众的人数大大超过大多数教育节目的观众数。电视连续剧加强了有关医学进步的新闻报道，并且在典型角色的协助下，在保健服务、当代医学研究、药物和诊疗程序的功效等方面“逐渐展开各种假设”。[22]《城市医院》(*City Hospital*)是一档在1951年开播的现场节目，该节目的情节聚焦于一个医院院长——巴顿·克兰(Barton Crane)博士，以及一个持续的角色——凯特·莫罗(Kate Morrow)，后者是电视节目中第一批主要的女主角之一。接下来的第二季，另外一个新系列《医生》（*The Doctor*）的情节则由直接称为“医生”（The Doctor）[由沃伦·安德森（Warren Anderson）扮演]的角色进行统一，他在开头的场景中进行简要的介绍，然后在节目结尾的时候对治疗结果进行讨论。

这些方法迅速地汇入到了一个程式中，即用充分的戏剧色彩和现实主义来取悦观众并讨广告商的欢心。[23]在全国广播公司的《医生》（*Medic*）的每一集片头，解说员兼主角康拉德·施泰纳（Konrad Styner）[由理查德·布恩（Richard Boone）扮演]都会把外科医生作为“出生的捍卫者，病痛的医治者以及老年人的安慰者”来进行歌颂。[24]《医生》因其“严肃认真及其崇高的品质”而备受赞扬，并“以紧张激烈而不失幽默宽慰的方式”在其情节中增加了医学方面的信息。[25]在第二季期间，也就是1955年，《医生》成了第一档包含了真正婴儿降生镜头的电视系列片，这让一个专栏作家认为“有充足的理由解释为什么医生们在上电视的前几天不会邀请不相干的人……坐在手术室里。”[26]

为了避免冒犯医学机构并强化真实性的氛围，《医生》的制片人在当地和全国的医学协会中寻求认可和证实，就像受欢迎的犯罪系列片《天网恢恢》（*Dragnet*）每集都以洛杉矶县警察局的“正式认可”为结局一样。[27]电影的制片人多年来一直寻求类似的协助和支持。1937年，派拉蒙电影公司（Paramount Studios）聘请了好莱坞医院（Hollywood Hospital）的首席住院医生为第一部“基尔代尔医生”（Dr. Kildare）电影[《实习医生不能赚钱》（*Internes Can't Take Money*）]审读剧本，并检查所有的场景和道具的精确性。然后该电影公司的宣传材料宣称“在该电影的任何片段中看到的关于医学界的每件物品都是采纳了（这个专家的）建议和获得其认可的。”[28]

《医生》节目的创办人詹姆斯·莫瑟（James Moser）曾经是《天网恢恢》的主要作者，并且他希望这档医学系列片也融入类似的特点：一个制度化的英雄，解决难题的情节，以及“生锈的铁钉般的现实主义”。[29]为了在当地医院内进行拍摄并获得“批准”，莫瑟向洛杉矶县医学会（Los Angeles County Medical Association，LACMA）大献殷勤并让该协会的咨询委员会对剧本进行审阅。[30]1955年，美国医药协会还成立了广播、电视和电影医生咨询委员会（Physicians Advisory Committee on Radio，Television，and Motion Pictures）来解决有关医学的准确性以及“对参与节目的医生的形象进行保护”的问题。[31]到 1960 年，该委员会每周会处理来自于创作者和媒体制作人的几百个问题，每年审阅多达 150 部影片的剧本，并为医学剧以外的节目推荐专家。[32]

一开始，对剧本进行审阅的安排似乎是双赢的。斗志昂扬的研究人员对美国医药协会建议说，对医学专业附加上一种友好的虚构人格特性 [就像通用磨坊公司（General Mills Company）对贝蒂妙厨（Betty Crocker）所做的那样] 将会“和普通公众建立一种情感联系”。[33]在《医生》的第一季里，该协会的官员对《医生》大加赞赏（“电视既传播了信息又取悦了观众，这是前所未有的”）。[34]即使剧本偶尔转入到了“命运让人感动的情节剧”，但是占主导地位的形象仍然是积极正面的。[35]年轻的演员在诸如躁郁症和产后抑郁症这些敏感话题的剧情中出镜，他们包括丹尼斯 · 霍珀（Dennis Hopper）、丹佛 · 派尔（Denver Pyle）、维拉 · 迈尔斯（Vera Miles）、迈克尔 · 安莎拉（Michael Ansara）、查尔斯 · 勃朗森（Charles Bronson）以及理查德 · 克里纳（Richard Crenna）。有关 1955 年用氢弹摧毁一座城市的情节 [《黑暗之光》(*Flash of Darkness*)] 的特色是美国民防管理者的出场。《医生》有时候也会让执业医师和护士加入演员队伍的行列，并且莫瑟会安排医生们出现在片场，检查医疗设备的正确使用方法等细节，[36]然后电视网络把这种让医生参与的方法用到了宣传上（鼓励观众们想象自己是正在观看给真正的患者做外科手术）。[37]《医生》第一批赞助商之一的陶氏化学公司（Dow Chemical Company）发布的广告声称这个系列片“对于事实绝不迁就和妥协”。[38]

从一开始，历史学家罗伯特 · 阿利（Robert Alley）就写道，洛杉矶县医学会发挥的功能是“审查和督促”。[39]医生们修改其中的错误并对其口吻进行微调；反过来，《医生》获得了该机构的认可。约瑟夫 · 图罗（Joseph Turow）认为这样的安排起初受到了医生们的青睐，因为制片人不想冒犯医疗机构并且（正如弗兰克 · 卡普拉及其贝尔系列那样）这些节目的创办人对技术专业知识的重要性表现出了尊敬且深信不疑的架势。[40]当电视网络管理者或者压力集团批评《医生》的剧本或者敦促莫瑟对现实的触动要温和一些的时候，虽然医学界的支持起到了对上述批判进行防御的作用，但是洛杉矶县医学会对精确性的坚持最终还是在该节目的灭亡之路上发挥了一定的作用。1956 年年初，因担心

《医生》将剖腹产影片纳入其计划中，纽约罗马天主教教区针对电视网络发起了正式的抗议。[41]作为回应，全国广播公司把这些片段从节目中移除了，并用外科手术的资料片替代。这种审查制度激怒了洛杉矶县医学会，因为这种变化改变了医学方向且没有征求他们的意见，因而该协会撤回了对这一集节目的认可，从而使得这个系列片受广告商青睐的程度大打折扣。

在医学剧和纪录片的吸引力方面，并不是每个人都发现了这种走向自然主义的趋势。1954 年，斯隆－凯特林研究所（Sloan-Kettering Institute）的特别节目包括了对动物进行实验的图解影片；哥伦比亚广播公司与耶鲁大学合作制作的《搜寻》（*The Search*）系列中的一个片段展现的是正在分娩的女性以及仍然连接着胎盘的新生儿；全国广播公司与美国医药协会联合制作的其他特别节目还包括了摘除患病的主动脉手术的特写镜头。杰克·古尔德告诫人们说："通过把客厅变成手术室，医学在为人类服务的过程中并不会建立信心和信念"。[42]他还写道：在"教育的伪装下"，医生们现在正在对比恐怖电影还生动的"震惊之处"进行正式的认可。

《医学的进步》（*The March of Medicine*）是由葛兰素公司的医学电视部与美国医药协会联合制作的一组纪录片专辑，这些影片进一步测试了教育现实主义与娱乐的轰动效应之间的界限。[43]1952 年 12 月，来源于美国医药协会会议上的一期《医学的进步》专辑包括了一个利用某电视记者所谓的"蛮干，操之过急且毫无方向感的"方式完成的活心导管术。[44]1954 年间，这个专辑每次都会吸引近 1400 万观众，并且该节目在 1955 年获得了"阿尔伯特·拉斯克医学新闻奖"（Albert Lasker Medical Journalism Award），这是电视项目首次获得该奖项。[45]然而，这个专辑继续招致不同的反应。一个观众认为的增长见闻的"现实"对于另外一个观众来说，可能是可怕的"耸人听闻"。[46]

多愁善感和肥皂剧

从 20 世纪 50 年代到 60 年代，电视对医学的迷恋一直持续着。根据辛克莱·刘易斯（Sinclair Lewis）的小说《艾罗史密斯》（*Arrowsmith*）改编的剧本在罗伯特·蒙哥马利送给你好彩剧院（Robert Montgomery Presents Your Lucky

Strike Theatre)(1950)以及克拉福特电视剧院(Kraft Television Theatre)(1954)上演。有关飞歌电视剧场(The Philco Television Playhouse)(1951)的《120简讯》(*Bulletin 120*)美化了医学研究人员的世界。全国广播公司《生产者橱窗》(*Producer's Showcase*)的"黄热病"影片——是保罗·德·克鲁伊夫(Paul de Kruif)有关黄热病研究的电视版本，并且已经被改编成了百老汇戏剧、好莱坞电影和广播剧——以全明星阵容为特色[杰基库珀(Jackie Cooper)、沃利·考克斯(Wally Cox)、E·G·马歇尔(E.G. Marshall)、雷蒙德·马西(Raymond Massey)、博德瑞克·克劳福德(Broderick Crawford)、罗德·斯泰格尔(Rod Steiger)、艾娃·玛丽·赛恩特(Eva Marie Saint)以及隆·吉林(Lorne Greene)]。在1961—1962年的那一季中，电视网络播出的节目中有2.4%都是医务剧；这个数字在1962—1963年的那一季倍增到4.9%；而到1963年春，仅全国广播公司播出的节目中就有7.5%是医务剧。[47]

英雄般的医生多年来都是人们的最爱，其角色范围从外科医生、精神病医生到淳朴的乡村医生，甚至军事医务人员。[48]美国广播公司的《本·凯西》(*Ben Casey*)(1961—1966)以及全国广播公司的《基尔代尔医生》(*Dr. Kildare*)(1961—1966)是两档最流行的系列片，这两档节目的主角都拥有全能的医学专长以及社会良知。由于有了基尔代尔的小说、广播剧以及10部米高梅(MGM)电影，美国观众已经知道詹姆斯·基尔代尔(James Kildare)拥有好的让人难以置信的品格了。然而，本·凯西是由詹姆斯·莫瑟创作的一个新英雄。扮演本·凯西的是满头黑发、面部棱角分明的文斯·爱德华兹(Vince Edwards)。作为60年代出离愤怒的人物典型，他是一个与不公平作斗争并蔑视权威的"自负且轻蔑地笑着"的神经外科医生。[49]金发碧眼、双颊红润的理查德·张伯伦(Richard Chamberlain)把基尔代尔塑造成了一个万人迷，但是理查德·张伯伦的特点却是不支持横加干涉的管理者。

像《医生》一样，两部系列片都展现了医生的正面形象，并且获得了医学界的认可。《基尔代尔》的制片人雇用了专门的技术顾问来检查剧本,《本·凯西》和《基尔代尔》都咨询过美国医药协会的咨询委员会，并且(作为提前获取剧本的回报)该协会允许在屏幕的声明中打出美国医药协会"协助拍摄"的字样。[50]一般而言，电影公司和广告商之间的关系很好，但是美国医药协会委员会可能对他们收到的剧本既不做出更改也不进行审查。即使个别委员会成员公开表明某些剧本让他们“大为震惊”，但是该协会尽量克制不去中断这种安排，因为这可能消除施加影响的任何可能性。[51]公共宣传也开始和政治联系起来。早在 1955 年，美国医药协会的官员就认为电视上有关医药的排山倒海般的正面形象可能会有助于抵制“公费医疗制度”以及“强制性医疗保险”。[52]在就设立联邦健康计划（所谓的医疗保险）而进行的政治辩论期间，对通过戏剧的方式获得媒体关注的有效性方面，医学界也表达了类似的看法。[53]

尽管有这些详尽的咨询体系，剧本含有的医学事实仍然相对较少。医学方面的戏剧化典故压倒性地变成了文化的、社会的和政治的，而不是技术的。剧中情节强调的是道德困境以及对待受病痛折磨的人的正当性；他们很少批判效率低下的护理或者医疗事故。剧本还假定一定程度上熟悉实验结果，而这些结果对于医学院教职工之外的大多数医生来说都可能是言过其实的。

埃里克·巴尔诺（Erik Barnouw）指出《本·凯西》和《基尔代尔》的成功导致了“电视节目蜂拥而至手术台”。[54]《医学中心》（*Medical Center*）以及《大胆的人》（*The Bold Ones*）中“新医生”的片段聚焦于与研究机构存在关联的医院。《唐娜里德秀》（*The Donna Reed Show*）于 1958—1966 年播出，节目中的两个主角都是医生——儿科医生亚历克斯·斯通（Alex Stone）及其隔壁邻居戴夫·凯尔西（Dave Kelsey）。美国医药协会的一位主席甚至还在那个系列节目中担任过一个小配角。

随着《马库斯·维尔比医生》（*Marcus Welby M. D.*）的首播，这种积极的刻板印象在 1969 年达到顶峰。在其流行的鼎盛时期，该节目每周收到寻求医学建议的来信多达 5000 多封。即便如此，维尔比的“完美父亲”及“顾问和倾诉对象”的形象被坚定不移地“赋予了过度的感情色彩”，并且该节目收到了医学组织颁发的 30 多项奖项。最终该节目在医学共同体中引发了一场辩论，即这种言过其实的正面描述是否可能真正地对这个职业及其政治目标产生反弹。[55]美国医药协会的电视顾问团此后很快地“解散了”，并且该协会停止了为电视节目提供正式证明。

1954—1984 年，电视上绝大多数的医学节目都是由创造了《医生》《本·凯西》《基尔代尔》以及《马库斯·维尔比医生》的同一个人拍摄制作的，他非常尊重这个职业。[56]一些戏剧讨论的是医疗事故、误诊、社会争议以及医生的个人问题，但同时又保持了一种尊敬且欣赏的口吻，比如于 1969 年首播的《医学中心》。20 世纪 70 年代之后，美国医药协会在影响电视网络覆盖方面没有付出任何努力，而是聚焦于鼓励当地的电视节目。从 1971—1978 年，洛杉矶县医学会甚至还制作了自己的全国性公共事务系列节目——《全科医生》(*Medix*)。[57]寻求建议的制片人开始雇用个人顾问，就像好莱坞电影公司多年来一直采用的做法那样。[58]

电视的下午"肥皂剧"为医学和健康护理的积极形象提供了一种持久的情境。很多大众广播系列剧——比如《年轻的马隆医生》(*Young Dr. Malone*)——都把医生作为其核心人物，而这些广播节目很容易被搬到 20 世纪 50 年代期间的电视节目上。有关人类关系的戏剧性情境经常围绕着疾病、残疾、灾难和死亡而展开，医学被作为"艺术道具"。[59]于 1964 年开始作为黄金时段选播系列的《医生》是第一档赢得艾美奖（Emmy award）的日间系列剧。[60]《综合医院》(*General Hospital*) 于 1963 年首播，是几十年来收视率最高的肥皂剧。

心理学 101

对于专业组织来说，并不是每一种顾问关系都是有利的。随着电视产业经历了充满活力的经济增长，获得专家的认可和批准就越来越无关紧要了。就聚焦于心理疗法和心理学的一档戏剧来说，相关组织委员会的参与实际上使争议更加剧了。

1962 年年初，在《基尔代尔医生》成功的基础上，全国广播公司的宣传机器大力宣扬该电视网络的意图，也就是把即将出现的节目聚焦于精神疾病治疗上。《基尔代尔医生》的一集成为了一档名为《第十一小时》(*The Eleventh Hour*) 的系列节目的情节。大约在同一时间，该电视网络聘用了一名心理学家对其儿童节目进行评估，同时还承诺说这个新项目将会任命一名合适的顾问。

《第十一小时》的剧情围绕着一名法院任命的精神病专家［由温德尔·科里（Wendel Corey）扮演］和一名临床心理学家展开。大多数剧集"探讨"的是精神疾病临床评估与刑事司法体系之间的关系，这使得剧本可以考察哗众取宠的角色和犯罪（比如“装疯卖傻的一个性感杀手”）之间的进展。[61]因为该剧本中包括了诸如“疯狂”“疯子”“精神病”等词汇，所以节目中的对话是“真实的”——当制片人如此扬言的时候，美国心理学会（American Psychological Association，APA）对此表示反对。[62]有关诊断和治疗的讨论常常是不准确的，同时，该学会的声明也认为剧中角色过分夸张的个性只会进一步加剧社会对精神疾病社交能力不足的污蔑。评论家杰克·古尔德把这个系列片称为“干扰性的电视”。古尔德写道，在精神疾病治疗的问题上偶尔出现的优秀纪录片不能“作为小说中把精神病作为常规主题的借口”，并且在特别“黑暗的”事件中“一次又一次”“卑鄙地坚持对疯子进行检查”对促进“戏剧表面上的主题”毫无用处。[63]

在美国心理学会的配合下，心理学家群体也开始同电视网络展开了一场公共关系的乒乓球比赛。他们在 12 月初发布了一系列文件并召开了正式的新闻发布会，而电视网络对所有的这些都用冗长的辩护给予回应。[64]问题集中在感谢美国医药协会而非精神病协会或者心理学协会的一条片头字幕上。美国心理学会抱怨说因为节目制作方忽视了心理学家对该系列片提供的指导（他只在初步的脚本中出现过），因而剧本在精确性上漏洞百出，然而在最后的陈述中却暗示对该剧本专业上的承认和真实性上的承认。美国心理学会指出，美国医药协会是由医生而不是心理学家或者治疗精神疾病的专家组成的。然而，到那时，电视网络和好莱坞电影公司都不真正地需要任何顾问的许可了。专家的批准只不过是一种宣传上的意外收获。美国全国广播公司相当狡猾地认为这种错综复杂的局面是与美国心理学会“在非医学心理学家的作用问题上与医学界和精神病行业存在着争议”相关的。该节目的主角甚至在公开声明中对其收视率感到信心满满，在这个声明中他认为精神病学是“介于茶叶占卜（一种根据茶叶在杯中的位置进行占卜的方法——译者注）与蛇油疗法之间的”——尽管事实上他扮演的角色是一名精神病学家。[65]最终案件被驳回。

收益递减

电视出现的头 10 年间，观众能够从自然节目、医学剧以及与自然和医学相关的特别直播节目中收集到一些同时期研究的信息。科学方面更加“营养丰富”的服务变得越来越稀缺。从 1945—1951 年,（所有话题的，包括科学的）教育节目在观众可观看的所有节目中只占很小的比例，虽然非虚构的科学节目在主流电视网络中绝对数增加的趋势一直持续到 1955 年，但是其总量却在迅速地下滑。[66] 1954 年，纽约市的观众可以收看《冒险》（*Adventure*）、《约翰·霍普金斯科学评论》《医学的进步》特别节目、《奇才先生》（又译《科学大魔法》）（*Watch Mr. Wizard*）、《综合节目》《到底是什么》（*What in the World?*）以及《动物园巡游》。短短几年后，只有《奇才先生》还在播出。随着电视网络销售的广告和播出时间变得越来越珍贵，没有赞助的节目以及被认为是“教育性的”其他任何节目都被挤出了黄金时段。[67]

广播节目中第一档科学节目的缔造者们对谁在收听这些节目十分感兴趣；他们阅读并计算每一封读者来信。到 20 世纪 50 年代，相同的广播电视网络也过渡到了一个看重总计的人口数据而非个体反馈的商业模式。电视的晚间节目安排被当作一个整体来谋划，每档被选择接下来播出的节目都要对上一档节目和下一档节目给予支撑，其原因在于对竞争的敏感度，也是为了实现把注意力协调起来的目标，这样观众就不会切换频道了。[68] 医学剧吸引了有利可图的商业观众，但是如果科学或者医学不被认为可以吸引大量观众的话，那么电视网络对于在黄金时段安排其他科学相关的节目就毫无兴趣，无论这些节目是戏剧还是纪录片。

第六章

拯救地球：虚幻与现实

可爱的噱头往往会让要点变得模糊，而非传播娱乐。

约翰·克罗斯比（John Crosby），1958[1]

20世纪50年代中期,《美国新闻与世界报道》(*U. S. News & World Report*)把电视称为“美国人生活中最大的新生力量”，电视不知不觉地影响着消费品购买、竞选活动、用餐时间以及就寝时间。[2]和日报相比，有相当大比例的美国人在当时开始把电视看作是更完整、准确、有趣且更易于理解的消息来源。[3]当被问到哪个电视节目是他们获得科学信息的主要渠道时，超过半数的观众都选择了下列三个娱乐系列片中的一个:《医生》《迪士尼乐园》或者《科幻剧场》(*Science Fiction Theatre*)。[4]不到三分之一的观众提到了教育系列片，比如《科学在行动》(*Science in Action*)、《医学地平线》、贝尔电话公司的系列片以及《奇才先生》，很多观众说他们通常会从连续剧中获取健康信息，包括下午的肥皂剧。[5]

电视在创造“现实主义的”戏剧方面的技巧说明这种情况是不对的。一档被贴上“以事实为依据”标签的精心制作的电视节目看上去就像是一档被描述为“停留在幻想中”的节目。[6]比如说，与空间相关的现实和幻想的巧妙交错是建立在几十年来的科幻小说基础之上的，从儒勒·凡尔纳(Jules Verne)的小说和H·G·威尔斯(H. G. Wells)的小说到《惊奇科幻》(*Astounding Science Fiction*)杂志、《飞侠哥顿》(*Flash Gordon*)系列电影以及20世纪50年代的好莱坞电影，比如《火箭飞船X-M》(*Rocket Ship X-M*)、《登陆月球》(*Destination Moon*)、《当世界毁灭时》(*When Worlds Collide*)以及《地球停转之日》(*The Day the Earth Stood Still*)。[7]当宇航员真正地朝月球进发的时候，这些场所创造的形象呈现出了新的意义。

超级英雄和太空

基于科幻小说持久的人气，早期的电视迅速地涉足太空领域。电视游侠(Captain Video)、午夜船长(Captain Midnight)、汤姆·科贝特(Tom

Corbett）、雷德·布朗（Red Brown）、布兹·科里（Buzz Corey）、洛基·琼斯（Rocky Jones）和约翰尼·朱庇特（Johnny Jupiter）等一批科幻角色塑造了对科学毫不胆怯的新型银河大冒险。首次于 1949 年在纽约现场直播的杜蒙特公司的《电视游侠》（*Captain Video and His Video Rangers*）是这些系列片中最流行的一个。[8] 在 1956 年同时售给多家媒体进行播放之前，《电视游侠》每周播放四到五次，吸引老老少少的观众超过 350 万。[9] 威迪欧船长用诸如“视波法”和“热量喷射器”这些伪科学小工具以及原子步枪、电子紧身衣和便携式的力场来武装自己，同时兼具勇气和“科学天分”，他和他热心公益的流浪者大军同邪恶的科学家泡利博士（Dr. Pauli）以及小行星社团（Asteroidal Society）展开了搏斗。[10] 然而，科学家自身则很少成为这些节目的主要英雄或者反派主角。他们更容易成为处于行动外围的角色——他们是带着理性的冷静观察者或者武器的发明者。比如，在《太空巡逻队》（*Space Patrol*）中所用的设备（阻滞剂射线枪和大脑图谱）通常是由友善的科学家冯·米特博士（Dr. Von Meter）发明的。

在 20 世纪 50 年代初期，天空英雄——《巴克·罗杰斯》（*Buck Rogers*）、《罗德·布朗和火箭游侠》（*Rod Brown of the Rocket Rangers*）和《指挥官科迪》（*Commander Cody, Sky Marshall of the Universe*）——通过突出“刺激”而非科学来吸引观众。[11] 情节聚焦于“道德说教上的”抗争以及个人的挑战；对当代科学的引用也是为了增加幻觉的逼真性。[12] 不过，《年轻宇航员汤姆·科贝特》（*Tom Corbett, Space Cadet*）的作者们确实从海顿天象馆和类似的机构那里寻求了一些建议，并且聘请火箭专家威利·雷（Willy Ley）对剧本进行审阅并帮助他们对“可变重力、小行星带和反物质”等概念进行虚拟化。[13]

在为一个新的媒介制作舞台戏法方面，布景师们可能获得了最多的乐趣。涂上颜色的篮球变成了重创太空飞船的“流星”。在美国广播公司的《明日传说》（*Tales of Tomorrow*）中，核爆炸被发条上加载的摄像机引发：“巴尔沙木的柱子倒下，家具也坍塌。巨大的 5000 瓦特的聚光灯忽隐忽现，模拟的是宇宙闪电。一起转动的六台音响记录器倾泻出地球爆炸所导致的台风来袭时的奇怪声音。再大量地添加一些烟雾，观众们就会情不自禁地双手紧握着椅子。”[14]

虽然一些情节是从冷战政治中获得的灵感（“原子部队为了保护美国的原子秘密不被其敌人窃取”而战斗），但是大多数节目只是偶尔地在其幻觉中穿插一些事实。《科幻剧场》的开幕式中充满了科学仪器，但是帕特里克·卢西亚诺（Patrick Luciano）和加里·克利威尔指出，这种安排旨在表明“研究的是绅士科学家”而非某一疯狂科学家的“避难所”。[15]一开始，主持人兼解说员杜鲁门·布拉德利（Truman Bradley）会发表一番实事求是的评论并展示一种科学原理，暗示着接下来的戏剧“与其说是一个虚构的故事，不如说是一种推断。”[16]据报道，制片人伊凡·托斯（Ivan Tors）重点强调了“科幻总体中‘科学’的那一半”，他聘请了一个全职的科学顾问并组织了一个由 6 人组成的研究部门同大学专家和政府专家对剧本的精确性进行查验。[17]《科幻剧场》的促销广告后来也利用了这种关系，宣称：“来自于科学真理的激动人心的电视剧……真了不起，因为它是科学！引人入胜，因为它是虚构的！”[18]

太空现实

罗德·赛琳（Rod Serling）具有讽刺意味的赞歌——《阴阳魔界》（*Twilight Zone*）——在 1959 年首播，该片对真实性没有带来同等的承诺。每个开场都得意地宣布这个系列片搜寻的是“像太空一样广阔又像永恒一样无限的第五维度……科学和迷信之间的中间地带。”这样的自高自大很有必要，因为科幻提供的总是“用已知科学来推断史前时代或者可能的未来”，描述的是电视、雷达和原子能尚未实现之前的时代。现在，现实生活威胁到了幻想。1955 年 8 月，当美联社发布消息称苏联可能已经“将携带活体动物的实验火箭送到了太空中 300 多英里以外”的时候，威利·雷在《面对全国》（*Face the Nation*）节目中受到了记者的盘问。[19] 1955 年 11 月，作为哥伦比亚广播公司《冒险》系列片的一部分，在海顿天象馆进行的直播展示了一个美国政府正在建造的卫星模型。两年后，即 1957 年 10 月 4 日，苏联发射了人造地球卫星。[20]随之而来的太空竞赛和有关“导弹差距”的政治辩论使得所有的科学似乎都是相关的，并且使得科学与国际政治纠缠在了一起。[21]

电视迅速地借用了太空项目，并把他们的努力转变成另外一种类型的娱乐业。直到 1958 年，美国军方的火箭测试（虽然不是秘密）还禁止公众入内。而后为了对苏联的人造卫星有所反应，“媒体被请进来”，情形与 1951 年和 1952

年的原子弹试验差不多。[22] 美国国家航空航天局（NASA）的建立预示着登陆月球国际竞赛的开始。

因为与真正的火箭和镇定自若地站在发射台上的宇航员相比，充满想象的小说会显得苍白，电视对此的回应是巧妙地将幻想和现实混合起来，把虚幻纳入到其真实的报道中，并给以太空为主题的娱乐增加更多的“现实主义”。诸如《人与挑战》（*The Man and the Challenge*）这样的科幻系列被用来增强太空探索的政治支持。《太空第一人》（*Men into Space*）是同国防部和美国空军合作完成的，前者负责审阅剧本的精确性，后者则负责在军事基地的拍摄。该片 1959 年的情节是根据当前的科学和工程推测而来的，并且设想了人类在永久性空间站中将如何发挥作用。

征服

在 20 世纪 50 年代期间，媒体对科学的关注还获得了对地球知识雄心勃勃的探索的支持。仿照以前国际地球极年（International Polar Year）项目的模式，国际地球物理年（International Geophysical Year，IGY）由 1957—1958 年开展的地球物理研究组成。在约瑟夫·卡普兰（Joseph Kaplan）和休·奥迪肖（Hugh Odishaw）的带领下，国际地球物理年的美国组成部分通过美国科学院（National Academy of Sciences，NAS）进行协调。在研究阶段开始前的两年，奥迪肖的信息办公室就开始通过电影、印刷品和电视对国际地球物理年的宣传进行了精心的策划。[23] 奥迪肖和其他科学家开始在系列片中担任嘉宾，比如《家庭》（*Home*）和《约翰·霍普金斯科学评论》；该信息办公室就在南极洲建设驳船所面临的挑战安排迪士尼公司拍摄了一部影片，并且通过贝尔电话公司的公共关系公司与弗兰克·卡普拉的《奔放的女神》的宣传协调起来。[24]

军方和国际地球物理年研究的平民要素之间的张力使得媒体活动更加复杂。在《南极洲：第三世界》（*Antarctica：The Third World*）（一部有关“深冻行动”的美国全国广播公司的纪录片）吸引了超过 500 万观众之后，美国全国广播公司网络获得了对美国在南极洲的海军特别行动项目恢复拍摄的许可，并且为美国全国广播公司新闻采集新闻镜头和电台报道。[25] 寻求在其项目中对平民形象进行“映射”的国际地球物理年的官员也从该电视网络中获得了保证，即这些纪录片将单纯地聚焦于“平民的科学贡献”，尽管进入研究场所的许可把控在军方伙伴手里。当美国全国广播公司对在政府实验室里拍摄另外一部纪录片所施加的限制条件感到失望和不满时，该电视网络只是简单地切换至工作室的作品并且增加了更多的动画。[26]在一个节目中，国际地球物理年的官员甚至试图阻止解说员在白沙实验研究所（White Sands Test Facility）进行的火箭发射“片段中”使用“导弹”这个词语。[27]作为一个为戴弗·加洛维的《广阔世界》（*Wide Wide World*）制作的片段，美国科学院公共关系局的官员要求美国全国广播公司保证“这个节目作为一个整体将提供一个合适的框架，在这个框架中描绘国际地球物理年平民科学的本质以及和平的本质。”[28]而节目“批判性”的口吻和全神贯注于军事方面显然让美国科学院的官员非常不满。[29]他们迅速地意识到一旦商业性影片进入制作阶段，他们就无法对其内容进行掌控了。

1957年，通过与美国全国广播公司的合作，国际地球物理年项目制作了10档节目，一开始是通过教育电视台来播放这些节目，而后则通过电视台网络的附属机构。[30]虽然意欲将这些节目作为一档资料性的系列片，但是《国际地球物理年：一颗小行星打量她自己》（*IGY: A Small Planet Takes a Look at Herself*）致力于让观众感到有趣。制片人伊万斯·G·瓦伦斯（Evans G. ‘Red’ Valens）建议卡普兰增加“一些个人影响——我的意思是，在国际地球物理年中你自己工作的一些个人经历的故事情节，当然要包括幽默事件”，并且要求科学家们“进行即兴演讲而不是盯着电子提词器。”[31]瓦伦斯劝阻其他嘉宾不要试图用他们的资质来吸引眼球，而是促使他们去展现一些“重要且有趣的”东西——“十分谦虚的态度都比任何吹嘘更能展现这个节目的高质量，无论多么不起眼。”

不过，对国际地球物理年媒体事务的商业“赞助”并没有被拒绝，特别是如果承销能够确保更高质量的内容的话。1957年，美国科学院、哥伦比亚广播公司、孟山都公司和美国科学促进会一道开始制作《征服》（*Conquest*），这是一档强调“美国科学教育和实践者……严重短缺”的杂志模式的系列片。[32]美国科学院同意提供技术协助，促进可能的嘉宾及顾问之间的联系，就思路提供建议；而作为回报，美国科学院可以获得适当的费用并对节目的思路和剧本进行事先咨询。[33]《征服》的首播描述的是海底，对生物化学家温德尔·斯坦利（Wendell Stanley）的采访，从破纪录的气球升空中拍摄的影片，并且还对苏联的科学进展进行讨论。美国科学院起初的反应还是积极的。该节目被认为提供了“科学前沿的准确一瞥”。[34]然而，美国科学院的一名官员警告人们注意，“‘一瞥’这个词语可能是整个节目的基调”，因为“缺乏一些科学背景的”“常人”“可能不会真正地体会到要尽量接近我们所要前往的‘生命的边缘’需要付出什么样的努力、思考和工作……节目中缺少的东西是对过去发生的事情的些许积累。”[35]

后续的有关化学疗法、火山以及国际地球物理年南极洲研究的剧集都没有引起美国科学院主席德特勒夫·W·布朗克（Detlev W. Bronk）的极大兴趣，尽管孟山都为另外的教育活动提供了经费支持。[36]次年，美国科学院解释说它们不再认为《征服》是一档“开创性的试验”节目了，美国科学院退出了该节目的合作团队。在第二季（也是最后一季），美国科学促进会承担了首席顾问的角色。节目时长被压缩到 30 分钟，大多数都是特定的单一主题，很多还都是对以前节目的简单编辑版本。

也许最不寻常的是，国际地球物理年的宣传提案中包括了乔治·伯恩斯（George Burns）和格雷西·艾伦（Gracie Allen）的戏剧团队。这个事件表明科学精英如何持续地对流行文化持谨慎的怀疑态度。鉴于这个提议代表了科学上“需要较大的国家意识”的个人信念，双方（即乔治·伯恩斯和格雷西·艾伦）中的一方向美国科学院发送了一份冗长的电报，抛出了一条故事主线，“在这条主线中格雷西经历了她荒唐的人物特征的大逆转，并且成为了一个伟大的大脑。”[37]在这个角色中，艾伦随后会对科学和公益事业传达一种适当庄重的信息（虽然用她所扮演的角色的古怪声音）。美国科学院公共关系局的官员礼貌地回绝了，并且补充说这个建议让他们十分“感动”。如果格雷西·艾伦想在其节目的“故事部分”之前或者之后做一些有关科学的陈述的话，他们非常愿意合作，但是他们担心的是在喜剧情境下对国际地球物理年的讨论。[38]

制造幻想

电视的卡通角色也积极地参与到科学和太空探险当中，并且在早期开始了去月球的幻想之旅。在华特·迪士尼读到描述未来太空旅行的《科利尔周刊》（*Collier's Weekly*）系列之后，他的工作室聘请了沃纳·冯·布劳恩（Wernher von Braun）和威利·莱（Willy Ley）做顾问，火箭专家们在三档迪士尼节目《太空第一人》（*Man in Space*）、《人和月球》（*Man and the Moon*）以及《明天的月球》（*Tomorrow the Moon*）中出镜。这些节目将新闻镜头和动画以及太空军事基地的模型结合起来。这些影片以及其他20世纪50年代中期的“明日世界”片段推广了这样一种信息，即只要人类有尝试的意愿，那么太空探索是有可能的，这种信息与美国政府的政策不谋而合。[39]和迪士尼卡通片中其他“疯狂的科学家”相反，这些太空片段把科学看作是一股理智的正义力量。

当然，迪士尼的节目从来不会彻底地将真正的科学与幻想孤立开来，哪怕这个话题是原子能。1957年的“明日世界”包括《我们的朋友：原子》（*Our Friend: the Atom*）（一部结合了实景镜头和先进动画的电影）、新的迪士尼电影《海底两万里》（*20000 Leagues under the Sea*）的节选以及有关虚构的核潜艇的影片——《鹦鹉螺号》（*Nautilus*）。[40]《我们的朋友：原子》是一个大型项目的一部分，这个大型项目包括主题公园展览和儿童图书。该项目把原子能比作是一个妖怪，不能迫使他重返瓶子里，但是其能量却可以被引导到和平利用的方向上来，这与其他的把注意力放在“军用原子弹”和核武器的恐怖上的大众文化形成强烈的反差。[41]

那时，核恐慌已经成为美国人生活中一种“具有决定性的文化力量”，核恐慌相关的画面充斥在电视网络中，这与政府官方的传播形成鲜明对比。[42]政府历史学家保罗·S·伯耶（Paul S. Boyer）撰文认为，战后的小说、电影和电视剧通常探讨的是原子能潜在的负面影响，而政府和核产业渠道则努力促进其正面影响。公共舆论则上上下下：20世纪40年代对原子物理学家和对战争的“摆脱”感到钦佩，20世纪50年代对原子弹和其他核电的兴起表示焦虑，然后进入到伯耶所描述的激进主义、冷漠和焦虑的无休止的循环。[43]伯耶写道，比如《外星界限》(*The Outer Limits*)这些电视系列片想象出了一些新的威胁，而没有明确地解决可能的威胁，比如“核辐射、基因突变和原子战争”，诸如迪士尼乐园这些项目提供了未来的舒缓图像。[44]有时候，电视中的科幻英雄们在人性中与恶魔——贪婪或者野心驱使的恶棍——展开搏斗，但这些恶魔往往由后来用来打败他们的科学所驱使、协助或者创造出来。

跳上月球

到 1960 年，抵达月球已经成为一种政治上和科学上的痴迷，电视也决计去凑凑热闹，就像当年广播对理查德·伯德(Richard Byrd)飞跃南极上空以及威廉·毕比(William Beebe)在大海中深潜进行报道一样。观众现在可以实时地观看火箭发射。1961 年艾伦·谢泼德(Alan Shepard)从水星宇宙飞行器中发出的现场音频信号被证明是如此的广受欢迎，以至于电视网络开始向随后发射任务的“不受拘束的报道”施加压力。[45]

电视热切地追随着对太空的扩张，以虚构戏剧所采取的历程为基础，并且运用了很多同样的刻板印象。[46]宇航员“探索者”成为了电视上的新秀名人和超级英雄，这让一些科学家对每次任务中“故作多情的家庭访问”和“让人窒息的记录”进行了批判，并且在解释技术术语和概念方面的失败表示哀叹。[47]电视制片人忽视了这些抱怨并且对他们认为观众需要的东西固执地坚持着：更多的个性和更多的戏剧色彩。批评家罗伯特·路易斯·谢昂(Robert Lewis Shayon)后来说，由美国国家航空航天局(NASA)所推广并被电视网络所接受的模型确保了所有未来的探索者都将“有电视镜头的陪伴”，并因而成为了“为了众多行星上观众的利益而频繁地登台和退场的演员。”[48]这已经成为宇航员在太空舱中召开新闻发布会的标准模式了，他们回答一些个人问题，他们的现场陈述会与早间或者晚间的电视新闻播出时间不谋而合，正如伯德和毕比为了达到最大的听众规模而对他们的广播节目设置时间一样。半个世纪之后，尽管有了真正的成就、教育和专业知识，但是来自所有国家的太空飞行员以及全体船员仍然在摄像机前手舞足蹈，讲笑话，俨然变成了魔幻箱子里的演员以及午夜喜剧演员的姊妹花。

虽然很快太空探索就成为了产生讽刺文学再普通不过的事情［比如《杰森一家》（*The Jetsons*）或者《外星人报到》（*My Favorite Martian*）］，但是大多数电视中的太空科幻夸大了太空探索的风险或者可能会潜伏在地球大气层以外的威胁。每当电视中那些不谙世故的“太空访问者”利用先进技术和假想的

图 9a　1962 年 2 月 20 日，友谊 7 号飞船模拟。作为第一次太空飞行，美国国家航空航天局只提供了音频传输，所以电视网络制作了视频模拟以维持观众的兴趣。在图中，一名“宇航员”正盯着一台监视器。《美国新闻与世界报道》随后拍摄了电视屏幕的照片，用来为宇航员约翰·格伦（John Glenn）的友谊 7 号飞行新闻报道做插图。承蒙国会图书馆提供图片。

图 9b　友谊 7 号飞船模拟。太空舱的模型在地图上被拉来拉去。承蒙国会图书馆提供图片。

图 9c　友谊 7 号飞船模拟。当观众们听着约翰 · 格伦在友谊 7 号上阐释他看到的景色时，他们在屏幕上可以看到“格伦的声音”。承蒙国会图书馆提供图片。

科学进展来试图征服地球的时候，“科学”就成为进攻和防御的武器了，比如《外星界限》（*The Outer Limits*）系列和《入侵者》系列（*The Invaders*）。[49]太空戏剧的前 10 年强化了科学的文化价值、社会相关性以及权威的形象，并且与神秘、精神阐释和政治阴谋交织在一起，甚至一些情节还提出了有关科学家的无所不知和一致性的问题。在一些科幻影片中，“反面人物”可以是技术型的（比如一个无法控制的电脑系统或者一种被想象成未来“科学怪物”的转基因病毒）；在其他电影中，技术专业知识会指导英雄团队战胜那些也用科学武装自己的外星人。[50]科学成为了通用的道具。观众逐渐地在某些情境下和空间相关的科学不期而遇，在这种情景中幻想、事实和虚构就像大量宇宙尘埃一样缠绕在一起。

现实也开始显得不切实际了。1962 年，当约翰 · 格伦（John Glenn）搭乘的友谊七号太空舱绕地球飞行的时候，全美国的学生们成群结队地走进体育馆，盯着那一块小小的电视屏幕，间接地感受着格伦的冒险经历。在他们的想象中，他们就好像和独行侠一起疾驰或者在超人身边一起飞行。全球数以万计的人们聆听着格林讲述三次日升日落的壮观场景，以及撒哈拉沙漠上发生的沙尘暴。而电视网络，虽然还不能对轨道中的格林进行实况播放，但是却创造了一种模拟程序，这可以让观众在聆听他声音的同时在电视屏幕上对此加以展示。

当然，发射和登陆提供了难以抗拒的视觉机遇。这些实际情况，不像原子弹试验，可以延长到几天时间。为展示最佳视角而编辑过的实时事件（体育竞赛、就职典礼、国葬和太空任务）越来越和伪造的事实混合在一起。就在观众们慵懒地躺在睡椅上的时候，一档游戏节目的参赛者就获胜或者失利了——观众们注定是要去臆断的。在每个可以分享的经历中，观众们被鼓励（有时候是被巧妙地掌控的现场观众的反应所带动起来）去和成千上万的其他人一起喘息、大笑和哭泣。同样，阿波罗计划也成为一档电视秀，宇航员在镜头前像小丑一样，并且向待在家里的人发送信息。[51] 1961 年，哥伦比亚广播公司报道空间项目的时间在 10 小时上下；而到 1969 年，这一时间超过了 109 小时。[52] 到 20 世纪 60 年代末，美国国家航空航天局的太空表演，伴随着刻意安排的登陆月球，已经成为现实与幻想、新闻与娱乐的辉煌结合了。

太空项目的主题同空间技术和科学如何已经展现在大众文化中实现了一致。与 1966 年首映的《碟中谍》（*Mission：Impossible*）中“政府赞助的”不可能完成任务的部队（IMF）一样的虚拟团队使人们相信这样一种梦想，即科学和技术最终能解决一切问题。《星际迷航》（*Star Trek*）也在同年首映，其片中角色参与到了崇高的使命当中，面临着充满智慧和勇气的敌人的威胁，并且依赖以文明开化为特征的团队来应战。[53] 由于有了可以让任何事情看起来貌似可信的场景和录像技术，信息不足的观众能够轻易地认为科幻电影反映了现实。实际上，科学教师时常会给《谍中谍》的制片人写信，要求为未来的情境提供一些道具和设备。[54]

在 1968 年的圣诞节期间，离开地球轨道的第一艘人造太空飞船为电视观众们提供了一个观看自己地球家园的新视角。虽然是围绕着月球飞行，阿波罗 8 号的宇航员传回了一张从太空观看地球的图片。[55] 自 20 世纪 40 年代中期以来，分析人士频繁地把电视看作是一个世界上的“窗口”或者通往世界的“窗口”。这个比喻是来自于戴弗·加洛维（Dave Garroway）的《宽广的世界》（*Wide Wide World*）以及《迪士尼的奇妙世界》（*The Wonderful World of Disney*）。在 1968 年的直播之后，这个比喻又有了新的含义。电视可以让人们在回头看自己的时候同时窥探整个世界。

图 10a　1969 年 7 月 20 日，阿波罗Ⅱ号登陆派对在史密森尼学会举办。哥伦比亚广播公司和全国广播公司在史密森尼艺术与工业大楼进行直播，采访专家并安装监视器，以便博物馆参观者可以看到宇航员踏上月球。在右上方可以看到查尔斯·林德伯格的圣路易斯精神号。承蒙史密森尼学会档案馆提供图片。

图 10b　1969 年 7 月 20 日，阿波罗Ⅱ号登陆派对在史密森尼学会举办。右上方可以看到莱特兄弟的飞行者号（flyer）。承蒙史密森尼学会档案馆提供图片。

月球派对

当阿波罗Ⅱ号太空舱于 1969 年 7 月 20 日在月球着陆的时候，宇航员走路、跳跃和在月球上插旗子的动作被“搞成了”人类熟悉的特写镜头，这些都是为晚间报道刻意安排并认真地定时的。突发新闻、娱乐、现实、科学、技术和形成中的历史感被结合起来以创造一种终极的“现实”表演。

在华盛顿，史密森尼学会举办了一场通宵派对，在一栋维多利亚时代的艺术和工业大厦（莱特兄弟的飞行者号以及林德伯格的圣路易斯精神号悬在半空中）中架设了一台与“月球周末”（Lunar Weekend）相连的电视。全国广播公司和哥伦比亚广播公司在这架具有历史意义的飞机下架设起直播台，并且安装了大型的彩色显示器以供参观者观看（就像纽约中央公园和其他地方架设的巨型屏幕一样大）。[56] 因为国际通信卫星组织（INTELSAT）的卫星网络已经在 19 天之前搭设完成了，因而月球着陆成为第一个真正的全球直播事件。[57] 当尼尔·阿姆斯特朗（Neil Armstrong）踏上月球表面的时候，全球有 7.2 亿人参与到了他“巨大的跨越中”（“这是个人迈出的一小步，但却是人类迈出的一大步”）。

太空使命为电视提供了终极的壮观场面——比好莱坞电影还震撼，因为观众知道这其中的危险是真实的。在整个阿波罗项目的过程中，一些卓越的科学家抱怨说进行公众教育的重要时机被浪费了：电视花在解释相关的科学和技术方面的时间少之又少；除了美国国家航空航天局的报道之外，没有电视网络就太空问题进行重要的信息性讨论；并且新闻报道更多地集中于人情味的方面（比如宇航员的个性和家庭），而非火箭推力或者零重力背后的科学原理。虽然让人遗憾，但是这些偏见在电视经济中有着深厚的基础。商业电视网络认为沉迷于戏剧和喜剧的观众会对有关太空的研讨不感兴趣，也许是正确的。在着陆月球之前很长的等待时间里，广播公司偶尔插入一些有关火箭技术的“微课堂”，但是他们总是会毫不犹豫地提到儒勒·凡尔纳（Jules Verne）的大名以逗观众开心。

第七章

调整镜头：纪录片

给我一个好的商业电视编剧，一个拥有想象力和幽默感的物理学家做顾问，我将在半小时内教会1000万美国人有关高能物理的基本原理，这比科普作家和科学讲座在未来50年内讲得还要清楚。

约翰·K·麦肯齐（John K. Mackenzie），1965[1]

纸媒的记者们长期以来都可以访问那些（出于安全或者实际情况的原因）其他人不被允许前往的灾难现场、矿场和医学实验室，因为认为他们可以对观察到的现象进行精确的描述。[2]随着电视的发展，电视制片人和摄影师在拍摄新闻片段和纪录片方面也在试图获得这种特权。特别是对于科学来说，在协助研究人员到达偏远的地方或者展示运行中的复杂设备方面，电视纪录片提供了令人兴奋的机会。

然而，纪录片不仅仅只是可视化和阐释。每当他们对科学家们在环境退化或者对公共健康的威胁方面发现了什么进行探索的时候，他们也通过纸媒让权力支柱感到不安的方式参与到了同样类型的调查之中。如果公共物品包括拥有一个知识渊博的公民社会的话，那么电视是否应该更加关注与当前政治辩论相关的科学方面？在支持和鼓励科学纪录片（即使它们很少吸引大量观众或者商业广告）方面，电视产业应该承担什么责任呢？

在美国，广播频率（也就是拥有进行广播的执照和许可）的信托制度不仅仅包括提供娱乐和销售广告时间的权利，而且作为一种自由媒体，它还拥有服务于公共利益的法定义务，以及“为人们提供可以学会去伪存真的事实和观点。”[3]20世纪50年代媒体产业的商业重组使得已经赋予媒体产业的责任变得更加复杂。报业收购了广播电台和电视台，电影公司和电影制片厂以及广播网络达成了合作协议。到20世纪60年代，每个这样的协议都增加到了“相互关系之内的相互关系”的金融和组织的纠葛中。[4]通信集团要求通过电视获得在内容方面前所未有的权力，随之而来的是曝光或者忽视社会和教育话题的能力，正如他们期望的那样。

最终，两股完全不同的力量掌控了电视上与科学相关的纪录片——错觉和金钱。电视最独特的品质仍然是对世界进行复制的能力，来来去去，上上下下，上天入地。然而，可视化不能保证精确的表征。视频艺术家在20世纪60—70年代发现，电视既可以用来创造“现实的虚幻感”，又可以创造“虚幻的真实感”。通过精彩绝伦的摄影和动画，纪录片可以“扭曲和增强”视觉，可以对真实提供一种似乎合理的版本。[5]而没有充足的补贴或者商业赞助，最具创造力的纪录片也不会被生产出来或者播放出去。历史学家威廉·布律姆（William Bluem）注意到，通过提供“大量的观众和用来拍摄的足够经费”，电视可能会给纪录片“最大的动力”。[6]具有讽刺意味的是，通过对特定节目而非其他节目进行承销，政治组织、企业、政府机构和其他赞助商们可以对观众们可以看到的内容进行“塑造”。

美国科学家和他们的所属机构很少以对电视上纪录片项目提供经费的方式来开发利用它在这方面的潜能。[7]在缺乏科学共同体的参与或者压力的情况下，决定纪录片内容的通常是围绕着某个话题的争议程度、制作一档竞争性节目所需的经费总额或者某个制片人对科学的兴趣。

早期的赢家

实际上在20世纪60年代期间，有关各个学科的电视纪录片节目数量大增。单在1962年，美国广播公司、全国广播公司和哥伦比亚广播公司就一共播出了387部纪录片——这个数目是上一年播放数量的十倍，其中大多数纪录片都是“特别节目”或者取代常规节目的多部系列剧。[8]一些学者把这种上升的趋势归因于益智游戏丑闻，在这个丑闻中，电视网络把文化特色作为提前防止政府管制的公共关系策略。[9]影视制作技术的进步也发挥了一定的作用。同时彩色电视机更容易获得也增加了自然纪录片的吸引力。

无论出于何种原因，观众都是受益者。很多节目为“思想政治工作”提供了重要的场合，利用研究完备的剧本和专家评论来对当前的社会和政治议题进行解读。[10]比如，电视纪录片在对有关工作场所安全和计划生育的公共舆论进行激励方面发挥了重要作用。弗莱德·弗兰德利（Fred Friendly）的《可耻的收获》（*Harvest of Shame*）被认为有助于改善外来务工人员的居住环境，而《人口爆炸》（*The Population Explosion*）解决的是节育方法。很多20世纪60年代的纪录片计划项目还充当起了专业人员的培训基地，他们将是未来10年拍摄科学短剧的人，并且会利用以前在对贫困、饥饿和选举政治进行调查时所用到的同样的叙述和编辑技术。

在20世纪60年代的纪录片中，科学并不是完全地被忽视了。当蕾切尔·卡逊（Rachel Carson）的第一本著作《我们周围的海洋》（*The Sea around Us*）引起人们对人类以及海洋环境之间脆弱关系的关注的时候，一部基于这本著作的获奖影片让生物学家们卷入到了各种电视节目中。[11] 历史学家马克·莱特尔（Mark Lytle）对卡逊如何同意为《奥秘》（*Omnibus*）撰写剧本进行了描述。卡逊表示，即使她承认她不看电视并且也不知道这个系列节目，但是会有大量观众收看她所传达的有关环境的信息，这个前景是“难以抵挡的”，并且制片人在决定剧本内容方面给了她“很大的回旋余地”。[12] 在《寂静的春天》出版之后，出现了更多对卡逊著作的争议性关注，当时《哥伦比亚广播公司报告》（*CBS Reports*）的一部纪录片《蕾切尔·卡逊的寂静的春天》（*The Silent Spring of Rachel Carson*）（1963年4月13日）描述了产业界对这本书的挞伐。主持人埃里克·萨瓦赖德（Eric Sevareid）解释说，虽然这10年被称为原子时代以及“冰冻的电视晚餐”时代，但是卡逊现在也表明这10年是“计算风险”的时代，因为用来生产优质水果和蔬菜的喷洒农药也可能会给各种生物带来潜在的消极影响。当卡逊的反对者向哥伦比亚广播公司施压要求取消播放这个纪录片的时候，他们的环保运动反而吸引了更多的媒体报道，并且在接下来的一个月里促成了另外一档哥伦比亚广播公司的节目，即《对蕾切尔·卡逊的〈寂静的春天〉的判决》（*The Verdict on the Silent Spring of Rachel Carson*）。这个节目是对卡逊的警告进行澄清的一个重要科研报告。[13]

科学和医学专辑的总量在20世纪50年代早期稍有上升，主要是因为这些影片受到了贝尔电话公司和法国史克实验室（Smith Kline and French Laboratories）的补贴。[14] 在20世纪60年代期间，其他得到补贴的“专辑”和电视连续短片（比如由国家地理学会拍摄的）是这个时期的黄金时段可选择的非虚构的科学节目。所涉及的话题从有关污染的可怕警告到有关索诺拉（Sonoran）沙漠区域和大峡谷（Grand Canyon）的自然美景的艺术庆典，该系列影片是由约瑟夫·伍德·克鲁齐（Joseph Wood Krutch）解说的。较短的与科学相关的片段也可以在公共事务节目中找到。《哥伦比亚广播公司报告》于1959年10月首播，是爱德华·R·莫罗（Edward R. Murrow）的《现在就看》

（*See It Now*）的直接产物。在1959—1979年间，该节目全集的5%都致力于科学、太空、医学或者环境话题，而后两个话题获得的关注最多。[15]在诸如《60分钟》（*60 Minutes*）（于1968年在哥伦比亚广播公司首播）这些“杂志形式”的节目中，独立地制作的微型纪录片——包括偶尔对科学家进行的采访——会点缀在一些有关电影明星和罪犯的专题节目中。[16]

黑猩猩和海洋

纵然迪士尼和贝尔的节目展示出了彩色节目的潜能，但是要有足够的消费者去购买新的彩色电视机才能确保纪录片和新闻节目转向彩色节目。然而，到1967年，电视的彩色性能被认为在“事件”、和“现实”节目的普及中是“主要指数”（一名负责人这样说：“电视在显像管的突破以及真正地与观众建立起关联方面找到了自己的机会”）。[17]不出所料的是，体育（比如奥运会的报道）最大化地利用了这种创新，但是对自然界“真实生活”的拟像也获得了成功。通过彩色图像对预先安排的“自然时刻”的展示可能会赋予竞争物种或者潜在的伴侣之间自发竞争的错觉。[18]

国家地理学会生产的专题片完美地展现了彩色纪录片如何能够建立一种间接冒险的感觉。自从1888年开始，致力于“增加并扩散地理知识”的这个机构就建立了博物学普及的高标准。该学会那本（公众）熟悉的黄边杂志描述了从死亡谷到北极冻原这些异域的居住者、植物和动物，还通过清新的散文和惊叹的摄影对科学和工程的广度——天文学、考古学、物理学、地质学和火箭技术——进行了报道。[19]电视，特别是彩色电视节目，代表着顺理成章的下一步。在和其他机构进行协商几年之后，1961年国家地理建立了电视台，并且和好莱坞制作集团签订协议来生产并营销其节目。从一开始，该系列影片就谋求优秀的摄影技术、科学上的精确性以及真实的娱乐。

“你愿意和巴里·毕晓普（Barry Bishop）一起站在闪闪发光的珠穆朗玛峰顶峰吗？或者你愿意在珍妮·古道尔（Jane Goodall）于野生黑猩猩群中露营的时候去拜访她吗？”《国家地理杂志》（*National Geographic Magazine*）承诺说：“下个月开始，你就可以在自己的客厅里亲身享受这场盛宴了。”[20]第一个专题片于 1965 年 12 月开播。制片人（还有观众）走在进行实地考察的鸟类学专家、地质学家和考古学家的身后，或者站在身处非洲的珍妮・古道尔的身边。该专题片似乎是该学会传播普及知识的承诺的自然延伸。早期的探险家们带回来了照片；理查德・博德（Richard Byrd）的极地探险则拍成了影片；现在特别为电视摄制的影片会利用戏剧效果和亲密关系来增强每个观众“身临其境”的感受。在这些“摄影之旅”中，有时候会瞥见摄影师挨着研究人员。《珠穆朗玛峰上的美国人》（*Americans on Everest*）试图让每个观众在节目结尾的时候都能够想象他 / 她也“登上了”珠峰。[21]

第二部片子是《珍妮・古道尔女士和野生黑猩猩》（*Miss Jane Goodall and the Wild Chimpanzees*），这个节目巩固了它作为可靠的家庭娱乐的声誉。富有魅力的年轻女性在遥远的地方开展独特的研究，这样的场景邀请观众“分享这种让科学界为之一振的动物行为的发现”，并可以窥探到“难得一见”的动物“私生活”。[22] 古道尔后来说最终剪辑中“公然的拟人化”让她“感到震惊”，并且她成功地说服制片人修改了这档节目。[23] 第一季中的其他影片考察的是莫哈维沙漠以及拯救濒临灭绝的大灰熊的努力，而《里基博士与人类的曙光》（*Dr. Leakey and the Dawn of Man*）则是建立在国家地理对人类学长期关注的基础上的。[24] 保持高质量需要持续的投入；为了对后续的产品进行补贴，该学会同意接受全面的商业赞助。[25]

国家地理把电视看作是吸引新成员、获得财政支持以及实现其科普使命的一种途径。法国海洋学家兼探险家的雅克 – 伊夫・库斯托（Jacques–Yves Cousteau）还有更多特定的政治动机。1951 年，他全副武装地驾驶着考察船卡利普索号（Calypso）开始了为期 4 年的环球航行。在影院中播放的有关这次旅行的影片把他变成了一个国际明星并且传播了他有关海洋保护的信息。[26] 虽然自 1952 年开始国家地理就和库斯托一起共同赞助海洋研究，但是他第一次出现在美国电视上的镜头是 1954 年的《奥秘》片段。紧随这个项目之后的是 1955 年为《探险》（*Adventure*）系列制作的影片，以及一些长篇的纪录片，比如《寂静的世界》[*The Silent World*（法语名为 Le Monde du Silence），1956]。[27] 在 1966 年的国家地理专题片《雅克 – 伊夫・库斯托的世界》（*The World of Jacques-Yves Cousteau*）中成为明星后不久，库斯托同意为美国广播公司摄制他自己的专题片。该节目名为《雅克·库斯托的海底世界》（*The Undersea World of Jacques Cousteau*）并于1968年首播，该节目把“探险、娱乐和教育”结合到了一起。[28]库斯托的第一部电视系列片播出时间与美国环保运动的诞生时间不谋而合。在第一集中，卡利普索号的船员在红海、印度洋和亚丁湾追踪一群鲨鱼，不断地就海洋生物的重要性及其生存受到威胁的情况对观众进行提醒。

直到1976年，当该节目被移到有线电视上的时候，库斯托在1年之内就于四个新的电视专题片中成了明星，把生态同一性和多样性的主题整合到了戏剧性的叙事当中。他的品性和激情主导了荧幕。“当你想到库斯托的时候，你想到的不是一个具体的（电视）节目，”环保主义者比尔·麦吉本（Bill McKibben）说道：“而是对海洋永无止境的爱。”[29]库斯托认为电视可以帮助“人们扑向科学”，提高公众对海洋环境的理解，鼓励对这方面的研究进行经济支持。[30]卡利普索号不单单是一艘运输电影摄影师的交通工具，还是海洋生物学家、动物学家和鸟类学家的研究场所，也是海洋政治的一个平台。

史密森尼的未解之谜

即使在国家地理学会表明了科学机构可以利用电视来开展庄重的公共宣传之后，史密森尼学会还在作壁上观。伦纳德·卡迈克尔（Leonard Carmichael）对任何一个建议的电视项目都设置了模糊的障碍，指出“赞助的问题和一些其他问题可能会百般阻挠。”[31]到20世纪60年代中期，虽然史密森尼迎来了一位活力四射的新领导——S·狄龙·里普利（S. Dillon Ripley），但是史密森尼仍然没有一个就利用电视这种媒介的提议进行评估的总体政策，无论是在镜头上展示单一事物的谦恭的请求还是拍摄电视连续剧的大胆想法。相反，博物馆馆长们则继续根据需要对这些提议做出反应，合作程度的深浅取决于他们的心情和日程，并且通常把时间和资源作为拒绝的理由。1962年，华纳兄弟影业公司的负责人小杰克·华纳（Jack Warner，Jr.）（他曾参与过贝尔电话公司拍摄的电视连续剧）试图说服一名史密森尼的官员，让其相信“电视的现代奇迹”可以让无法前往华盛顿的成千上万的人了解该机构，但是他被拒之门外了。[32]

同其前任相比，里普利对大众媒体怀有更多的热情，他建立了新部门与媒体进行互动，处理公共关系问题，为展品拍摄影片，并且和广播及电视制片人进行合作。[33] 里普利意识到可以用史密森尼内对电视的反应来测试史密森尼固有的“未解之谜”。在 1965 年的一次演讲中，他问到：“史密森尼仅仅是一个学会，还是一个（如其初始宪章中所陈述的那样）由充满活力的‘集中起来对物体进行利用和阐释、并（自由地）根据他们的调查进行探究的一伙学者’所驱动的知识生产者和传播者？[34] 如果是后者的话，那么电视媒体如何协助其完成使命？”作为一个在全球范围内开展调查研究的鸟类学家，并且通过其社会关系和政治（以及军事情报）活动已经与大权在握的人建立了朋友关系，里普利展现了科学国际化的一面。他对这个庞大组织的愿景是，他不认为该机构是保存过去遗迹的布满灰尘的“阁楼”，而是一个“活生生的”藏品的生机勃勃的宝库，这些藏品被用来解释有机物及其物理环境和世俗环境之间的“新关联”。

图 11　大约 20 世纪 70 年代，S·狄龙·里普利（S. Dillon Ripley）站在电视镜头前。在担任史密森尼学会秘书长期间，里普利支持利用新媒体来传播有关科学研究和藏品的信息。承蒙史密森尼学会美国国家历史博物馆文化艺术部摄影史馆提供图片。

恐龙的骨头、长颈鹿、雕刻品、照片、石斧、邮票以及瓷娃娃都应该对科研人员和公众开放。电视可以帮助数以万计的人们以新的方式来欣赏这些多元的藏品。里普利有关“未解之谜”的演讲唤醒了拍摄电视连续剧的计划，这些连续剧将强调科学的实验并且把对系统生物学、环境生物学、人类学和天文学的关注与对消失物种和濒危物种的全球性关注结合起来。

然而，鉴于与电视相关的经济方面的原因，史密森尼的第一部全国性电视连续剧并不是以成年人为目标的，而是面向 9 ~ 13 岁儿童的。在项目执行过程中，一些因素发生了明显变化，并且在目标受众方面存在着沟通方面的失误。史密森尼内部的备忘录把这些节目的潜在观众描绘成类似于国家地理项目（以成年人为受众）的观众，而国家广播公司在宣传材料中提到的却是“学龄儿童以及具有信息意识的成人，”并且该电视网络为这部连续剧安排的节目档期是周六的中午。[35]

和其他电视项目相比，该项目的投资一点也不慷慨。国家广播公司的投资大约为每个项目 2 万美元，这个数字同黄金时段纪录片的常规费用相比要少得多，并且史密森尼把这个电视连续剧看作是低成本的公关工作，而不是外部收益的一种渠道。国家广播公司为该机构提供每天大约 150 美元的补助，以作为馆长们投入的时间以及其他成本的报酬，同时许诺将该节目的非播出（售后）销售收入的 15% 分给史密森尼，并在合约期间保留其对该连续剧的独家版权。[36]不过这一约定的其他部分指向的条件将使得后续的各项目容易引起争议。虽然史密森尼“尤其是博物馆员工保有对（节目的）事实精确性进行最终审查的权利”，并且国家广播公司网络也同意“在对节目进行赞助的过程中，将在与该机构的尊严相称的层次上遵守高品位的原则，”但是有关“该节目内容和连续剧进程方面”的所有最终决定都由国家广播公司把控着。[37]该协议要求史密森尼在策划中与国家广播公司“合作并给予协助”，这应该是一些安慰，但是馆长们显然不断地对此进行抱怨——关于协助处理剧本和评审方面投入的额外工作，关于制作过程（比如剧本在最后 1 分钟才收到或者根本不是由恰当的内部专家进行评审），关于最终产品中的不准确性。[38]

国家广播公司新闻最终制作了 17 集每集半小时的专题节目，该节目由公司的通讯员主持并在 1966—1967 年那一季播出；其中有 12 集是作为《迪士尼奇妙的彩色世界》（*Walt Disney's Wonderful World of Color*）的引子在第二年夏季的每周日晚间重播。该节目中有 10 集的主题是与科学相关的。《天空在塌陷》(*The Sky Is Falling*) 讨论的是流星,《海底宝藏》(*Treasure under the Sea*) 讨论的是水下考古学,《骨瘦如柴的人》(*Dem Dry Bones*) 探讨的是骨骼学，而诸如《我们周围的世界》(*The World around Us*) 以及《我们消失的土地》(*Our Vanishing Lands*) 则融入了环保和生态主题。[39]

机构的期望持续高涨。里普利宣称该节目将“强调追寻知识的兴奋”并且“该节目对史密森尼的教育使命具有潜在的重要性，因而我们在该节目未结束之前将不会参与其他的重大电视节目”。[40]起初的节目吸引了 400 万~600 万观众，反响也不错。[41]后期销售也带来了可观的收益，当然史密森尼也得到了空前的宣传。然而，在节目播出后的不久，该机构的资深员工就对产品的质量表示了不满。他们督促说任何未来的项目都应该有更多的“对产品的直接监督以确保符合史密森尼的标准和观点。”[42]

下一回合

里普利对电视这种媒介的潜在价值仍然信心满满.“电视允许在幕后对实验室以及现场进行观察，对科学实验进行近观检查，并且在追求知识的过程中允许一步步的循序渐进的过程。电视可以对具体的物体提供戏剧性的看法，并且对很多不同学科之间的内部关系进行分析。”[43]他还注意到个人传递系统的潜力，比如录像带，这些才刚刚开始销售给家庭使用，并且希望该组织在生产教育性视频方面发挥积极的作用。

即使政客和私人基金会鼓励在公共活动中对电视加以利用，但是其他科学家则不必然地持有与里普利一样激进的热情。比如，史密森尼曾试图说服美国科促会共同合作来召开一个大型会议，以探讨“电视上的科学”，但是科促会的官员和科促会公众理解科学委员会（AAAS Committee on Public understanding of Science）主席物理学家沃特·奥尔·罗伯茨（Walter Orr Roberts）都不同意这个做法。[44]

早在 1967 年，里普利就不顾内部的批评而指导其部下重新开始了与国家广播公司的谈判。这种做法激发了针对有关战略的激烈争论。作为里普利高级顾问中的一员，菲利普·里特布什（Philip Ritterbush）认为，实际上史密森尼应该对它在电视方面的努力进行重新定位，从对史密森尼进行“宣传”转移到“在我们的能力范围内以阐释者的身份就更广泛的事务和话题告知公众。”[45]早期的一系列想法聚焦于藏品和物体方面，提供“假装的”博物馆参观并且大力宣扬科学家的成就。里特布什现在正倡导一种标志性的转向，即电视最终将如何利用科学和一般意义上的智力活动，把科学知识和思想融入到综合新闻和娱乐中，并把科学看作是在一系列问题上都与政治和社会辩论相关的。这种方法切断了（至少是削弱了）知识创造者和这些知识之间的直接关联。（这种做法）并不是以全景的方式开始，而是展示一下大学校园或者实验室的一瞥。这些节目将科学信息融入到了其他话题的讨论中——人类学可能阐释了民族化的讨论，动物学预示着自然资源项目的描述，卫星图像描述的是信息爆炸。在里特布什的措辞中，史密森尼和类似的科研机构“在故事中占据重要地位”但是不再是“戏剧中的唯一角色。”

因为有关1968—1969年播出季的谈判已经在进行了，里特布什的提议则提出了一个后勤方面的问题。国家广播公司新闻同意了另外一种类型的内容，也就是说，通过以家庭观众为目标受众的单一话题节目来传播有关史密森尼的“正面”陈述。接受国家广播公司备选的提议将确保史密森尼于下一年度在电视网络上出镜，但是犹豫不决则有可能在整个播出季推迟其所有的节目。在备选的19个主题中，大多数都涉及科学话题：灵长类动物、鸟类、大象、朝鲜和韩国之间非军事区的生态系统以及《火星上的生命》（*Life on Mars*）（一档以天文学家卡尔·萨根为主角的节目）。然后，在电视产业反转特色的类型中，国家广播公司制片人克雷格·B·费舍尔（Craig B. Fisher）告诉里普利说国家广播公司网络最终决定不参与这个连续剧。相反，他提议“在黄金时段播出两个或者三个每次半小时的专题片，”这将会有更长的生产时间和项目预算。[46]费舍尔希望有一档有关探险的节目，并且他显然已经就描述“塞伦盖提的生态系统及其平原上的动物迁徙”同史密森尼的科学家谈过了。[47]

最终，国家广播公司选择了两个项目：探险电影和《巨蛋》（*the enormous egg*），后者是一档儿童戏剧，其内容是一个男孩“孵化了”一只三角恐龙并且把它带到了史密森尼动物园。[48]《巨蛋》在华盛顿的很多地方进行拍摄，包括动物园和国家自然历史博物馆（National Museum of Natural History）。辛克莱石油公司（Sinclair Oil Company）（一个赞助商，其企业标志就是一只绿色的恐龙）捐赠了一个在电影中使用的（并且依据史密森尼古生物学家的建议进行制作）长20英尺长的模型并在博物馆前面进行展示。

马歇尔·麦克卢汉（Marshall McLuhan）一直主张当代大众传播的内容不如传播行为本身重要。在很多方面，史密森尼、国家地理和其他类似的机构都在验证麦克卢汉的断言。他们的目标变成了在电视上实现这种“呈现”——通常是尽可能按照正确的顺序恰当且精确地“呈现”，不过还是“呈现”了。分析人士信心满满地预测说社会将被新兴技术永久地改变，比如卫星和用来传播、记录、编辑以及储存视觉内容的微型元器件。商业杂志描述了经济的影响，而社会学家则预测要么出现更多的社会凝聚，要么出现更多的社会异化。对于科学来说，通过电视展现出来的宽度和技术改良似乎是有前景的。

国家广播公司探险纪录片《人、野兽和土地》（*Man, Beast and the Land*）的安排效仿的是大约半个世纪之前由自然历史博物馆为其电影之旅而制作的节目。[49]预算超过10万美金（是史密森尼系列节目预计成本的4倍多，并且这个投入在当时对于一部单一的纪录片来说也比较大），这个项目包括非洲探险科学家李·M（Lee M.）和马蒂·塔尔伯特（Marty Talbot）的承销工作。观看探险队“冒险”的这种间接体验的潜在娱乐价值有助于为其研究提供经费支持。尼尔森计算出该纪录片首播的收视率达到了33.5，远远超过一些国家地理节目的高收视率节目，同时该节目还获得了好几个摄影奖。[50]除了展现出一个家庭友好型的形象和强烈的自然保护信息之外，这些成功的电影还可以是盈利“引擎”，为展品制作或者科研电影的拍摄提供经费。

不过，仅仅是“一面之缘”还不能构成一个重要的电视形象。正如一个史密森尼官员写道，与国家广播公司的谈判表明“在某种程度上，我们需要在心中认真地平衡（这些倡议）与我们正在考虑的其他提议”，“根据我们的责任与抱负”对每个提议进行“十分冷静的”评估，并根据“哪种或者哪些途径对我们来说是最好的”进行选择。[51]

在《人、兽和土地》成功之后，国家广播公司新闻提议派遣一名摄影师去“史密森尼项目现场进行”为期1年的拍摄，以便制作一个“长期且详细备案的各个阶段的项目档案”。国家广播公司新闻的副主席写道，我们认识到“在双方都不饱受煎熬的情况下，我们无法把正式的制作拍摄和一项科学事业结合起来。”[52]当提出在一个研究项目中“加入”一名摄影师后，国家广播公司新闻过早地提出把战场技术应用于在医院拍摄的医学纪录片。该提议没有提出最终完成的产品数量，但是建议有关的安排必须是独家的，从而杜绝了史密森尼同其他商业网络开展项目合作的可能性。这个邀请可能看上去很诱人，特别是从那些希望对自己的工作进行记录以备将来使用的科学家的角度来说，但是其他制片人也提出了倡议（包括其中一个提出了更灵活的条款，每集支付1万美金，以及售后10%的净利润分成），这种情况加剧了史密森尼的犹豫不决。“强迫性精神病的（科学）制片人所面临的可预料的压力”与内部“惰性和综合判断”发生了冲突。[53]与各种商业网络和工作室的谈判一直在持续，直到里普利拒绝了国家广播公司新闻以及米高梅电影公司（MGM）的提议时还没有做出明确的决策，于是又指导其员工开始对电视进行野心勃勃的研究。

史密森尼公共服务部的助理部长威廉·W·华纳（William W. Warner）总结说，大多数提议都“太多地依靠史密森尼的科学家们了，这些科学家通常并不是像塔尔伯特一样善于合作……换句话说就是我们这里并没有足够的人愿意做维持这个系列片的事情。”[54]一些有正式职位的科学家规劝说在同意任何涉及商业赞助的交易时要警惕；其他人则吹捧说与企业搭上关系有利于获得长期的经费，比如杜邦公司，如果一个公司愿意承销一个纪录片，那么它也有可能资助其他活动。然而，在几个月时间里，哥伦比亚广播公司提议使用史密森尼中心来录制一个短期现象的专题节目，该节目与时代生活公司（Time-Life Inc.）共同制作。哥伦比亚公司新闻要求摄影人员参与不少于5个中心的探险活动，而其他制片人则在史密森尼的设施内拍摄。[55]里普利也开始和戴维·L·沃尔泊（David L. Wolper）接触，第二章已经说过，后者希望说服史密森尼退回到电视网络中备受瞩目的专题片上来。

1969年，在遭到史密森尼的拒绝后，克雷格·B·费舍尔和国家广播公司新闻成功地与国家科学院达成协议，拍摄一些每集1小时的有关北方大草原保护的专题片。该节目于1970年开始播出，收视率是国家广播公司有史以来最高的一部纪录片（超过3000万观众收看）。[56]在这次成功的基础上，该财团计划就大堡礁（Great Barrier Reef）、大沼泽地区（Everglades）、阿拉斯加荒原

（Alaska wilderness）以及人类通过白令海峡的迁徙等主题拍摄更多的专题片。其制片人通常会邀请史密森尼的科学家提供建议并进行脚本的检查。

关上的门

科普的历史往往会分析那些被生产出来的节目（或图书及影视）。有时候，什么没有被生产出来的故事也是同样具有指导意义的。

1967 年，因为公众理解科学项目而居住于美国的英国历史学家、哲学家琼·古德菲尔德（June Goodfield）以及斯蒂芬·图尔敏（Stephen Toulmin）也正处于策划一档名为《人类及其环境》（*Man and His Environment*）的电视迷你剧中。[57] 几十年后再阅读这个节目的方案让我们对两位作者的远见感到震惊。古德菲尔德、图尔敏及其团队成员概述了持续到 21 世纪仍然存在的环境问题；他们提出的（在纪录片中）利用视频录像和叙述技巧最终成为了有关环境问题的电视纪录片的标准；同时一组令人敬畏的"特别顾问"也同意参与此事。企划书中的语言相当情绪高昂，发人深省。

当人们通读整个文本的时候，一种深深的失落感让人心寒齿冷。事后证明，这个主题是如此的明智与明显。一档单独的迷你剧会有什么不同吗？也许不会。然而，未能制作这档节目——尽管有经验丰富的创意团队、令人兴奋的想法以及受人尊敬的人的支持——反映了媒介景观在经济上的异想天开以及文化障碍，这些都妨碍了电视对人类如何利用自然资源和浪费自然资源进行调查。

古德菲尔德和图尔敏设想了四个明显且彼此独立的当代挑战。《人和自然》（*Man and Nature*）[顾问：雷内·杜博思（Rene Dubos）、保罗·维斯（Paul Weiss）、S·狄龙·里普利（S. Dillon Ripley）、恩斯特·麦尔（Ernst Mayr）和伊夫林·哈钦森（Evelyn Hutchinson）] 以一个演讲为中心，在《人类环境的质量》（*The Quality of Man's Environment*）中，杜博思探讨了"太空船地球"的概念。这是一种对自然的平衡。自然界是互相连接且相互依赖的，在大多数情况下，人类打乱了一些平衡，侵占河口的沼泽地区来建设城镇，然后对由此而产生的池塘或者周期性河水泛滥大加谴责。对自然进行"利用"的短期需求超越了对自然进行保护的长期利益。该剧本呼吁就空气和水污染的后果、自然景观和稀有物种的毁灭以及农药的影响提供更多的科学信息。在大众文化［从《难以忽视的真相》（*An Inconvenient Truth*）到电视新闻中有关“环境”的片段］中回荡着类似信息的时代阅读这样的总结看起来有些稀松平常，但是在社区和国家通过无限制的发展来大力推广社会进步的时代古德菲尔德和图尔敏就清晰地表达了这些问题，尽管有大量的科学证据表明了这种无限制的、过度的发展和欠考虑的增长以及对自然资源破坏的负面后果。

每个影片都需要分别调整其镜头。《人类环境》（*The Environment of Man*）［顾问：凯特琳·贝特森（Catherine Bateson）以及玛格丽特·米德（Margaret Mead）］采取了一种人类学的方法。是什么文化因素会影响人类与其环境进行互动的方式？原始部落的实践与城市居民的快乐远行有多类似？《人类和城市》（*Man and the City*）［顾问：亚瑟·布里格斯（Asa Briggs）］用从城市研究的新工作中获得的灵感来考虑无节制的建造大都市的后果。第四部也是最后一部影片《创造人类环境》（*Creating Man's Environment*）［顾问：肯尼斯·克拉克（Kenneth Clark）和亚瑟·布里格斯］盼望着看到人类在 21 世纪可能会遇到的“在范围和复杂性上前所未有的选择和决策”。[58] 在这里，古德菲尔德和图尔敏强调这个迷你剧将会超越具体的决策——在哪里建设一条大路或者是否排干一个沼泽——而是转向反映了根深蒂固的政治取向和社会态度的巨大的且难以驾驭的选择，比如系统地清除老龄林以建造位于城郊的独栋房屋，或者改变自然以建造“完全人为合成的环境”。

里普利全力支持这个项目并且尽自己的最大努力来和潜在的资助方建立合作关系，他任命威廉·W·华纳为这个“有意思但是很难的”提议争取资金。他们让史密森尼深度介入到制作中来并协助安排基金会负责承销工作。[59] 早期，英国标准石油公司（Standard Oil of Great Britain）找过古德菲尔德、图尔敏和他们的制片人理查德·克鲁森（Richard Crewdson），让他们拍摄一部探讨人类对环境影响的公益影片。当该公司“开始提出似乎会对这个影片增加潜在干涉的建议”时，这个合作项目“终止”了。[60] 现在，因为其对环保问题的承诺和风险，克鲁森甚至提议以固定费用来拍摄这部影片并且将全部权利都转移给史密森尼。

华纳开始为这个事情找钱，从 1969 年 3 月开始与最有可能给予经费的福特基金会进行接触。[61] 7 个多月后，该基金会的官员让制片人们失望了，他们说

"这个做法……看起来太学术了，并且看起来缺少让观众采取明确行动的必要因素。我们感觉现在需要的是一部展示为什么我们现在有环境问题以及个体公民如何能够有效地缓解这些问题的影片。"[62] 到那时，史密森尼的热情和激情开始衰落了。

市场力量

我们现在知道，发达国家的公民仅是心悦诚服地转向使用节能灯泡并进行废物回收是不够的。防止长期的、大规模的且不可逆转的环境破坏要求全球大规模的社会变革和政治变革，这种类型的变革受到公众态度重大改变的左右，而这种环境破坏是上述剧本方案就预测到了的，并且在接下来的几十年里仍没有得到遏制。古德菲尔德 – 图尔敏项目是很多有价值的纪录片项目中的一个，由于各种原因，这些有价值的项目从来没有得到足够的经费以让它们得以实施。要得到商业电视网络（或者基金会，又或者企业承销）的支持，就需要大众科学呈现出更多的娱乐性，而这种大众科学要充分利用观众对壮观场面或者"真实"越来越多的依赖。

商业界对观众偏好的假设仍在塑造着电视上的科学和自然纪录片，这种塑造抵制《动物园游行》的温文尔雅并强调捕食者和猎物之间的暴力冲突，还要由电视名人而非科学家进行讲解。很多自然系列节目是特意为同时售给多家媒体而制作的：比尔・博鲁德（Bill Burrud）的《动物世界》（*Animal World*）和《狩猎奇遇》（*Safari to Adventure*）;《水世界》（*Water World*）的演员是劳埃德・布里奇斯（Lloyd Bridges）和詹姆斯・法兰西斯克斯（James Franciscus）;《野生动物世界》（*Wild, Wild World of Animals*）是由演员威廉・康拉德（William Conrad）主持的;《深海的奥秘》（*Secrets of the Deep*）由宇航员斯科特・卡朋特（Scott Carpenter）主持；而《罗恩・格林尼的最后的荒野》（*Lorne Greene's Last of the Wild*）则是以《大淘金》（*Bonanza*）的主角为主要特色。20 世纪 70 年代的商业电视同由政治或者哲学为其提供框架的严肃纪录片不一样，比如古德菲尔德和图尔敏的项目，而是越来越通过精彩的视觉幻象或者通过暴力来探索自然，从而实现了对其情境进行着色。

第八章

怪兽与金刚石：独家获取的代价

我们现在讨论的是一项已经到来的技术；也许我们很肯定的是这项技术已经凸显了它将如何被使用的不确定性。

芝加哥大学“广播中的角色与机遇委员会”，1972[1]

在电视中增加科学节目总量的证据无论多么有说服力，商业化大众传媒的第一反应仍是市场力量，而不是教育者或者科学家的社会议程。此外，随着项目正在计划之中，竞争力的需要驱使制片人建议采用煽情的方法或要求对研究以及展品拥有独家获取的权利。对电视行业不熟悉的科学家通常对这种提议给予粗率的回应，这无意中助长了某些机构与那些需要开展有意义的、成功的公共活动的专业人士之间的冲突，比如史密森尼这样的。对知识领域的保护同公开宣传的愿望发生了冲突。随着时间的推移，项目将经历开花结果，止步不前，最后崩溃瓦解的过程，以至于参议员威廉・B・本顿（William B. Benton）（他的态度在电信政策共同体中十分盛行）指责教育性节目在各方参与上的失败——“电视网络、基金会和教育机构本身”。[2]

爱情和冒险

在促使史密森尼制作电视系列片方面，经过几番无效的尝试之后，该机构董事会的压力促使S・狄龙・里普利就拍摄一批专题片启动了与哥伦比亚广播公司新闻的接触。[3]即使如此，为了换取在内容方面具有更大的控制权以及与其他制片商开展单次项目合作方面的自由权，史密森尼已经同意放弃版税了；哥伦比亚广播公司则要求对史密森尼的员工和研究的典藏具有独家获取权，与最终产品有关的所有权利以及内容方面的最终决定权都属于哥伦比亚广播公司，以及允许其把这些影片纳入到一个已有的系列中。[4]史密森尼的专题片，比如有关考古学、人类学和保育生物学这些话题的，以及锡兰大象项目将会有单独的解说员［前宇航员沃尔特・希拉（Walter Schirra）］，但是在别的方面却十分像哥伦比亚广播公司常规的电视纪录片，也就是说稍微有些夸大其词且“以娱乐价值为坚定的导向。”[5]

哥伦比亚广播公司的提议恰恰是让很多科学家生厌的。高级助理威廉·W·华纳告诉里普利说，自然历史博物馆的工作人员特别吹毛求疵："一小部分部门负责人认为史密森尼压根就不应该进入具有广泛号召力的电视领域，他们认为一旦这样做了，电视网络将要求对大众品位做出让步，而这将是无法接受的。"在最近的一次会议上，工作人员问道"我们都将成为雅克·库斯托之（Jacques Cousteaus）吗？"并且建议史密森尼"把这个事情交给国家地理"。[6]尽管存在着内部的分歧，但是同哥伦比亚广播公司新闻的协议还是签署了，条件是哥伦比亚广播公司1年制作4部专题片。

第一个《史密森尼探险》（*Smithsonian Adventure*）出现于1971年，是由一个高端汽车制造商赞助的。《搜寻爱的女神》（*Search for the Goddess of Love*）由一个具有魅力的年轻考古学家爱丽斯·洛夫（Iris Love）为主角，她关于发现了一个"遗失的"阿芙罗狄蒂裸像的断言引发了相当激烈的争议。[7]《生活》杂志对洛夫工作的报道提供了很好的前期宣传，但是内部管理人员的反应则是激烈且消极的。考古学部的主席克利福德·埃文斯（Clifford Evans）抱怨其不精确性（"也许对于洛夫博士的考古学来说爆炸性消息是常用的工具，但是在我所知道的科学的考古学家中这并不是一个常用的工具"）并称这个表演是"无耻的"，但是他仍认为该机构的科学声誉未受影响，因为洛夫实际上不是该机构的一名员工。[8]

在史密森尼的层级结构中，其关注很少聚焦于管理者的批评，而是聚焦于这个电视网络能否生产出预期的数量。据称至少有两个以上正在考虑之中——一个是重拍约翰·卫斯理·鲍威尔（John Wesley Powell）对科罗拉多河（Colorado River）的探险，另外一个是有关人类进化的。然后，在1971年7月，哥伦比亚广播公司暂停了这个项目的所有产品。[9]最终被纳入到名为《沃尔特·希拉的史密森尼奇遇》（*Smithsonian Adventure with Walter Schirra*）系列中的第二个项目于1972年3月进行了重新规划，该项目由史密森尼对外公布，并突然取代了原先的安排。到那时，处于规划当中的项目一个都没有了，因而史密森尼开始取消这个协议。[10]面临着更多的压力，并在哥伦比亚广播公司找到一家赞助商之后，鲍威尔的纪录片《99天的生存》（*99 Days to Survival*）确实于1972年10月上映了，虽然哥伦比亚广播公司的宣传忽略了这次探险的科学意义以及史密森尼对理解这次探险所做的智力贡献。

哥伦比亚广播公司的项目为电视经济提供了一个重要的教训。彩色产品的成本、观众对质量逐渐增加的期望以及外景拍摄的费用都对大型机构的资源提出了挑战。据说，因为广告收益的下降以及成本的增加（该学会对产品进行预付，然后把每个影片卖给一个电视网络），国家地理学会的产品，包括专题片和联合电影（syndicated films），在 20 世纪 70 年代早期“负债”几百万美元。[11] 史密森尼（像国家科学院和其他大多数科学机构一样）既不想也不会承担类似的经济负担和后勤负担。然后，在那种情境下，里普利命令就该机构如何使用电视进行更多的分析。里普利及其员工仍然期望获得商业收益，还与独立制片公司就开展合作经营进行了探索，这些公司可能会通过企业联合组织与全国广播牵线搭桥。在与国家地理就多项目伙伴关系进行简短的讨论之后，史密森尼开始对来自于商业集团的提议进行评估，包括独立制片人戴维·L·沃尔珀（David L.Wolper）的提议。[12]

图 12　1971 年，前宇航员沃尔特·希拉（Walter Shirra）拍摄《沃尔特·希拉的史密森尼奇遇》（*Smithsonian Adventure with Walter Schirra*）的片段。1968 年，阿波罗 7 号任务开始了首次从载人宇宙飞船内部向公众进行电视直播的先河，因其在该节目中所扮演的角色，希拉获得了艾美奖。承蒙史密森尼学会档案馆提供图片。

参数

20 世纪 70 年代早期的技术革新重塑了大众媒介景观。直到那时，在将电视广播网带入农村和偏远地区以及通过仍然被市场竞争和政府规定所限制的电视线路转播信号方面，有线电视产业是最积极的。1971 年，只有 8% 的美国家庭拥有有线电视（CATV）。当联邦通讯委员会新的规定允许更多的竞争并要求有线电视行业为教育、市政和公共获取设置免费频道的时候，有线电视系统的数量得到了增加，且内容得到了改善。广播电视开始担心电视台数量的扩张会抽走并细分潜在的观众，并且有线电视可能会全部剿灭“免费电视”。[13] 现在价格合理的家庭录音设备使得时移性的电视节目消费成为可能。在接下来的 10 年里，广播电视产业和有线电视产业最终将联合起来，变得你中有我，我中有你，相互关联，多路复用。

在这个重新配置的系统中，教育机构可能发挥的作用还不明朗。因此，很多团体从积极地参与为大众制作电视节目的活动中撤了出来。在芝加哥，大学广播理事会（the University Broadcasting Council）几十年来一直在用广播和电视对当地的大学宣传广播和电视是“有思想的”人把他们的事业致力于理解科学以及类似重要议题的地方。[14] 1972 年，芝加哥大学从这种合作中撤了出来，理由是电视网络伙伴施加了限制，在内容方面缺乏自主性，以及电视台对教育性节目越来越冷淡的态度。

对大众传播的参与需要学术机构和科研机构深入地思考令人不悦的妥协和让步。芝加哥大学“广播中的作用与机遇委员会”（Committee on the Role and Opportunities in Broadcasting）认为，如果一个机构认真地承担起利用电视来开展公众活动的责任的话，那么它必须考虑：①根据年龄、性别、职业和地点越来越“细分的目标用户群”；②由于有线网络的扩展以及个人录制能力而导致的传统广播“传统风格”的分解，特别是时间局限的分解；③观众参与“内部传播”且独立于传统网络的能力。该委员会还注意到，教育人员也必须说明在未来将如何使用电视。到 20 世纪 70 年代末，预计将有 40%~60% 的美国家庭拥有有线电视网络并且拥有互动能力，然而没有政府部门过多地考虑未来节目内容的质量。全国性的政策讨论往往聚焦于管理问题，或者对增加的电视频道数量所有权的分配问题。

该委员会认为，每个组织如何概念化其“基本使命”会对它如何参与到电视播出中产生影响。如果某个组织把自己看作是“新民主主义的祭祀和先知”的话，那么某种类型的电视内容可能是合适的；如果其使命中包括“调查并对调查结果进行传播”的话，那么其他途径可能会更好。[15]如果一个组织认为电视应该服务大众，“那么那些大众的需求就需要重新考虑”（和重新界定），设计一些“新奇且优异的方法”来满足这些需求。[16]

在华盛顿，史密森尼也参与到了类似的辩论中，只是有一点本质的差别——向普通公众“传播”知识从一开始就是其使命的一个组成部分，虽然在追求这个目标所采用的途径方面该组织从来没有展现出魄力。除了展览以外，印刷媒体仍然是首选媒介。在内部员工或者外部机构的鼓动下，史密森尼在20世纪20年代以及后来的40年代也尝试过使用广播。电影被用来辅助展览或者研究，而不是为了商业上的销售。史密森尼曾经有一个很大的电影资料馆；到1972年，该资料馆也停滞不前了。起初旨在用于内部播出的电视演播室在史密森尼新的历史和技术博物馆（Museum of History and Technology）内建立起来，但是从来没有启用过。大众市场电视所提供的机会要求表面上更少的机构投资。几十个制片人、导演和演播室都提交了企划书并请求在史密森尼拍摄影片。国家广播公司和哥伦比亚广播公司的经历表明史密森尼在考虑利用可能会带来成功效果的“新奇且优异的方法”方面准备不足。由威廉·W·华纳和电信研究集团（Telecommunications Study Group）的主席朱利安·T·尤厄尔（Julian T. Euell）所主导的一项泛组织评论试图找到做出选择方面更恰当的参数。

在选择项目之前，尤厄尔注意到史密森尼必须界定其目标并评估其组织能力。该机构希望通过电视的使用达到什么目的：让公众活动越过博物馆的围墙、产生收益、还是为家庭教育开发创新性的传输体系，比如视频播放设备？[17]“进入公共电视的同时还做商业电视”将使得管理人员在“时间、能力，毫无疑问还有耐心方面的负担过重”。[18]科学家、馆长和管理人员在两方面有共识：史密森尼必须“坚守精确性和产品的高质量”以及“维持自己的尊严。”[19]

有关钱的问题在这些讨论中蔓延。其他进入到大众传媒的史密森尼的冒险性行为——比如 20 世纪 40 年代的广播剧《世界是你的》（*The World Is Yours*）以及 70 年代由史密森尼广播制作的公益广告——甚至都没有收回成本。雅克 - 伊夫・库斯托的机构以及国家地理学会（都是私营的、非政府的机构）能够对其电视上冒险行为的各个方面全面掌控，并且通过担当执行制片人的方式来实现收支平衡：他们在电影的拍摄和剪辑中投入资金，并且（看好售后市场的可观收益）即使向广播销售的一个项目无法收回初始成本，他们也会补齐差额。因为史密森尼拿的是联邦经费，并且大多数科研项目和展品的经费也来自于政府资助，上述企业性行为被认为是不合适的。一档高质量节目每小时的生产成本预计在 17.5 万 ~27.5 万美元（后来预计没有赞助的节目费用高达百万美元），该组织无法支付得起这样的费用，或者也无法对产品、管理和营销进行补贴。[20] 史密森尼不得不和潜在的投资者签订协议，比如一个独立的制片人或者一个商业电视网络，并在质量控制、员工参与和项目审核方面制定严格的指导方针。版权问题也需要重新评估——比如在同史密森尼的合约到期之后，哥伦比亚广播公司现在主张其拥有对《史密森尼探险》（*Smithsonian Adventure*）纪录片在“所有媒体上永远（传播其内容的）的权利”。评论认为，没有合约可以包括下述这种过分严格的“独家权”条款，即其可能阻止科学家以及员工参加其他电视节目的条款（比如接受采访，允许实验物体或者实验的操作被拍摄，提供建议和协助）或者可能阻止通过新闻报道来扩大宣传的条款。[21]

在科学家和其所属机构如何对电视的倡议进行反馈的过程中，“独家权”开始作为一个关键要素出现了。如果一个电视网络对一个研究项目（或者是甲虫采集，甚至是一个标志性的物体）进行了拍摄，那么合同安排是否会阻止其他任何电视网络或者产品公司对同样的研究展品或者物体进行拍摄呢？在国家科学院，“独家权”条款被认为是不合适的，因而也会遭到拒绝，因为他们认为科学院的成员有权就与任何一家电视接触做出安排并且科学院自身是不做科研的（也就是说，科学院并没有产生合同条款中所讨论的“内容”）。像史密森尼这样的组织被促使着对科普的本质在哪里进行界定。在话题中？在具体的研究结果中，在研究人员那里，还是在实验室中？又或者存在于一个创造性的人所塑造的话题中，比如纪录片导演？一个机构在不同意“独家权”的情况下，又如何从中获益并且对商业洽谈进行控制呢？公共机构到底应不应该签订这种协议呢？在早期的史密森尼“交易”破产之后，当米高梅电影制片公司制作了一部以史密森尼三位著名的考古学家为主角的纪录片《寻找失落的世界》（*In Search of the Lost World*）时，它并没有给史密森尼任何的经费补偿（没有得到该机构的官方许可，也没有提到它的名字）。里普利及其员工意识到新的政策必须要考虑潜在的利益冲突。该组织应该有界限清晰的公共关系目标，但是科学家个人不应该被阻止向公众阐述其工作。

问题不再是是否该生产电视节目了，而是如何生产。在事实上以及阐释上不贬损其名誉、不挫伤其尊严或者不违反精确性原则的情况下，电视可以用来提升组织的目标吗？[22]到达数百万计国际受众的可能益处似乎证明了其中的风险。[23]

对于组织内的很多人来说，真正的选择在于商业媒体和非营利媒体之间，有一群人主张只同教育性电视进行协商。这样的决定并不容易。1968 年国家广播公司的专题片《人、野兽和土地》收获了大约 3000 万观众，这在当时是大多数公共电视节目都无法企及的数字。

压力变得越来越大。在内容方面，史密森尼拥有正在扩展的媒体市场所选中的“虚拟的知识宝库”。[24]电信专家预测在未来 5 年内有线电视的订购量会增加 5 倍，这会拓展技术的地理范围和人口范围并且增加内容方面的需求。[25]

然而，无论这种协议是和公共机构签署的还是和商业机构签署的，史密森尼都必须保留“在内容和呈现方式合理限度内的控制权”并且保证内部成本（时间、人员、空间和实际支出）能够被全部补偿。项目既要有娱乐性，又要有教育意义。一个馆长认为，与一档以“音乐厅中的杰克·班尼（Jack Benny）”为主角的电视节目不会是彻头彻尾错误的，“只要处理好品位的问题”。喜剧演员可以抓住观众的注意力，而史密森尼的专家则参与到小提琴的历史或者声音物理学的“知识传播”之中。[26]

继续史密森尼过去的实践——也就是说，对每个新的倡议进行“零碎的”反馈而非制定出明晰的组织政策——将会使得不协调延续下去且产生令人失望的结果。新闻报道和个人拍摄将继续，史密森尼也将失去创造一个重要电视节目并通过这些节目来塑造其公众形象以及机构身份认同的机会，并在默认的情况下把这个任务交给了其他人。比如，国家地理学会当时就用史密森尼拥有的短期现象中心（Center for Short-Lived Phenomena）拍摄了一档专题片《狂暴的地球》（*The Violent Earth*）。正是在这种情境下，面向电视的两种截然不同的行为继续在 1972 年前行着，并最终发生了冲突。

历史学家遇上了电视

由于受到 1976 年白宫计划开展美国成立 200 周年庆典活动（American Bicentennial）的压力，国家科学基金会（NSF）为历史和技术博物馆提供了启动经费以支持其就美国的科学拍摄“轰动一时的”电视纪录片《从本杰明·富兰克林到恩里克·费米》（*from Benjamin Franklin to Enrico Fermi*）。这个雄心勃勃的合资项目计划让“对历史感兴趣的科学家、对科学感兴趣的历史学家以及理解科学和历史关系的人类学家”参与进来，并且对下述迷思进行驳斥，即“让科学和技术蒙羞的错误应归咎于其解决社会以及技术问题的能力”，然而这样做却没有涉及“在公众理解科学领域科学家自身的努力有时候显然存在着自私自利的态度和目标”。[27]该项目的草案把科学刻画为技术世界的工具性知识。[28]国家科学基金会为史密森尼提供了 10 万美元的经费用来做“概念性规划，”但是政府机构和博物馆都没有足够的经费来制作这个雄心勃勃的商业电视网络系列节目。[29]为了做好在 1976 年顺利播出的准备，必须通过国会的拨款以及 / 或者基金会的支持筹集到几百万美元的经费。

博物馆馆长丹尼尔·布尔斯廷（Daniel Boorstin）及其高级馆员任命了一个外部专家组成的“200 周年咨询委员会”并且聘请了技术史学家尤金·弗格森（Eugene Ferguson）担任首席顾问。除一两个人参加了一次咨询会议之外，这个项目中再没有其他人有为电视撰写剧本或者制作电视节目的经验。

沃尔珀（谈判）

另外一个项目牵涉到了一位富有传奇色彩的电视制片人。当 S·狄龙·里普利于 1972 年第一次遇到大卫·L·沃尔珀（David L.Wolper）的时候，两人对一部有潜力的连续剧展开了激情四射的讨论。[30]那时，沃尔珀是游离于电视网络之外的最成功的制片人之一，这种类型的创造性人才正是里普利所欣赏的。只在 1968 年的前 3 个月里，沃尔珀制作的 9 个小时纪录片就登上了商业电视，其中还有雅克－伊夫·库斯托为美国广播公司拍摄的十多个专题片中的第一部、在哥伦比亚广播公司播放的国家地理学会“亚马孙”专题篇以及根据威廉·L·夏伊勒（William L. Shirer）广受欢迎的《第三帝国的兴亡》（*The Rise and Fall of the Third Reich*）改编的节目。当年晚些时候，沃尔珀在《总统之路》（*The Making of a President*）的电视版本中与历史学家西奥多·H·怀特（Theodore H. White）建立了伙伴关系。[31] 在他四十多岁的时候，由于有了精力、大量的财力资源以及上百部已完成的电影的业绩记录，沃尔珀认为电视是将有趣的、信息性的、娱乐的以及偶尔富有煽动性的内容带给普罗大众的一种媒介——同时拥有 3000 万观众或者更多的观众。

沃尔珀公司（Wolper Productions）与史密森尼开始就签订一份协议进行协商，该协议涉及“开发、拍摄并制作一系列在黄金时段定位在商业的以史密森尼的活动和关切为中心的纪录片”。[32] 沃尔珀希望协议的期限是 4 年，并且拥有制作与史密森尼相关节目的独家权以及为期 10 年的发行权（他一开始要求的是永久发行权）。虽然沃尔珀同意由史密森尼的专家对内容进行评审，但是该协议还是试图保留了制片人关键性的创新性决策。

下一阶段的协商涉及了确保获得赞助的问题。在 20 世纪 70 年代，美国商业正在重建其广告方法并且承销的媒体项目越来越把企业身份同著名的非营利机构联系起来。[33] 企业也开创了科学和教育电视项目，比如从前的《我们的太阳先生》（*Our Mr. Sun*）以及《医学的进步》（*The March of Medicine*）。但是现在像沃尔珀一样的纪录片制片人开始直接地把一些想法带给具体的赞助商，以便产品计划（或者甚至是选题）开始之前资金就可以到位。比如那些分别以肯尼斯·克拉克（Kenneth Clark）[《文明》（*Civilization*）] 以及阿里斯泰尔·库克（Alistair Cooke）[《亚美利加》（*America*）] 为主角的大片系列吸引的企业承销费用超过 500 万美元。在与史密森尼的协商进入到最后阶段的前 6 个月，沃尔珀抽空就可能的系列片与北美罗克韦尔公司（North American Rockwell）以及其他可能的承销商进行着讨论。最终，他说服杜邦公司成为了三集每集半小时专题片的唯一赞助商，并且表达了把这些影片卖给网络项目部的意愿。该部门更看重的是影片的娱乐性内容，而非信息性或者教育性内容。[34]

独家权仍然是眼中钉和肉中刺。当沃尔珀第一次担心史密森尼做出的“其他的电视节目协议”的“竞争性局面”可能会影响这个项目的时候，里普利命令馆长们和科研人员要让史密森尼的高级官员知道其他可能存在竞争的节目协议，无论这些协议是与商业机构还是教育机构签署的。这种压力无疑打消了哥伦比亚新闻试图重启史密森尼纪录片项目的激情。[35] 沃尔珀要求“对他将在节目中用到的题材进行保护”，从本质上来说是试图对特定的话题进行“圈地”。里普利的副手注意到了美国成立 200 周年项目在历史和技术博物馆（MHT）正在继续拍摄，他谈到了“显然我们需要对沃尔珀要求‘独家权’的观点放宽限制，以便我们有更多的自由推进沃尔珀之外的电视项目。”[36] 不过在实现这个目标方面他们收效甚微。

沃尔珀的要求代表了一种完全不同的新立场，这完全不同于与其他媒体相关的权利问题，并且这种新立场为科研机构造成了进退两难的困境。比如，一个非史密森尼员工的作者撰写了一部有关史密森尼蝴蝶标本或者海洋生物学研究项目的畅销书，那么他是不会要求其他人不能就相同的主题撰写有关作品的。没有广播或者电影制片人曾经被授予过（或者可能曾经要求过）独家权。然而，对于电视来说，在制作过程中投入的大量资金成为了要求独家权的正当理由（“如果一个赞助商在不能获得史密森尼同意不拍摄其他竞争性连续剧保证的情况下，他不太可能每年在史密森尼的项目中投入 400 万 ~500 万美元的”）。[37] 公众的需求最好通过私营部门进行满足，这样既最经济又最有效，计划大胆地进入到这个被定义为“商业化”世界的史密森尼被迫在市场和对智力的传统学术态度之间做出选择。[38] 商业网络电视似乎是到达受众的最佳选择。国家地理学会的会长吉尔伯特・M・格洛夫纳（Gilbert Grosvenor）规劝他的朋友里普利“不要在教育性电视上花费时间和金钱了，它只有相当少的受众，还是选择商业电视上黄金时段的节目吧。”[39] 里普利似乎意识到与商业机构合作可能要求史密森尼“对大众口味做出不可接受的让步”，就像曾经发生在国家广播公司和哥伦比亚广播公司身上的那样。[40] 然而，就该组织的工作和成果对成千上万的受众进行教育这样的潜力是难以抵挡的。

1973 年 1 月，史密森尼的几个董事会成员对沃尔珀的协议表示了“怀疑”，这与他们曾对与商业电视接触的其他项目表示怀疑如出一辙。[41] 有些人质疑这些节目会不会让员工负担过重，但是大多数担心的是“独家权的程度”以及史密森尼与商业广告联系起来可能引发的后果。[42]董事会成员中有几个是企业高管，他们强调的是没有一个合同是万无一失的。实际上史密森尼不能期望对所生产的内容保有完全的控制权，但是沃尔珀所寻求的合乎情理的独家权不应该阻止对史密森尼的展览、展品、研究和员工进行其他合法的电视报道。开放获取加强了史密森尼的公共使命。当董事会建立一个小组委员会来审查合同草案的时候，沃尔珀被告知他必须等待最后的批复。

里普利坚信沃尔珀是最佳选择，同年春，外部顾问（包括几家纽约的广告公司）也强化了他这一想法，即便沃尔珀是出了名的独立制片人且偶尔富有争议。[43]全国来福枪协会（National Rifle Association）以及主要的环保组织，比如奥杜邦协会（Audubon Society）以及全国野生动物联合会（National Wildlife Federation），在那期间都对沃尔珀提出了批评，因为他在电影《道别》（*Say Goodbye*）中不精确且误导的戏剧性。[44]他还卷入到了联邦通讯委员会重大的政治斗争中，联邦通讯委员会对黄金时段使用权出台的新规会较大地降低电视网络拍摄纪录片节目的可用时间。代表着所有独立制片人一方，沃尔珀主张独立制作的纪录片应该拥有豁免权并且要求电视网络“支持科学的、文化的、历史的、人类学的或者教育性的节目。”[45]

沃尔珀（结果）

关于在黄金时段播出的每集 1 小时的 3~5 个电视网络专题片的协议于 1973 年 5 月末签署，该协议允许史密森尼可以参与其他公共电视台录制的节目（或者对商业机构进行授权），只要这些电影是“非商业资源”赞助并且其主题不与沃尔珀的系列片产生“竞争”。[46]里普利提醒所有员工说，沃尔珀的机构“对大多数史密森尼的商业电视行为具有独家权”并且在不获得上层许可的情况下任何人不得安排或者参与其他项目。[47]接下来的 1 个月，在新闻采访中，沃尔珀似乎承认史密森尼在影片制作过程中可以发挥一些智力支撑作用：“我的理论一直认为如果你想对特定主题做一档真实的节目，你就要让这个主题方面的绝对权威成为你的伙伴。我们在 8 年前和国家地理就是这么做的……同样的实践也会出现在我们与史密森尼的合作中。”[48]

在签订这份协议之前，史密森尼的董事会获得了保证，即这些节目将是“非时事的、非政治的且预期是教育性的”，以及史密森尼将对“该影片的主题、脚本、初稿和终稿拥有绝对的批准权”，这种权利将确保史密森尼对“反映或损害”其组织荣誉的“事实精确性、品位”等进行审查。[49]然而，有关内容的协商很快就变成了激烈的争论。史密森尼的员工建议拍摄一些与科学相关的话题，比如物种入侵和濒危物种、大陆漂移、陨石、法医人类学、人类生态学、巨石阵、昆虫行为学以及一些与艺术和人文相关的话题，比如画家乔治·凯特琳（George Catlin），但是到了 11 月的时候，他们被要求对 9 个完全不同的主题做出回应，这些题目包括《希望钻石的诅咒》（*The Curse of the Hope Diamond*）、《神秘、怪兽和疯狂》（*Mysteries*, *Monsters and Madness*）、《钻石是男人最好的朋友》（*Diamonds Are a Man's Best Friend*）以及《远走高飞》（*Up, Up and Away*）（有关飞机的历史）。对有关希望之心（“不是史密森尼最好的素材”，“只是周日的谈资”）以及怪兽（“废话！”“我都怀疑是否有新的东西要说”）的想法的反应是特别负面的。再下一个月，沃尔珀的员工把这些话题压缩到了 3 个（怪兽，飞机和希望之心）。

杜邦公司承诺第一年提供 200 万美元的费用（包括制片和网络收费），并且通过其广告公司——环球网络公司（BBD&O）——杜邦深入地参与到了选题之中。同时，史密森尼内部反对沃尔泊科普风格的趋势开始增加。国家自然历史博物馆馆长波特·M·吉尔（Porter M. Kier）对怪兽和希望之心这个拟提的主题感到愤怒，他起初根本反对其员工与沃尔珀的编剧开展合作，然后又（滑稽地）要求在开展任何讨论之前先支付数千美元的研究费用，其他高级官员也担心这种耸人听闻的话题会损害史密森尼的尊严。[50]尤厄尔（Euell）不得不提醒员工说，虽然“在试图向大众兜售史密森尼的研究和藏品的利益方面存在着风险，”但是当权者和高级官员“详细地考虑了这个问题，并且愿意冒这些风险。”[51]

然而，即使是里普利也对沃尔珀的做法私下里持保留意见（虽然不是有关史密森尼参与电视节目的），他告诉尤厄尔说如果沃尔珀团队“不准备严肃认真地聆听一些看法的话”，那么“他们可能会放弃为我们做节目的想法”——“我们不是商业机构，也不打算为了眼前的蝇头小利而把自己卖了。”[52]尤厄尔

图 13 1974 年 4 月，电视制片人戴维・L・沃尔珀（David L.Wolper）站在史密森尼的国家自然历史博物馆希望之心钻石展示柜的旁边。沃尔珀此时刚开始制作其哥伦比亚广播公司的专题片《希望之心传说中的诅咒》（The Legendary Curse of the Hope Diamond）。承蒙史密森尼学会档案馆提供图片。

的助手们试图安慰里普利。他们向里普利保证说实际上沟通是顺畅的，且他们“从沃尔珀的提议中选择”话题，“……因为有一些主题是与史密森尼的藏品和研究直接相关的。”[53] 里普利回应说，史密森尼现在被“仪式承办商煽情主义的对话”所缠身，并且在捍卫精确性、可靠性和证据的重要性方面必须保持激情。[54] 为了保护其利益，史密森尼聘用了一个经验丰富的研究人员来核实脚本（《国家地理》在其专题片中也聘用了类似的事实核定人员）。[55]

沃尔珀第一部专题片《怪兽、秘密和神话》（*Monsters, Myths & Mysteries*）的前期宣传由罗德・赛林（Rod Serling）担纲讲解员，没想到吸引了大量的观众于 1974 年 11 月的黄金时段观看这个节目。《电视指南》邀请科普作家伊萨卡・阿西莫夫（Issac Asimov）就传说中的怪兽写了一篇论文，并在其封面上对这个节目进行了报道。[56] 这档节目收视率高达 31.2（市场份额大约是 44%，或者说有 5500 万观众收看），稳居当周尼尔森收视指数的前三位［其他两档节目是系列幽默剧《桑福德和儿子》（*Sanford And Son*）和《茉德》（*Maude*）］，并打破了纽约和洛杉矶电视市场中所有纪录片的收视纪录。[57]

收视的成功表明这是一个喜忧参半的事情——对那些力争拍摄电视纪录片的人来说是可喜的事情，但是对内部的批评人士来说则是泄气的。当看到某演员扮演“大脚怪”、看到对宣称遇到各种怪物的“目击者”进行的采访以及听到科学家们被描述成对怪兽的存在“进行证据线索筛选的不信任者”时，极力反对重点强调“怪兽”的馆长们都吓坏了。[58]即使是那些认为这个节目振奋人心、引人入胜和令人愉悦的评论家们也想知道喜马拉雅雪人（Abominable Snowman）、大脚怪及尼斯湖水怪（Loch Ness Monster）和“值得尊重的史密森尼学会有什么关系”。其中一个评论说道：“我也不确定，也许它们是地球上唯一没有被这个高墙林立的建筑物收藏进来的三样东西了。”[59]

馆长们只是对这种煽情主义感到担心。在制作节目的过程中，有些人只是抱怨说脚本素材存在着“支持怪兽”且“反对科学”的偏见，并且和史密森尼的研究没有清晰的关联；科学家们主要是被用作否认怪兽存在的“坏家伙”。[60]沃尔珀认为这种抱怨放错了地方。这是一个拍摄脚本，而不是“文字脚本”，他答复说：“我们采访了世界各地的人，并且我们并不是就他们看到了什么写一个脚本，（因为）我们只是想听听他们对不同的东西到底是怎么看的。”批评应该留到初步剪切的时候（史密森尼的员工会在播出前两周对节目进行审阅）。他写道，这个节目已经“被提议、被讨论、被再次讨论、被再次提及、并且最终被批准。”“我没有意识到史密森尼学会会打算干预脚本质量这个问题……我不打算从一开始就让博物馆人员和馆长们……（告诉）我们该如何写脚本。这完全是无稽之谈。”[61]然后，在象征着后现代科普人员如何重新界定他们作为科学的半官方“诠释者”的作用的一段话中，沃尔珀继续写道：

> 作为一个拥有所有科学家的机构，一个问题是你们为什么不能让人们相信不存在那样的怪兽。我想我将向你们呈现一个说服人们的更好方式……我的业务就是向广大公众传播。我认为我比你们更清楚如何向广大公众传播信息。显然，拥有所有科学家的科学共同体还不能让所有公众相信不存在这样的怪兽。你们已经尝试过了，现在该我试试了。[62]

哥伦比亚广播公司对该节目的宣传毫无疑问导致了科学权威的丧失：“在

这些生物到底是虚构的还是真实存在的这一点上，这个节目将……让观众来得出自己的结论。”[63]只有《纽约时报》敢于认为这个节目是“十足的人为操纵的”，并抱怨说黄金时段专题片的宣传——比如怪兽节目——反映了挑逗观众而非告知观众的不负责任的趋势。[64]

在取得收视率成功之后，沃尔珀开始洋洋得意起来。他提醒里普利说这个专题片“实现了你把史密森尼带给一大群美国人的目标。”他敦促说，现在尝试着把你的眼光放到那个目标上去，“有时候你所在机构的一些人有背离这个目标的倾向。我们必须谨小慎微且一定要选择正确的素材。”[65]里普利回答说精确性、权威性以及与史密森尼利益的相关性必须仍然是第一位的。[66]

类似的内部分歧也向漩涡一样围绕着第二部专题片——《飞行：天空的极限》（*Flight*：*The Sky's the Limit*），部分原因是史密森尼不愿意提及艾诺拉盖飞机（Enola Gay）（这不在其藏品之中）以及这架飞机在向日本投下首枚原子弹中的作用。虽然被保证说错误已经进行了修正，馆长们在 6 个月后发现脚本中仍然存在一系列问题：“在拍摄了天空中几百架飞机的镜头后，我们把镜头拉回到包含艾诺拉盖飞机机身的（史密森尼收藏设备）一个小屋子。然后我们把艾诺拉盖飞机的飞行分解成片断。一架飞机，而不是数千架飞机，将会结束这场战争。”[67]不冷不热的评论家和观众对 1 月份专题片的评论（“相当振奋人心”“比较直接”“相当好的调查取证课程”）无疑让各方都很失望。[68]虽然被誉为很好的家庭观看节目，且比其竞争对象［全国广播公司的专题片《对你的核威胁》（*The Nuclear Threat to You*）］更愉悦，但该档节目的尼尔森收视率仅为 12.1，观众数量不到怪兽专题片的一半。[69]

为了赢回观众，沃尔珀和杜邦公司在希望之心节目中被迫采取了戏剧化和煽情主义的做法。起初，制片人表明用来解释所谓的诅咒（一旦拥有该钻石，悲剧和暴力事件将降落到拥有者头上）的戏剧性小插图将点缀在化学、矿物学、地质学和采矿历史相关的讨论中，他试图用这种方法来稳住科学家们，但是草稿包含了更多的戏剧，而非纪录片。[70]节目的叙述被感情夸张的“历史性的”角色扮演所主导了。馆长们严肃地谴责了这个脚本，他们认为这个脚本是“一个强调了与当前驱鬼伏魔和神秘狂乱相关的煽情主义的超自然神话。”[71]

说句公道话，希望之心曾经是（现在也是）史密森尼最著名的藏品之一，这在科学上和文化上都具有重要意义。[72]该钻石于 1958 年由其最后一位私人拥有者珠宝商哈里・温斯顿（Harry Winston）捐赠出来，它是迄今所知的唯一一颗在紫外线照射下发出红色荧光而后发出磷光的钻石（也就是说，在移走光源之后仍然持续发光）。有关钻石来源众说纷纭的说法使它成为电视戏剧很有吸引力的话题。这颗宝石曾在 17 世纪“出现”在欧洲，他被法国国王路易十四在 1668 年买走，几个世纪（多次易手）以后奢侈品珠宝公司卡地亚（Cartier）把它卖给了社会名流艾弗琳・沃尔什・麦克林（Evalyn Walsh Mclean），后者悲惨的人生让传说中的诅咒更增添了神秘色彩。由著名演员扮演路易十四、玛丽・安托瓦奈特（Marie-Antoinette）和麦克林，并且让钻石在华盛顿特区的教堂内“驱魔”的戏剧娱乐，使节目与科学家们科教系列片的理想大相径庭。[73]对该节目的反对声一片：“失真、没品位、过于戏剧化、可怕的黄色新闻、不必要且让人讨厌的提及性和民族问题，过于强调“诅咒”,（并且）缺乏钻石的信息性素材，”还有抱怨说这个节目是“对（希望之心）曾经拥有者的艰难困苦瞎编乱造的‘肥皂剧’”且“超出了雅致的限度”。但制片人却对这些说法置若罔闻。在 1975 年 3 月预计播出的前几个月，波特・M・吉尔甚至建议将脚本着眼于被剪切掉的“诅咒”上，并且“用海洋之心作为‘主角’来”编辑成一部新的电影，“以展示我们这颗神奇的宝石和矿物藏品，并且展示钻石是如何形成的、如何开采的以及如何被切割的。”[74]但是没人说服沃尔珀相信“这个诅咒与传说完全没有关系”或者为了支持精确却乏味的科学讨论，节目中虚构的戏剧场景应该被放弃。[75]

收视率让所有的批评都垂头丧气。由罗德・赛林担任解说的《希望之心传说中的诅咒》（*The Legendary Curse of the Hope Diamond*）最终吸引了大约 3500 万观众。

对沃尔珀三部影片的内部反对反映了有关科普争论的演化。在每部影片中，专家们逐字逐句地审阅脚本，每当有关精确性或者权威性的批评发生时，沃尔珀的机构都会给出回应。然而，科学家们发现持续令人不快的不是具体的技术错误，而是煽动性的口吻、戏剧性的方法以及最低限度的教育性内容。到 1975 年，史密森尼博物馆的主管们似乎一致地确信“黄金时段曝光率获得的益处不足以平衡长期以来这种哗众取宠的陈述给史密森尼专业形象带来的伤害。”[76]

一个著名的灰色地带变得越来越“相关”了——可以扩展到大部分电视上的大众科学的一个问题。如果某个系列片的内容更聚焦于文化、政治、社会或道德问题（这被认为与观众的兴趣相关）而非技术阐释（科学家对此更感兴趣），那么这个系列节目足以称之为“科学”系列片吗？沃尔珀（和其他制片人一起）坚持认为他们知道哪些主题和重点会吸引大量观众，所以为了支持“社会相关性”，他们越来越多地采纳了一种习惯性地避开教学指南的模型（甚至为了复杂的主题）。里普利对这些选择进行辩护，他争论说“我们节目获得的收视率越高，我们（宣传史密森尼教育性展览和出版物信息的）诱饵获得的人数就越多”。[77]

各方都在继续对下一批专题片进行协商，有提供建议的，有就“适当性”和“适销性”进行辩论的，还有提议进行比赛评选的。沃尔珀拒绝了很多历史性主题，其着眼点开始落在了熊猫、短命现象、考古的奥秘、动物行为和百慕大三角（Bermuda Triangle）上。[78]煽情主义的希望之心钻石节目让事情变得更糟了。史密森尼电信活动的负责人纳萨雷特·彻克齐安（Nazaret Cherkezian）告诉沃尔泊说：“尽管对我们的节目有积极的公众反应，（但是）持续存在的不满和责难的首要来源是这样一种普遍感觉，即截至目前，在这些节目中与史密森尼唯一相一致的角色就是对节目所基于的主题给予了消极的反应。”[79]

排他性（重演）

虽然“排他性”条款并没有打算将所有其他的史密森尼电视工作排除在外，但是有证据表明在历史和技术博物馆成立 200 周年这个项目上它确实发挥了这样的作用。到 1973 年秋，馆长们已经为两部适中的纪录片设计了基本的概要，一个是话题性的，另一个是传记体性的。历史和技术博物馆的官员们也开始与英国广播公司（BBC）协商联合制作黄金时段的迷你剧集，其主题是“美国人的独创性，即兴演绎，知识，对机器的热爱是如何”注入国家的产业发展中并影响文化生活方式的。[80]刚刚成功地制作了《人之上升》（*The Ascent of Man*）的英国广播公司团队正在与休·奥迪肖（Hugh Odishaw）[国家科学院免疫特异性蛋黄项目（IGY）的前任领导]进行合作，并且正在找第三方合作伙伴。由于有了英国广播公司和时代生活（Time-Life）提供的经费以及美国国家科学基金会（NSF）的赞助，这个新的项目可以把在200年项目中已经研究过的想法纳入进来。然而，史密森尼的高层担心这会同沃尔泊的协议之间产生冲突，因而它邀请了好莱坞电影公司参与进来开展一项经费为2万美元的可行性研究。[81]历史和技术博物馆的官员们告诉英国广播公司说，因为沃尔珀协议中的排他性条款，在200周年纪念这个项目上的合作将不可能。[82]

谈判又遇到了知识产权的问题。沃尔珀的公司希望能够使用那些用国家科学基金会的经费所形成的想法，即使这些想法不打算被拍成电视节目，该公司暗示说为了有利于非科学的话题，历史和技术博物馆或者史密森尼的任何科学项目都有可能被阻止。[83]整个冬天电视网络对科学的激情都在起起伏伏。到了12月，沃尔珀制片公司的一个员工说全国电视网络对“黄金时段播出的科学和技术”毫无兴趣，然而在几个月之后，同一个人却说因为电视网络被200周年纪念项目拒绝了，所以他们现在对科学“感兴趣了”。[84]在1974年3月的一次会议上（那时作为承销商的杜邦还在发挥着作用），公司代表们强调说他们希望在一批专题片中有更多的科学和技术话题，并且不喜欢“播出史密森尼竞争者的系列片。”[85]史密森尼与沃尔珀及其赞助商的协约责任仍然有效，因而这迫使史密森尼暂停了所有的历史系列片拍摄工作，将可行性合同给了沃尔珀，并且希望历史和技术博物馆的想法可以纳入到下一个专题片中。[86]

随着越来越多的误解以及对项目想法的拒绝，史密森尼与沃尔珀团队的沟通开始火花四溅。[87]实际上，沃尔珀提交的方法通常适用于商业制片人——兴趣盎然但是缺乏科学或者学术上的细节。对于电视专业人士来说，生死攸关的问题涉及创造性和“可行性”——一个电视系列片能得到播出时间吗？能卖给赞助商吗？能吸引足够多的观众以证明投资物有所值吗？对于馆长们和科学家们来说，关键的问题是这些节目会说什么。尤金·弗格森后来说他曾经“一开始就对电视产业的表面模式很失望，因为在没有对节目的实质进行任何仔细思考之前就确定节目的销售……当我准备和电视人进行交流之前，我发现（他们）对谈论本质并不感兴趣，实际上他们认为科学与技术的一般话题是不适合‘黄金时段’电视的。”[88]

然后，由于与商业环境相关的一些原因，杜邦公司撤销了其赞助。那时的法院裁决也把某些黄金时段日程的控制权从电视网络转交给了地方电视台。总统选举年的报道、奥林匹克运动会的报道以及过多的 200 周年纪录片让所有独立制作公司的市场前景不寒而栗。[89] 史密森尼不是把方向再次对准公共广播［在海湾石油公司（Gulf Oil Corporation）的承销下，国家地理已经开始这样做了］，而是于 1975 年夏天取消了与沃尔珀的协议。[90] 两年后，沃尔珀由于开创性的迷你剧《根》（*Roots*）而获得了国际好评。

风笛手与曲调

每当一个学术机构把触角伸向公众的时候，芝加哥大学的广播委员会就注意到“在某种程度上，这有可能会显得‘没有典型特征’”，因为它必须依赖那些技术，以及那些“传统上不是学术型人才，但是却可以通过某种与学术机构相容的方式被雇佣且对该种机构有用的”专家。这个委员会警告说，“这种彼此依赖具有风险。”[91]

随着史密森尼与沃尔珀的关系变得越来越具有争议性，朱利安·T·尤厄尔提出了采取行动的三种可能选择。延续目前的路径——为了达到最大可能的文化“在场”和最大可能的受众而试图生产适合商业电视网络在黄金时段播出的节目——将“不可避免地让官员们感到失望，他们会继续认为与耸人听闻的阐释关联起来会使他们的职业声誉处于危险的境地。”[92] 即使那样，专家们对“素材的精确性和权威性”议题的建议也应该受到欢迎，但是对课外活动的批判不应该被用来扰乱数百万美元的节目生产。第二个选择是为电视制作黄金时段之外的节目，也别期望可以吸引大量的观众。具有更好的技术内容、更低的预算且没有明星担任解说嘉宾，这种节目可能会吸引到 1500 万 ~1800 万观众，这与观看怪兽系列的 5500 万观众形成鲜明对比。尤厄尔的第三个选择成为了 20 世纪 70 年代以来大多数科学相关专题片所采用的路线，甚至包括下一批史密森尼的系列片：跟公共电视合作。这种项目仍然会让以创造力著称的专家参与进来，比如沃尔珀，并且需要大量的承销工作，但是“主要是由教育性机构来主导”，其观众也“不超过 200 万 ~300 万”，并且也没有增加史密森尼的支持群体。尤厄尔发出告诫说向公共电视的转移不能保证可以解决有关恰当性内容的争论，然而，“只要有其他人买单，在筹备节目中对特定权利的坚持就总是会出现。”[93]

第九章

傲然孑立：公共电视

合作有其可能性，并且它们也是真实的。当然它也有风险……用一切手段来开展合作……但是不要太多。

休·威尔顿（Huw Wheldon），1974[1]

虽然科学节目在美国最终发展出了自己独特的风格，但是它们在 20 世纪 70 年代期间从大西洋彼岸获得了大量的灵感，在那里英国广播公司已经成为一个纪录片导演的培训基地。[2] 英国广播公司的电视节目共有两个全国性的电视网络，来自于装机费（观众每年支付，由英国邮政局收取）的直接投资让它可以隔绝商业和政治的干扰。到 1974 年，科学节目占到英国广播公司所有节目的 3% 左右，这还不算新闻和公共事务中与科学相关的部分。[3] 两个周播系列片《明日世界》（*Tomorrow's World*）和《地平线》（*Horizon*）自从 20 世纪 60 年代开始就一直在播出，英国广播公司所有的科学节目共持续地吸引了其全部观众的 10%～20%。

除了向海外销售电视节目，英国广播公司还同美国、加拿大、澳大利亚等国的电视台和电视网络以及像时代生活公司（Time-Life Inc）这样的商业组织共同制作节目。在 1974 年于史密森尼学会发表的一次演说中，英国广播公司的电视节目总经理休·威尔顿（Huw Wheldon）认为协同合作提供了令人兴奋的可能性。但是他强调说它们也包含着风险，这并不仅仅是独立性的丧失："在一个产品中投入了经费或者场地设备的机构要求能够影响整个故事或者风格的做法可能是情有可原的。"[4]

天使和进化

虽然在 1973 年年底到 1974 年年初的这个冬天，史密森尼的官员与沃尔珀发生了口角，但是该机构提前放映了美国电视上最备受瞩目的迷你剧之一。《人之上升》是英国广播公司和时代生活公司共同制作的节目，于 1972—1973 年播出季在英国首播，该节目由著名的雅各布·布伦诺斯基（Jacob Bronowski）担任解说和智力结缔组织。布伦诺斯基毕业于剑桥大学数学专业，首份工作是政府统计师和计量经济学家。在 20 世纪 50 年代期间，他为广播节目撰写一些剧目，包括获奖的《面对暴力》（*The Face of Violence*）。在出版了《科学常识》

（*The Common Sense of Science*，1951）之后，他在麻省理工学院做了几年历史学的访问教授，并且开始撰写一些解决核武器发展所带来的道德问题的报纸文章。这些文章最终成为极具影响的著作《科学和人类价值》（*Science and Human Vaules*，1958）的核心内容。[5]

多年以来，布伦诺斯基常常出现在英国的电视上，包括作为《大脑的信任》（*Brain's Trust*）的常规专家组成员，并且被认为"在镜头前就像在家里一样轻松自如"。[6]对于《人之上升》来说，布伦诺斯基在脚本方面同制片人阿德里安·马隆（Adrian Malone）以及迪克·吉林（Dick Gilling）紧密合作，这个节目的主题反映了布伦诺斯基对科学和人文、艺术、文化以及道德哲学之间关系的看法。

史密森尼播出的《人之上升》吸引了热心的观众。在 1973 年 11 月末，剧场还没开门，大量的观众就提前两个半小时聚集在大礼堂门前，600 名观众被拒绝入场，因此史密森尼的官员迅速地决定加演 12 场。[7]观众的需要如此强烈，以至于在新年这一天加演 2 场。落幕演出于 1974 年 2 月 24 日上演，布伦诺斯基出现在舞台上，现场发生了骚乱。[8]

布伦诺斯基理智的热情主导了这 13 集节目。在"人不是天使"（Lower than the Angels）中，作为进化和文化变迁的抒情叙述，布伦诺斯基一开始被看作是一个与群山相比相形见绌的小人物。该节目将诗歌、文学、艺术、音乐与技术信息结合起来解释冶金术、化学、遗传和原子物理的进展；他们讨论了科学工具如何改变了人类与自然世界的关系。肯尼斯·克拉克盛赞《人之上升》是电视通常避免与思想打交道这一规则的例外。一些学者攻击说这个系列片弱化了学术的重要性，但是克拉克强调说实际上布伦诺斯基（他于 1974 年 8 月去世，该节目在美国首映的前 6 个月）履行了学者"用这种大量公众可以理解的方式"传播科学的责任。[9]

合作

对《人之上升》的批判和观众反馈标志着公共电视进入了新阶段。在那之前，美国非商业性的、教育性频道要为争夺观众而斗争。在 20 世纪 50 年代期间，非商业电视台（大多数是教育机构所有的）不是被当成教学法的讲台就是被当成电视专业人士的培训场所；政府和基金会的经费不足以让这些教育性电视台和商业机构进行竞争。1962年,《教育电视设施法》(*Educational Television Facilities Act*）最终提供了更多的经费来建设电视台。1967年,《公共广播法》(*Public Broadcasting Act*）促使建立了全国性的分配制度，并且对面向娱乐和公共事务的非商业节目进行了重新定位。公共广播公司（Corporation for Public Broadcasting，CPB）于1969年正式成立，向国家公共电台（National Public Radio，NPR）、公共广播系统（Public Broadcasting System，PBS）以及个人站台分配联邦经费，但是其侧重点在于发展非教学性的节目，部分原因在于较大规模的全国观众有助于证明联邦补贴的合理性。[10] 1970年，美国共有184个公共电视台，但是大部分区域（主要位于西部和中西部）还不能收到任何的教育频道。[11] 此外，观众们开始适应了消费固定节目，收看熟悉的节目而不是观看黄金时段主流节目之外的其他节目，比如公共电视台上的科学表演。雷蒙·威廉姆斯（Raymond Williams）注意到，所有的纪实性电视节目在20世纪70年代期间都从教育性的转向了“亲身经历体验式的”；即使是最严肃的项目也在焦急地监测着他们潜在观众的一举一动。[12]

随着公共电视台的节目变成了奢侈且昂贵的投资，它们需要新的资助模式。花费大大超出大多数个体企业投资者、基金会和政府机构所拥有的资源。这需要吸引多元的富有的投资者——并且取悦所有人，它们需要打开大门，在内容和口吻方面做出妥协，并且这反映了一个促进文化私有化的时代。[13] 在20世纪70年代早期，整个公共广播系统（PBS）也受到右派政党的猛烈攻击［源于理查德·尼克松（Richard Nixon）对水门事件报道的抱怨］。结果，公共广播公司对资助实行了更紧缩的控制，并且公共广播系统被转变成了频率分配的“清算中心”。富有创造性的动议只能来自于独立的制片人、个人电视台、企业或者基金会的承销商，或者合资企业。没有了核心的科学制作团队，或者没有了与英国广播公司媲美的科学部门孵化器，美国的制片人被迫向潜在投资者兜售幼稚的想法，对于一部纪录片或者迷你剧来说这是一个痛苦的过程。

在波士顿地区，由当地的慈善家、学者和文化领袖组成的财团建立的WGBH-TV电视台成为了全国最重要的公共广播电台之一，它的甚高频频道

（VHF）让它有足够的力量和当地的商业电视台进行竞争。该电视台由资金雄厚的非营利性教育基金会运营，能够承担创新性的风险。[14]

迈克尔·安布罗西诺（Michael Ambrosino）于 1964 年加入到 WGBH 电视台，担任节目副主任。他长期以来一直对生产某些类型的科学节目感兴趣。在英国广播公司完成公共广播公司资助的为期 1 年的学习后，他于 1971 年返回 WGBH 电视台并创办了一个科学部门，开始为专业的制作人员寻求长期的经费补助。[15]

大约在同一时间，美国国家科学基金会开始通过公众理解科学项目（Public Understanding of Science program）向电视投入更多的经费，包括资助美国科促会探索公共电视科学节目的计划。美国科促会第一次利用种子基金影响来自于私人基金会的附加基金，并且对电视上的科学现状开展调查，但是却没有着手开展任何的节目生产活动。相反，美国科促会决定对 WGBH 的提议进行支持。安布罗西诺起初的设计有六个部分，除了常规的科学系列、独立的考古学、社会科学和儿童项目之外，他还提出了一个公共事务系列以及另外一个只专注于海外需求的科学电影。《新星》（*NOVA*）最终演变成了一个无所不包的项目（自然科学、社会科学、考古学、技术和公共事务），其设计并不是一周又一周地连续讲故事，而是在同一个题目和标识下作为独立地制作合拍节目和按需制作的电影的平台。

有了美国科促会 4 万美元的计划拨款和另外一笔来自于公共广播公司、美国国家科学基金会、宝丽来公司（Polaroid Corporation）以及卡内基基金会（Carnegie Corporation）的 100 万美元资助，安布罗西诺诱使英国广播公司培养的制片人们来到了波士顿。他还准备在 WGBH 科学部门拓展其自身生产能力的时候购买英国生产的电视节目来填充空白期。结果，于 1974 年 3 月首播的《新星》获得了原本为英国广播公司《地平线》系列片设立的奖项。《博物学电影制作》（*The Making of a Natural History Film*）描述的是牛津大学科学电影部门（Oxford Scientific Film Unit）的摄影技术，尽管《拍摄大自然的奥秘》（*Filming Nature's Mysteries*）于 1956 年在迪士尼乐园揭露了自然电影的秘密。[16] 起初《新星》在第一季中的节目包括《搜寻生命》（*The Search for Life*）（有关火星登陆器的）和《奇怪的睡眠》（*Strange Sleep*）（对麻醉的发现），但是大多数片段在其他地方都出现过了。

科学共同体的反响也很积极，只有偶尔的抱怨会涉及一些小错误或者特定的片段。对《新星》的盛赞远远超过批判。这个系列片获得了来自于著名顾问和越来越多粉丝的内部支持，他们中的绝大多数人都接受这种庄重的口吻、解决社会问题礼貌的挑衅的方法以及《新星》所谓的“充满好奇的年轻人科学冒险”的体现方式。[17]没过几年，电视评论家们便迷醉于《新星》的质量（“播放的最有趣最聪明的节目”）以及不“傲慢或者枯燥”地传播科学的能力。[18]从一开始,《新星》就坦然地作为一档内部节目在科学精英中传播，而不太可能从外面获得任何话题。但是它也代表了科普中一种新的潮流，即在《人之上升》的领导下，坚定不移地宣布科学是文化的一部分，而并非科学是脱离于文化的。[19]

安布罗西诺聘用了一个聪明且经验丰富的员工。毕业于剑桥大学化学专业的格雷厄姆·切特（Graham Chedd）出任《新星》最初的科学编辑；约翰·安杰尔（John Angier）于 1977 年取代安布罗西诺成为了《新星》的执行制片人，他毕业于埃塞克斯大学物理专业，在与切特联合成立独立的制片公司之前，他监制了超过 80 部《新星》节目。后来的制片人包括英国电影制片人米克·罗德（Mick Rhodes）和约瑟芬·格莱斯顿（Josephine Gladstone）。长期工作人员保拉·阿普赛尔（Paula Apsell）于 1984 年成为执行制片人，并且引领着这个部门迈入了 21 世纪。

在一开始的时候，英国对《新星》的影响力很强大。在第一季中，13 个节目中的 6 个都是来源于英国广播公司的（鲸鱼、蟹状星云和鸟类的导航能力），有时候只是重新取名或者由美国的播音员对原声叙事进行重新录制。[20]第二季的特色是出现了 17 个新的节目，其中有 11 个是由英国的电视公司拍摄或者是与英国电视公司合作拍摄的。在《新星》第五季中，45% 的新节目是与英国广播公司联合拍摄的；在第八季中，这个比例超过一半。到了第十季，美方科学制片人、导演和编剧参与的比例开始增加,《新星》正在编织一张更大的网——只有不到四分之一的节目是与英国广播公司合拍的。即使如此，为庆祝《新星》系列 10 周年而出版的一本书开篇就是对英国纪录电影制作以及英国广播公司在培养《新星》第一批制片人的作用表达敬意。[21]1985 年,《新星》“并购了”一开始来度假的四名员工，他们为可能成为备选的节目写影评，负责将影片转变成适合《新星》的格式，并且与独立制片人合作以确保风格和方法的一致性。[22]到1989年，WGBH每年自己独立生产的节目占到其全部节目的一半稍多一点，其他的节目则是与其他机构联合制作的，包括英国广播公司。

尽管自然类纪录片的国际共享在几十年来一直是一种惯例，但是对“外来”影响的批判可能引发《新星》员工的防御性反应。他们认为合作反映的是经济上的需求，而非文化议程。[23]他们解释说，与从英国广播公司购买节目相比，《新星》要花费十倍以上的时间来生产一个新的节目；没有这些引进，WGBH将无法为公共广播系统的附属机构提供全季播出的节目。[24]尽管如此，也有理由问问相当大比例的合作是否影响了《新星》的整体信息（如果是这样，那是如何影响的），特别是在早期的几十年里。美国和英国有相互交织的历史，但是两国的流行文化、文化记忆、社会价值、政治议程和学术传统却存在着明显的不同，甚至包括对科学的激进的批判。与英国的关联或许不经意地推动了《新星》转向更政治化的议题。在美国的人文科学和社会科学领域中，这种方法也存在着本土的支持。

平衡行为

在对20年的民意调查进行总结后，乔金・M・派恩（Georgine M. Pion）和马克・利普西（Mark Lipsey）得出结论说，20世纪70年代对科学的反应并不像很多科学家当时主张的那样，“构成了反科学的强烈抵制”；实际上，公众态度仍然“极其正面。”[25]然而，那个时期确实代表了科学与公众关系的分水岭，越来越多的注意力聚焦于研究经费的地理分配、应用于研究的持续不断的政府新规章以及记者们不断加大的审查力度。[26]现在，与对科学家的信任相伴而存的是，越来越多的公众意识到来自于科研发现的预期外的、不符合要求的影响可能会一一呈现。政府资助研究体系在战后的扩张已经带来了经济实惠，并且把大学、公众、商业实验室和国家目标联系的更紧密了。当代的社会动荡——民权运动、妇女生育选择与工作平等要求的呼声、越南战争抗议——也进入到了实验室中。像“为了社会和政治运动的科学家与工程师”（Scientists and Engineers for Social and

Political Action）这样的抗议团体对军方支持的大学研究进行批判；“为了人民的科学”（Science for the People）着眼于技术工种的公平；物理学家们就拟提议的美国反弹道导弹系统的功效进行着辩论；动物权利运动则对生物医学测试进行攻击。

在美国和欧洲的社会科学家中，对科学的社会、伦理和政治情境进行学术分析的不同流派汇合成了所谓的“科学与技术研究”（science and technology studies，STS）。伊曼纽尔·梅森的技术与社会项目（Emanuel Mesthene's Program on Technology and Society）、威廉·斯蒂芬森（William Stephenson）团队在华盛顿大学的研究、哈佛大学的公众科学概念项目（the Harvard Program on Public Conception of Science）以及后续的一些项目为新的专业学会和期刊创造了智力基础，包括《社会科学研究》（*Social Studies of Science*）以及《科学、技术与人类价值》（*Science, Technology & Human Values*）。因为历史学家、社会学家、哲学家和政治科学家们对科学、技术与社会的衔接进行了探索，对科学“权威”和“客观性”传统观念提出了质疑，以及对科研欺诈、人类和动物实验、遗传调控的争议进行了剖析，所以他们的工作也影响了科学记者的作品。电视编剧们在学术讨论中也发现了类似的灵感，这些学术讨论在超越技术的层面上对科学进行了重新界定。

科学与技术研究的辩论还重塑了科普人员对自身角色的认识。如果某一个技术细节或者细微的限定条件被删掉的话，这是“不负责任”吗？对争议的关注是否应该被自动地理解为煽情主义？记者罗伯特·C·考温（Robert C. Cowen）认为大众媒体势力范围的扩张、电视压缩（并因而夸大）专家之间的分歧以及科学家本身对大众媒体的天真幼稚都是以负责任的态度传播科学的挑战。考温问到：“当很多专家似乎没有意识到他们言辞所引发的公众影响时，”传播者又怎么能“把科学和技术的道理和社会问题放到正确的视角中呢”？[27]

公共电视上的科学纪录片越来越试图承担起对这些议题进行讨论的责任。旨在作为一个系列片的集合，没有持续的角色和场景，《新星》绝不承诺对科学进行累积性的讨论或者综合性的讨论。这个系列片只在题目和格式上整齐划一；每一集本身都必须是“完整的”。[28]如果前面的节目中没有解释，那么就要对相关的技术概念进行界定。连贯性主要来自于《新星》对科学的社会、政治和道德方面的持续关注。每当一集解释回旋加速器是如何工作的时候，脚本就会超越“黑箱”，将焦点转移到机器之外的外部世界以及研究将如何影响社会方面。节目的理念常常从其社会相关性开始，然后转移到实验室中，而不是相反。

虽然《新星》起初的联邦承销是建立在促进基础研究这个目标的基础之上的，但是最终其内容也更多地聚焦于医学、工程和政治上了，而非物理、生物和化学的研究方面。在系列片开播 10 周年之际，执行制片人约翰 · 曼斯菲尔德（John Mansfield）写道“《新星》的职责是精确且负责地对全球的科学和技术进行报道。它将最好的调查性报道与一种娱乐结合起来，像其他电视节目一样希望吸引观众一周又一周地回来观看。”[29] 曼斯菲尔德承认要实现这些目标需要“在高压线上小心翼翼地行动”：“在一个方向上摆动过多，有太多的说教，你就会把观众拖入无聊的沼泽地；在浅薄的事情和炫目的噱头上过于步履蹒跚，你又会招来科学共同体的谩骂。”[30] 这个系列片不打算用过于凸显科学缺陷和弱点的方式开罪于科学的支持者，但是首要的是，它不能冒让观众感到厌烦的风险。保持忠诚的观众（对于取悦当前的和未来的承销商来说是必要的）要求像商业电视一样持续地调整内容以满足观众的喜好。发挥你的优势并先幸存下来。

视觉盛宴

在前十六季中（到 1989 年），《新星》共播出超过 300 个新节目，其中大约四分之一是有关医学、人类生物学或者公共健康的；十分之一是有关动物生物学的；另外十分之一是关于技术的相关方面的，包括航空学、工程、能源和计算机［从第一季的《核聚变：未来的能源》（*Fusion: The Energy of Promise*）到第十六季的《重返切尔诺贝利》（*Back to Chernobyl*）］。[31] 其他感兴趣的主要领域包括人类学、考古学、古生物学、环境和生态主题、以及航空航天。这些年来对物理学的关注很少达到整季播出数目的十分之一。

传记体可能是比较偏爱的格式，但是与如何用科学来解决当代问题相比，科学家个人的历史和职业路径远远没那么突出。在前十六集中，大约有十分之一的《新星》新节目着眼于个体科学家，他们中的大多数都是生物学家或者医学研究人员，比如丹顿 · 库勒（Denton Cooley）和刘易斯 · 托马斯（Lewis Thomas）。当科学家在节目中接受采访时，他们主要是作为某个话题的专家，而不是作为在实验室之外有自己个人生活和家庭的个体。在最初的几十年里,《新星》对男性资历的关注要远远超过女性，这反映出了科学共同体以及科普中对性别的偏见。

从一开始,《新星》就对与飞机、军事技术和武器相关的话题给予了很大的关注，并且其比例在 80 年代期间不断增加，包括《空中战争》(*War from the Air*)(第二季)、《希特勒的秘密武器》(*Hitler's Secret Weapon*)(第四季)、《武器专家的自白》(*Confessions of a Weaponeer*)(第十四季)以及有关里根政府“星球大战”防御计划的节目。这些系列片还模仿商业电视网络的潮流。一个评论家感到好奇的是“竞争”是否可以解释《新星》生产了一部 1984“科学试验”节目的原因，他认为《新星》“不再是城市里播放的唯一节目”。执行制片人保拉·阿普赛尔说道:“当《新星》开播的时候，它真的是独一无二的。”“现在完全不一样了。商业电视网络越来越关注科学。《新星》甚至在公共电视台上也有很多竞争。”[32]在公共广播系统中上一季最流行的三部节目是《新星》《自然》和《史密森尼世界》，阿普塞尔说道:“虽然我们还很流行，但是我们不能止步不前吃老本。”

多年来,《新星》系列关注最多的是医学、遗传和人类生物学：第一季包括《奇怪的睡眠》和《医生，你在对我做这个吗？》(*Are You Doing This for Me, Doctor?*)(有关人体试验的)；第二季中，紧跟在《睡眠的秘密》(*The Secrets of Sleep*)之后的节目是有关冥想、双螺旋、失明和癌症的；在第八季中,《医疗的弊端》(*The Malady of Health Care*)把美国和英国的医疗体系进行了对比；在第十四季和第十五季中，一些节目探讨了艾滋病疫情、麻风病的治愈、风湿病以及小儿麻痹症是否最终被消灭。人类生殖是可以预见的成为观众青睐的话题。《新星》系列片中被观看次数最多的(也要感谢多次重播)就有《生命的奇迹》(*Miracle of Life*)，这是由瑞典摄影师伦纳特·尼尔森(Lennart Nilsson)拍摄的影片。几十年后,《新星》委托尼尔森拍摄了一个更新的版本[《生命的最大奇迹》(*Life's Greatest Miracle*)]，融入了遗传研究的最新进展和最先进的摄影技术。

《国家地理》电视专题片的流行强化了《新星》拍摄人类学、考古学和古生物学节目的计划：有关库瓦人(Cuiva)、阿纳萨齐人(Anasazi)、图阿雷格人(Tuareg)和玛雅人(Maya)，以及很多很多恐龙的故事。通过戏剧性重建的方式描述了著名的丑闻[《接生婆蟾蜍的箱子》(*The Case of the Midwife Toad*)]；解释了发生在布朗渡口(Brown's Ferry)、切尔诺贝利和三里岛核电站的事故；并且详细地讲述了青霉素的发现［《神奇药物的崛起》（*The Rise of a Wonder Drug*）］。值得称道的是，《新星》并没有刻意回避争议性议题，甚至热衷于批评的人士称之为多数演讲的平衡。第七季有关爱德华·泰勒（Edward Teller）的画面［《A 代表原子，B 代表炸弹》（*A Is for Atom, B is for Bomb*）］受到了称赞，因为“相当全面地描绘了一个复杂且充满争议的人生”——“既没有损毁人格也没有粉饰”。[33]

温和的感觉并没有出现在 1975 年播出的《钚连接》（*The Plutonium Connection*）上，该节目是有关控制钚用于国内发电厂的挑战的。电影制作人让一个事先没接受过任何核物理培训的化学专业学生在 5 周内设计出一个“切实可行的”原子弹，然后将他在未分类的资源和图书馆开展的研究拍摄成影片：“轰！……你得到了一枚炸弹——真的，它如此简单。”一个瑞典物理学家（受邀对这个计划进行审核）认为这个设施是可行的，并且是“让人震惊的”。对这个节目的反应各种各样。《纽约时报》发现这种菜谱式的方法是让人不安的：“在多大程度上一个详细的警告能成为据称会告诫人们的主题的导火索？”[34]其他人则认为这个制作人勇气可嘉，一名受人尊敬的美国参议员让《新星》的剧本进入到了《国会议事录》（*Congressional Record*）中。[35]

到 1981 年，总体上支持《新星》的咨询委员会开始表达了担忧，当太多的影片从其他地方引进的时候，又该如何确保这个节目产权的完整性。当英国广播公司制作的一档节目《达尔文错了吗？》（*Did Darwin Get It Wrong?*）在 1981 年播出的时候（巧合的是，此时正处于有关神创论的持续的法律案件中间），咨询委员会成员兼进化生物学家史蒂芬·杰伊·古尔德（Stephen Jay Gould）大发雷霆，他称这个节目是“彻头彻尾的灾难”，漏洞百出（比如称达尔文为“查尔斯爵士”），并且对神创论的原因和分歧给予了过多的权重。[36]曼斯菲尔德向古尔德和其他咨询委员会成员解释说，这是对引进的依赖所导致的困境。合作使得他们以较低的综合成本播出更多的节目，但是也要求他们信任原创导演研究的一致性。

基础经济学

对《新星》第一季和第十六季话题的比较可以看出其持续性和变迁。在第一季中（1974 年），人类生物学和动物生物学主导了新播出的节目，在 13 个节目中占到 6 个。它们是温和的科学表述，在承认科学实用性的同时也赞誉诸如天文学、生物学和物理学领域的基础研究。

医学的进展成为了《新星》第十六季的开篇。《外科先锋》（*Pioneers of Surgery*）四部曲描述了心脏和器官移植，以及如何利用创新来减少侵入性手术。在那一季，21 个新节目中的 7 个探讨的是药物或者医学教育的某些方面。这些节目促使观众去思考《下一届总统能否赢得太空竞赛？》（*Can the Next President Win the Space Race*）、《梵蒂冈能否拯救西斯廷教堂》（*Can the Vatican Save the Sistine Chapel*）、《科学家骗人吗？》（*Do Scientists Cheat*）、《谁射杀了肯尼迪总统？》（*Who Shot President Kennedy*）以及是否《你足够热了？》（*Hot Enough for You*）（气候学上的）。《新星》勇敢地面对《杀手基因》（*Killer Gene*），长途跋涉到复活岛（Easter Island），绘声绘色地描述《美国所有的熊》（*The All-American Bear*）。为了对观众喜好发生的变化做出回应，《新星》还开始纳入更多的人类学、考古学和古生物学，并且参考好莱坞大片，比如《夺宝奇兵》（*Indiana Jones*）和《侏罗纪公园》（*Jurassic Park*）。到那时为止，英国广播公司的《地平线》也开始转向收视率较为友好型的话题，比如航空、太空、地震、火山以及魅力十足的巨型动物。[37]

包含范围广泛的主题费时又费钱。《新星》创作过程所用的时间远远比琳恩·普尔的团队筹备现场演出的时间多好几天。1973 年，约翰·曼斯菲尔德描述了“理想的”日程：“对想法进行研究（比如两个月时间）、拍摄（比如 3 周时间）、编辑（大约 10 周）、然后在公共广播系统中播放。”[38] 在后来的几年时间里，这个过程再度被拉长。到 1983 年，《新星》团队自己每年只制作十集节目；五个全职制作团队全年同时工作。《新星》采购或者联合拍摄的每个节目也要进行编辑，以符合美国电视的格式和长度。

继续开展特定节目的决定开始于预订首播之前的筹款年。当联邦政府对于文化项目的经费在 70 年代末开始下降的时候，公共广播系统团体开始转向企业渠道以寻求支持。[39] 对于《新星》来说，最初其科学部门的经费来自公共渠道的比例刚刚超过一半，其他的经费则来自于企业或者基金会。越来越复杂且昂贵的项目要求额外的捐赠者。到第六季的时候，《新星》的主要经费来自于工程公司天合公司（TRW Inc.），美国国家科学基金会在银幕上的承销担保开始和该公司共享。天合公司的参与持续到1992年，然后被制药和医疗用品公司美国强生（Johnson & Johnson）所取代。其他出资伙伴包括亚瑟瓦伊宁戴维基金会（Arthur Vining Davis Foundation）（第十季和第十一季）、联盟公司（Allied Corporation）（十二季～十五季）以及普莱姆计算机公司（Prime Computer Inc.）。在20世纪90年代期间，该节目获得的支持来自于洛克希德集团（Lockheed Corporation）、雷神公司（Raytheon Company）、默克公司（Merck & Company）以及西北相互人寿保险公司（Northwestern Mutual Life Insurance Company）。《新星》引进的独立影片也被不同的基金会和机构进行承销；比如，在第十季播出的《脆弱的山峰》（*The Fragile Mountain*）是由福特基金会（Ford Foundation）、世界银行（World Bank）、大西洋富田公司（Atlantic Richfield Company）以及几家联合国机构资助的。虽然在早几季的节目里会鸣谢赞助商和承销商，但是《新星》（和其他公共电视系列片一样）感谢捐赠者的方式最终变成了描述每个机构的使命、服务和产品，以及展示其标语与标识。

这种外部的经费支持是否会塑造表现手法呢？到20世纪90年代末，一些观察家被问到公共电视上成绩斐然的这些节目是否依然是那些支持“传统”道德和政治观点的，以及是否仍然是“舒适地落后于时代，以便避免离间任何人的”。[40]制片人们也表达了自己对“逮捕审查”的担心——“让承销商不开心的节目不会进行播放的趋势”。[41]虽然捐赠者认为他们唯一的兴趣在于给巨大的公共资源提供支持，但是对节目的贡献通常与企业的公共关系目标不谋而合。20世纪80年代早期的公共电视财政危机使得这些资源变得不可或缺。[42]电信分析师奥斯卡·甘地（Oscar Gandy）认为，对公共电视的承销构成了一种“信息补贴”，构成了服务于每个捐赠者利益的整个公共关系运动的一部分，无论这个捐赠者是联邦科学机构还是石油公司。[43]

公共电视禁止销售广告时间可能缓和了来自于商业利益的紧迫压力，但是这些电视台仍然必须与营利性电视网络进行竞争。在《新星》出现25年后，执行制片人在对科普作家的一次演讲中对“收视率竞赛”开了个玩笑，她解释说其团队成员对每个备选的话题起了一个内部代码名，比如“老男孩和他们的玩具”（“喷射式战斗机、失踪的客机以及随机军用硬件”的节目）以及TRSH（指代“寻求炒作的透明收视率”，这些节目包括失事船只、海盗黄金或者揭秘百慕大三角），所有这些的目的都是为了取悦核心观众，他们是相对受过较好教育且相对富有的男性。[44]

连接

《新星》的成功为几十个创新项目铺平了道路。比如，1976 年，由库斯托协会（Cousteau Society）与德克萨斯大学（Texas A&M University）联合制作的六集迷你剧《库斯托 / 太空绿洲》（*Cousteau/Oasis in Space*）探讨了全球的环境问题，比如工业污染、人口压力以及饥荒，很多名人也在该节目中出镜，比如诺曼·博洛格（Norman Borlaug）、巴里·康芒纳（Barry Commoner）、保罗·R·艾瑞希（Paul R. Ehrlich）、巴克敏斯特·富勒（Buckminster Fuller）、玛格丽特·米德（Margaret Mead）和卡尔·萨根（Carl Sagan）。

由迈克尔·安布罗西诺拍摄的系列片是这种工作复杂性的典型代表。1976 年，安布罗西诺获得了国家人文学科资助会（National Endowment for the Humanities）5.8 万美元的计划拨款，并且经过两年的发展，该机构还保证为人类学和考古学系列片提供更多的巨额承销工作，同时还有一笔来自于宝丽来（Polaroid Corporation）的用于研发教育材料的经费。《奥德赛》（*Odyssey*）系列片既有自己生产的，也有引进的。在第一季，安布罗西诺的团队生产了 12 部片子中的 6 部；其余的则从英国广播公司、格林纳达电视台（Grenada Television）以及加拿大国家电影局（National Film Board of Canada）引进。自己生产的节目则着眼于与美国情境相关的话题上。比如，《寻找第一个美国人》（*Seeking the First American*）是有关栖居在北美洲的第一个人的，对新墨西哥州克洛维斯（Clovis）古印第安人（Paleo-Indian）遗址看法完全不同的两个考古学家是该片的重头戏，并且为了保持观众的兴趣而呈现了一种独特的“争议”场景。另外一个《奥德赛》节目探讨了人类学家法兰兹·鲍亚士（Franz Boas）的职业路径，他于 1887 年移民到美国并且名声大噪，部分原因是他对美洲原住民文化的工作。《他人的垃圾》（*Other People's Garbage*）跟随着出入城市垃圾堆和建筑工地的历史考古学家，而其他几集描述的是 Kung（纳米比亚、博茨瓦纳和安哥拉地区的一种方言——译者注）、马赛人（Maasai）、克里人（Cree）和印加人（Incas）。第二季包含了有关唐纳德·乔纳森（Donald Johanson）的内容、“露西”（Lucy）化石发现相关的内容、玛格丽特·米德的传记、阿富汗的游牧民族、马拉喀什（Marrakech）的妇女、英国巴斯（Bath）的罗马建筑物以及人类学家劳拉·纳德（Laura Nader）将消费者投诉作为文化产物的研究。除了影片之外，《奥德赛》项目还为教师们制作了全彩杂志（向 11.5 万名教师发放）、4 万张海报、3 万张图书馆画册、3 万份学习指南以及录音带。

到 1979 年，公共广播系统已经建立了“科学网络”（network of science）的实体。[45] 另外一部引进的轰动一时的大片——英国广播公司 / 时代生活的迷你剧《连接：改变的另一种看法》（*Connetions: An Alternative View of Change*）——由著名电视人詹姆斯·伯克（James Burke）与英国广播公司系列片《明日世界》的另一位主持人担纲主角。和布伦诺斯基的迷你剧一样，《连接》结合了多种演出样式：新的档案电影、历史文物、电脑图形技术、演示、名人介绍、专家小组对每部影片进行分析。生产成本超过 1000 万美元，拍摄场景涉及 19 个国家的 150 多个地方。[46] 这个十集的节目勾勒出了环境与智慧演进的脉络——从古代技术到核武器，再到太空旅行——将这些诱发的观念看作是耕作、著书立传、征税和天文学，同时也仔细剖析诸如人口过剩和自然资源缩减这些当代问题。在叙述中提及了不可控的技术和科学带来的威胁等主题。伯克对不受约束的技术驱动的政策决定毫不掩饰的蔑视弥漫在对能源和环境的讨论之中。

由于有了贝尔电话公司的额外承保，美国播出的《连接》还伴随着一些制作精美的教育材料。在第八季中——《随便吃，随便喝》（*Eat, Drink and Be Merry*），学习指南建议学生们就经济发展是否“因为资源减少而必须严格受到限制”进行辩论。在整个系列片中，伯克“发布着”对世界未来的悲观警告，并认为 1965 年纽约市的灯火管制、中世纪瘟疫、奴隶制、V−2 火箭以及核电都是引发技术变迁的典型的“同属触发器”。一个评论家将伯克看作是“一个与媒体进行个人互动的机器，他依靠其想法的原创性以及其叙述手法的自然度和激情来维持观众兴趣。”[47] 其他评论家把伯克“切断了历史之间的纵向联系”以及“玩世不恭的观点”谴责为“工艺上的蒙提·派森（Monty Python）”，在这个方面，解说员“通过折中主义的方式用后一个‘触发’的发明来解释前一个发明”。[48]然而，观众认为这个节目很有趣，伯克随后在学习频道（Learning Channel）推出了类似于《连接2》的续集。

重复故事

为了转述释义分析人士托德·吉特林（Todd Gitlin）的观点,《新星》和类似的节目依靠重复的公式和可靠的一致性来“表达和巩固”具有无懈可击且永恒权威的科学观念。[49]这些节目还探索了一种较老的科普技术：讲故事方法的使用。约翰·丁达尔（John Tyndall）在19世纪有关光学的演说以及20世纪30年代科学家接受的广播采访都依赖于发言人利用语言来吸引住听众以及描绘画面的能力。电视提供了一个更大的平台，可以扩大到影片和面孔。休·威尔顿（Huw Wheldon）强调说，电视上的故事可以让观众检查他们自身以及他们周遭的世界，并因而知道“生活的世界是怎么样的”。[50]

在20世纪70年代期间，美国电视上的科普工作者完善了构建科学案例的叙述技巧。保拉·阿普赛尔把这种“新方法”的促成归功于米歇尔·安布罗西诺，因为“他认为科学就是一个故事，如果用视觉闪光和坚强的个性来讲述的话，人们一定会看。”[51]《新星》学会了强调科学发现那一刻之前付出的“心血、汗水和泪水”，学会了讲述有时候隐藏在黑箱中的“肥皂剧”，也学会了让每一集都是充满“冲突、高潮和解决”的戏剧。正如阿普塞尔承认的那样，维持这些叙述带来了持续的挑战:“人们自发地收看电视。我们希望每周二的8点把他们绑在椅子上，但是我们不能。我们必须用学历不高的人可以理解的好故事‘勾引’他们。在教育和娱乐中间保持完美的平衡是我们工作的精髓所在。”[52]其他纪录片导演也对阿普塞尔在决策要素上坦率的总结表示附议。乔恩·帕尔弗里曼（Jon Palfreman）写道，即使当制片人接纳了对科学的社会相关性方面进行探索的“道德责任”，他们也会本能地选择叙事线、“卖座的话题”以及其他旨在利用他们观众“情绪”的方法。[53]最终，没有一代代故事讲述者不断完善的技巧的辅助，最先进的可视化技术也不能笼络住数以万计的观众。

第十章

定义何为科学新闻

有关大众传媒内容采取的任何决策都是……政治性的……因为这些决定将会影响社会中所包含的信息和态度的本质。

安东尼·史密斯（Anthony Smith），1973[1]

电视台高管鲁文·弗兰克（Reuven Frank）曾经试图就电视网络的新闻决策过程向一群科学家解释说："你希望我们在晚间新闻报道更多的科学，我不确定我们是否可以。我们不是老师。新闻的议程就是新闻……几乎所有科学的'新闻'都是对自始至终就存在的事情的发现。"[2] 弗兰克对科学家的工作不足以新奇到可以担保获得强制性关注的描述一定会惹怒在场的听众，但是他的评论却扼要地概括了电视行业是如何对科学进行归类的。大学、政府和企业无休无止的新闻通稿，每个都大力宣传研究的"重大突破"，这已经让科学进展变得习以为常了。电视的决策者们没有任何理由"为科学而报道科学了"。实验室和研究人员必须证明他们应该得到上镜的时间。

在电视网络晚间新闻期间不报道某个话题的决定会带来一些间接后果。简单地提一下某项成就、争议、议题或任务会激发其他媒体的关注。类似的是，忽视某些东西就意味着它不重要或者不相关。电视网络新闻实践认为科学新闻既没有特权也不至关重要。科学和股票市场不一样。和犯罪、影星以及政治名人相比，科学家们获得的关注少之又少。尽管如此，电视新闻在重塑科学家的公众形象方面还是发挥了重要作用的，特别是在20世纪60年代到80年代期间。通过在杂乱无章的政治情境下而非孤立于学术象牙塔的情境下展示科学探索，通过处理研究的风险和收益，以及通过阐述科学是文化的一部分而非脱离于文化，电视新闻就科学如何融入到现代生活中做出了重要的论述。和新闻纠缠在一起的信息——得到了大众娱乐的强化和引用——也有助于调整科学的公众形象，以使其符合后现代主义对科学脆弱性、归责和社会回应力的假设。

定义解析

到底什么是"新闻"？历史学家安东尼·史密斯（Anthony Smith）指出"信息链"——对不同类型的知识进行传播和过滤——存在于所有社会的所有时

代中。[3] 1712 年,《旁观者》(*Spectator*)颂扬了个人观感、流言蜚语和经历所发挥的作用:“对某人来说，事实上他此前不知道的所有事情都是新闻。”[4] 20 世纪早期，报社记者约翰·鲍嘉(John B. Bogart)对只有新奇的事情才是新闻做出了著名的论断:“狗咬人不是新闻，而人咬狗就是新闻。”[5] 科学作家迪姆斯·泰勒(Deems Taylor)在 1917 年认为报纸强调的是事件的争议性方面，比如科学会议，因为“没人对化学有强烈的兴趣，但是每个人都喜欢争吵。”[6] 历史学家 J. 赫伯特·阿特休尔(J. Herbert Altschull)认为，新闻是受到情境和时间塑造的“动态现象”——他认为“达尔文有关自然选择的信息”在他那个时代会是新闻，即使进化过程本身一点也不新鲜。[7] 然而，到 20 世纪末，编辑选择被斥之为是精英主义的，鼓励受众对进来的信息设定自己的偏好。网站和博客(与传统印刷报纸的经济压力伴随而来)进一步将过滤过程去中心化，将更多的选择权利交给了个体新闻消费者，并削弱了科学指定的诠释者的影响力。

无论在哪个时代，有关新闻的一个方面是保持不变的：今天所谓的“新闻”在明天就会成为“旧闻”。一旦某个故事被报道并被受众接收，无论是记者、他们所在的机构还是他们的受众都不再把它看作是新闻。按照《旁观者》的界定，对于在所讨论的话题上不是专家的人来说，有关当前科学研究的任何电视报道都可以成为“新闻”。

多年以来，为科学新闻的选择提出一些标准的尝试都引发了激烈的争论。[8] 比如，什么构成了“科学”？应该采访哪些科学家？只有那些有博士学位且受雇于特定机构的科学家吗？谁来决定什么是或不是最新的科学新闻——记者还是科学家？在新闻中必须包含什么，又可以忽略什么？在对科普进行讨论的过程中，沃伦·韦弗(Warren Weaver)曾经解说如果某种蔬菜做的不能“尝起来有茄子的味道”，那么他就只吃茄子，并且“担心这样的事情也会发生在科学身上；当把科学变成让公众喜欢的味道时，那么这可能就不是科学了”。[9]

在一个科学故事何时会被看成科学新闻时，科学家和记者也存在着分歧。想法、经费、收据采集、分析和出版之间的时间间隔可能会绵延数年。依照传统，公共宣传是追随着而非先于期刊出版；自从 20 世纪 30 年代记者和期刊编辑之间达成非正式协议后，这个惯例得到了强化。[10](把在期刊上发表论文看作是职业发展和学术地位基本要素的)作者同意在同行评议提供“论文可靠性的权威标志”之前不对研究成果进行宣传；作为提前获得期刊内容的交换条件，记者们同意在某期刊物出版之前设定一个临时的禁令。[11] 在电视出现的最初几十年里，电视的科学通讯员基本上也配合着这个禁令政策，即在印刷版期刊出版之前，不播放对研究人员已完成的采访节目。

编辑惯例和商业管理、市场、外部事件也对电视如何处理科学新闻发挥着塑造作用。坠机和政治动荡会获得播出的优先权，从而把其他故事推到队列的后端，无论它多么重要；来自于位高权重渠道的独家新闻的重要性会超过其他具有长远意义的话题。[12] 然后每个电视网络都会把受众研究的结果纳入到未来的选择中。对于数以百万计的受众来说，过去数十年这种选择的偏见导致了科学报道远比简单化更加微妙。

夜间新闻的解构

电视新闻的内容分析是单调乏味、错综复杂且开销很大的。在理想状态下，这种研究应该考察时间分配、视觉图像、音轨以及脚本。鉴于与经济和实用性相关的原因，大多数对电视科学新闻的研究都采用小样本，追踪单个故事的报道或者对“科学”及“技术”新闻进行计数，而不对领域进行区分。[13] 然而，来自于 20 世纪 90 年代的两个综合调查确实为我们提供了一些见解，它们就 20 世纪过去的几十年来媒体是如何关注科学的进行了调查。优越新闻计划（The Project for Excellence in Journalism）发现 1977—1997 年间，美国报纸、杂志和电视上有关科学、技术和个人健康的报道大幅增加，并且美国广播公司、哥伦比亚广播公司和全国广播公司播放的有关科学和技术的新闻大约占到其全部新闻的 3.5%，这个数字到 20 世纪 90 年代末几乎翻了一倍。[14] 凯撒基金会（Kaiser Foundation）的研究发现在当地电视新闻节目中，健康是第五流行的话题。[15]

由范德堡大学新闻档案馆（Vanderbilt University News Archive）编辑的《美国广播公司晚间新闻》（*ABC Evening News*）、《哥伦比亚广播公司晚间新闻》（*CBS Evening News*）以及《全国广播公司夜间新闻》（*NBC Nightly News*）的在线汇总对电视网络报道科学、科学家、相关政治和伦理争议的历史趋势提供了类似有用的信息。对这些汇总的分析显示，实际上电视网络对科学的关注在科学本身繁荣兴盛时期是令人失望的贫乏。[16] 从 1968—1989 年，美国广播公司、哥伦比亚广播公司和全国广播公司一直报道科学和科学政策相关的话题，然而每晚报道的科学相关话题很少达到一条以上（在 868 个半小时的节目中，科学相关的新闻条目有 733 个）。[17] 某些国家入侵其他国家，某人拯救或者谋杀了其他人，发生了事故和自然灾害，政客们攫取并滥用权力，名人离异，商业的起起伏伏，股票市场和裙长的升升降降，科学家们做出了新的发现。在大学、政府和产业研究在全球范围内蓬勃发展的时代，当时的新闻*包括*了对科学的提及，但是并没有紧密地追踪科学领域。鲁文・弗兰克轻蔑的评论显然反映了三大电视网络的常规性态度。

在主要的全球冲突、政治危机或者重大灾难主导新闻头条的时候，科学新闻有时候就从夜间电视议程中全部消失了。在 1972—1975 年间，由于越战冲突肆虐以及水门政治危机的爆发，科学报道的数量急剧下降。比如，1974 年，在当年抽取的 29 份样本中，科学相关的报道只有 5 条，而前一年（1973）和后一年（1975）的数目分别是其三倍（15 条）和四倍（20 条）。

在 20 世纪 70 年代中期，电视网络开始雇佣记者来撰写科学、医药和太空方面的独家新闻，在不到 10 年的时间里，所有的主要电视网络都雇用了几个健康 / 医药和科学通讯员。比如，拥有免疫学博士学位的罗伯特・J・巴泽尔（Robert J.Bazell）于 1976 年在全国广播公司开始了他长达数十年的职业生涯。美国有线电视新闻网（CNN）于 1985 年开播的每日科学报道和周末半小时系列片 [《周末科技》（*Science and Technology Week*）] 也促使其广播网络竞争对手在那之后增加了对科学的报道。

和其他内容一样，电视上出现的科学新闻也遵循每个电视网络对观众喜好的假设。[18] 马丁・W・鲍尔（Martin W.Bauer）及其同事指出，科学新闻倾向于建立一种复述但不必然“再现”当天科学的“戏剧叙事”。[19] 大多数全国性的电视新闻都是基于事实的（重大研究结论或发现；著名科学家获得诺奖或者过世）或者基于议题的（有关伦理与安全、研究应用以及实验室法则的争议，资助与监管的政治学和经济学）。长期以来，科学新闻的重点从基于事实的故事转移到了由社会和政治方面主导的报道上。虽然对名人和个人悲剧的专注要早于广播的出现，但是随着电视对人类感兴趣的其他话题（“生活方式”、事故、犯罪和丑闻）关注的趋势，“具有特征化的且以人为导向的”科学新闻的数量以及对诸如科研欺诈等轰动性议题的关注自 20 世纪 70 年代开始逐渐上升。[20]

三个主要主题（太空，环境和医药）主导了科学相关的报道，但强弱不等。对太空研究和太空探索的关注是 20 世纪 70 年代所有电视报道的重要组成部分，但是在 20 世纪 80 年代开始缓慢下降。环境污染和政策报道出现较少，但仍然是持续新闻兴趣的主题。从 1968—1989 年，对生物医药科学和公共健康的关注稳步提升；在抽样的新闻报道中，有将近三分之一讨论的是人类生物学或者医药的某一方面，这一比例在 20 世纪 70 年代到 80 年代有所增加，且持续地着眼于癌症研究和最新的医学成就，比如心脏移植和试管婴儿。[21] 公共健康话题获得了大量的讨论，特别是在流感季节开始的时候。与太空项目关系较远的物理学和天文学（包括核武器、化学武器和生物武器）以及对科学教育、植物学、人类学或者工程研究的关注则少之又少。因而大多数“科学”新闻不是与太空、医药或者环境质量相关（反映了娱乐节目中的趋势），就是与政府行动（比如疫苗安全或者污染治理）存在关联，或是与社会、政治以及经济事件相关，比如战争。

不过，每当非科学话题的报道包含技术依据、解释和专家采访的时候，在电视网络的新闻中还是可以看到科学的影子的。1984 年，在破纪录的夏季热浪中，哥伦比亚广播公司拒绝采用派摄影师拍摄北极熊坐在零度冰面上这种乏善可陈的做法。相反，因为失去了很多价值连城的树荫，一个记者描述了城市树木是如何充当“自然空调”的且提到了研究人员正在尝试培育抗荷兰榆树病的树种。[22] 把科学纳入到报道的做法在电视新闻中逐渐增加，之后是娱乐节目的实践。在娱乐节目中，科学被无意地用在笑话中和对话的片段中，或者用来描述虚构角色的职业。

电视通常利用象征性的背景和外景来传达真实性和现实性，所以重大原油泄漏事故通常用石油浸泡过的野生动物和油浸的沙滩这样的画面来呈现，而非采访科学家。[23] 有关环境质量的报道——空中（洛杉矶烟雾警报）、水中（鱼类汞污染）和食品中（农药）——也采用类似的特写资料镜头（冒着黑烟的烟囱、垂死的剑鱼以及发育不良的作物），而画外音则由解说员对政治辩论进行概述，并偶尔提及相关研究。

科学的文化意义或者文化上的无意义也可以通过纸媒以及视觉媒体的惯常做法来强调。就像报纸编辑对头版进行认真计划一样，电视新闻管理者为每个节目选择最重要的片段。[24]在1968年和1969年抽样的新闻节目中，每五个报道就有一个科学报道。到20世纪70年代初，这一数字下降到每50个报道中有一个科学报道，而在20世纪80年代又稍有上升，达到每14个报道中有一个科学报道。从20世纪60年代开始，大多数重要的报道都涉及美国或者苏联的太空项目（包括发射中的事故），紧随其后的是切尔诺贝利核电站事故、埃克森·瓦尔迪兹（Exxon Valdez）原油泄漏事故以及医疗创新，比如人工心脏。如果科学可以和轰动性事故、流行病疫情或者犯罪建立起关联的话，那么科学就很有可能会在重要报道中被讨论到。

因而，电视新闻为当代科学提供了一个复杂但不完整的肖像，它忽视了科学的很多方面，同时又过于强调其他方面。到20世纪70年代末，科学新闻更多地着眼于伦理争议和专业知识的局限性。虽然一些新闻报道颂扬科学对社会和经济发展的贡献，但是讨论经济社会进步所带来的风险以及解决潜伏于科学家所知的或者应该知道的危险的报道变得更加普遍。

共识与时间安排

从1968—1971年，三家电视网络差不多一半的时间都选择报道相同的科学故事，通常在故事的框架以及被采访的个人（或者个人的类型）方面有着极大的相似性。可预见的是，很多共识性的故事都是有关航天任务、诺贝尔奖以及科学相关的事故的。然而发生在宾夕法尼亚州（1979三里岛核电站）、印度（1984博帕尔化工厂）和乌克兰（1986切尔诺贝利核电站）的事故在三家电视网络上获得的关注却不尽相同，也许是因为它们的时间安排以及与美国受众的感知关联性不同。[25]1979年宾州的事故与环保抗议以及中东石油禁运恰巧同时发生，所以新闻媒体会注意铺垫的作用。[26]电视网络的新闻忽视了之前发生在美国的两起核电站事故，因为它们起初并没有被纳入到潜在的灾难框架中，而对三里岛事故的报道耗费了事故发生那周晚间新闻报道时长的40%。[27]即使博帕尔化工厂爆炸导致的死伤人数和流离失所的人数远远超过切尔诺贝利事故带来伤害的人数，而且博帕尔化工厂爆炸也给重要的国际产业带来了持久的经济和规制影响，但电视网络的新闻节目分配给切尔诺贝利事故的时间比博帕尔化工厂的爆炸多很多。[28]

时间安排是重要的。对细枝末节问题的新闻报道，无论精确与否，都可以暗示其重要性，并且可以推动其他新闻机构的报道，特别是如果没有其他事件横刀插入的话。报道的力度越大，观众（和其他记者及政客）越有可能认为这个话题是重要的。多丽丝·格雷伯（Doris Graber）认为，"一个议题如何设定框架以及如何呈现不仅决定了它是否将被其他媒体所报道，而且决定了它是否会被注意到和认识到，以及它是否有可能影响人们的观点并最终经过多步骤的过程而带来政府的行动。"[29]不过，同步报道并不必然意味着同等的侧重点。1978 年 1 月 25 日，三家电视网络都对联邦水净化法规进行了报道——哥伦比亚广播公司几乎报道了 5 分钟，而全国广播公司报道了 1 分 30 秒。[30]1978 年 7 月，全国广播公司用了 8 分钟时间报道"试管"婴儿的诞生，提到了"婴儿产业"，并让神父就实验室培育技术如何有别于流产发表评论。[31]美国广播公司对同一事件报道的时长是前者的一半（4 分钟），并且包含了宗教领袖的回应。[32]哥伦比亚广播公司做了两次报道：第一次聚焦于架势很大的宣传的初始故事（3 分钟 10 秒），第二次则着眼于宗教领域的回应（5 分钟 40 秒）。[33]

在首次登陆月球的前几年，美国国家航空航天局（NASA）把很多与宇航员相关新闻的发布时间选在晚间新闻节目播出的时间。就像新闻对 20 世纪 30 年代科学远征的报道一样，故事情节对令人刺激的事件的喜好远远超过教育。物理学家菲利普·莫里森（Philip Morrison）认为，"电视表现得很糟糕。它仅仅是冒险与神秘感：从来没有人解释正在发生什么。"[34]卡尔·萨根注意到，观众们无休止地了解宇航员餐食的细节，而对于让太空任务得以实现的研究则只字未提。[35]电视的捍卫者，比如新闻播音员沃尔特·克朗凯特（Walter Cronkite），对这种批评置之不理，在 1968 年发生了挑战者号事故之前，电视网络的报道仍倾向于赞颂其视觉形象（发射台上静止不动的月球车）、强调其戏剧性并最小化其潜在风险。[36]

悬而未决

对科学研究识别出的风险或者与科学研究相关的风险进行传播会给电视带来特别的挑战。公平原则——首先由美国联邦通讯委员会（FCC）于 1949 年阐述的监管政策——试图在广播电视公司如何报道公共争论方面维持合理的平衡。在 1969 年（美国最高法院支持该政策）和 1987 年（联邦通讯委员会废除了该政策）之间，假定公平这个最便捷的量化测评——为争议双方代表提供的时间数量——为科学相关争议的讨论带来了意外后果。无论支持的强度有多大（或者支持性证据多么有效），都要保证每个立场的一位权威发言人用其工作头衔（政府官员或者大学教授）或者相关利益团体的成员身份来界定的“权威性”作为公正的证明。[37]对于科学相关议题来说，对来自不同机构的渠道进行采访，或者让学院科学家与企业发言人并列出镜，或者让政府官员与环保激进分子并列出镜，实际上已经成为电视的惯例。[38]这种做法与爆炸式的诉讼——宣称违反环境法规、土地使用纠纷、医疗责任案和药品责任案——正好同时出现，在这些诉讼中，科学家和工程人员担任专家证人。如果研究似乎意指某化妆品是潜在的致癌物，那么试图在舆论法庭提起诉讼的制造商将会召开新闻发布会，而信誉良好的专家将引用与上述研究结论相反的研究。

结果，观众们认为专家们彼此掐架，科学家们也互掐，他们听到的叙述是一系列未经评价的观点、提议或者陈述。紧随一名核物理学家 30 秒原声回放的是来自于核能源主管的 30 秒原声回放；跟在进化生物学家评论之后的是对极力主张在课程中加入神创论的学校董事会成员的采访。相关的报道被设置成这样的框架，即好像支持者和反对者的数量是相同的，各方都奋力提出同样有效的证据。在讨论争议性议题时，试图寻求客观、公正或者平衡的科学纪实片以及科学信息系列片也采用了同样的准则。

科学家们承担起“表明专业知识存在感标志”的作用，他们站在镜头前“不是传递信息而是使文本更具有权威性。”[39]一个当地电视台的管理人员质问道：“该相信哪个专家呢？越来越难弄明白了，因为我们的专家资源非常丰富。”[40]当然，电视需要出镜的权威来为其他枯燥的解释提供“画面”，而这种情形被另外一种常规的新闻报道准则复杂化了：把人而非数据作为一个新闻报道的权威。[41]

在新闻领域，客观性从来没被认为是和中立性一样的；客观性这个术语传统上用来指代为避免或者降低偏见而采用的报道流程。[42]科学编辑鲁迪·鲍姆（Rudy Baum）认为，不但“完美的客观性”是科学新闻的幻想，就连虚假的“追求客观性”甚至都会损害告知公众的目标。单纯地报道“没有对其情境和意义进行解读的事实会产生毫无意义的新闻提要，比如‘知名科学家对此有异议’”。[43]鲍姆接着说，科学新闻绝不应该忽略“被采访的科学家的资历和公信力”；陈述了“存在批判”的新闻报道应该解释“这些批判在多大程度上”被其同行“所接受认可”。[44]历史学家约翰·伯纳姆（John Burnham）认为，通过对科学报道无差别地施以“同等时间”的策略，大众媒体似乎暗示着在与宇宙相关的问题方面，占星家和天文学家具有同等的权威。[45]

即使当环保争端和公共健康争议涉及有关科学证据的有效性和可靠性时，电视的新闻节目通常也会省略掉相关的技术解释。实际上，新闻报道是围绕着选择和权衡而建构起来的，因而会把科学家出任的专家变成某一政治立场的代理人。比如，1971 年，公共健康官员希望禁止几个具有腐蚀性的家用清洁用品，因为儿童误服它们会导致中毒。一档新闻报道就采访了不同立场的专家，包括提出另外一种可行的替代化学用品（磷酸盐）的专家，以及警告说这种替代用品的使用会给环境带来潜在不利影响的专家。[46]类似的是，禁止在软饮中加入人造甜味剂糖精（因为研究表明这和某些癌症的产生相关）的工作激起了糖尿病患者的控诉，牙医们也警告说天然糖对儿童牙齿有害。为了达到公平性的目标，新闻节目为某一论点的各方专家都提供了同等的时间。当怀俄明州的农场主想杀掉给牲畜带来威胁的草原狼时，生物学家指出毒饵可能会不慎伤害到巢鹰。[47]北极野生动物生物学家认为阿拉斯加石油资源的开发会威胁到北极熊的栖息地。[48]在每个新闻报道中（禁止糖精的使用、控制草原狼、避免中毒、开发石油储备和保护北极熊），有专家标签的人被一一采访，政治争论被一一罗列，但是相关的研究（或者评估不同论点的标准）则被忽略。电视新闻很少花费宝贵的时间来解释科学。

当有前景的医疗方法超出了传统医药的边界时，媒体机构在确保平衡且负责任的报道的同时，也会奋力让观众随时能获得消息。在20世纪70年代，数以百计的癌症患者前往墨西哥购买在美国是禁药的苦杏仁苷（Laetrile）。一些认识到医学共同体对这个药物的有效性存疑的记者认为，数目如此之大的美国患者跨越美墨边境让这个话题成为了新闻。[49] 1977年，《全国广播公司夜间新闻》进行了一个并行采访试图解决这个问题，被访的一位是来自大学的癌症专家，他反对政府批准苦杏仁苷的销售；另一位是来自于墨西哥的医生，他的诊所则销售苦杏仁苷，因而这档节目暗示着双方的陈述具有同等的科学价值和客观性。[50]

在艾滋病爆发的早期阶段，电视网络尝试着采访著名的生物学家，比如罗伯特·加洛（Robert Gallo）以及安东尼·法乌西（Anthony Fauci），他们解释说正尝试着找到病因，并寻找治疗方法。当关于公共健康策略的政治辩论加剧以及对同性恋的攻击和辩论引燃了有关人道主义灾难的讨论时，新闻报道逐渐发生了变化。很多记者承认他们宣传了对疫苗的不切实际的期望，电视新闻开始更少地关注内部的科学辩论（或者研究进展的简讯），而更多地转移到人类兴趣方面，对疾病给患者和家庭带来的身体和情感负担进行描述。

到20世纪80年代，电视新闻通常把大多数科学纳入到收益与风险并存、确定性与不确定性并存的框架中。科学不是板上钉钉的，美国广播公司的记者朱尔斯·伯格曼（Jules Bergman）在1978年美国科促会年会上宣布说："先生们，现在该是我们停止告诉人们（科学不是板上钉钉的）的时候了。"[51]

巧合的戏剧

电视新闻对小说或者电影的引用一再地使"事实和虚构之间的传统边界"变得模糊不清。[52]比如，1978年，电视在报道体外受精时提到了奥尔德斯·赫胥黎（Aldous Huxley）在《美丽新世界》（*Brave New World*）中虚构的"人工生产"，其中一个电视网络的报道甚至包括了根据这部小说改编的即将上映的电视电影的片段。这种内容是娱乐、新闻和公共事务内容的"连续性"和诱导性的典型例证，在这里乐趣强化了效果。[53]新闻强化了的道德教训被电视小说戏剧化了，反之亦然。

对医药进行过分戏剧化表达的趋势——“基尔代尔（Kildare）时代的遗产”——被强调“现实主义”的电影风格所强化了。在全国广播公司的摄影团队对一个医生跟踪拍摄一个月后——拍摄他在急诊室、手术室和医院查房的场景——《生命线》（*Lifeline*）的制片人对这些镜头进行了编辑，并给其强加了一个虚假的故事线，随后的很多新闻、纪录片和虚构的电视剧都模仿了这种做法。作为虚构电视剧背景的真正实验医学的新闻描述，通常在同一频道的一两个小时之后进行直播。在电视剧从伤感的“马库斯·威尔比”（Marcus Welby）时代（友好的家庭医生）转型为坚定的现实主义（死亡、垂死挣扎以及城市医院的无能）时，提及相同主题的虚构情节也在新闻中出现了：经济压力、伤病员鉴别分类、患者权益以及对试验性治疗的获取。[54]

持续的轰动效应紧紧围绕着生物技术的新闻报道，这既激发了通俗小说的灵感，又从通俗小说获取灵感。1974 年夏，一个微生物学家国际小组提议在评估潜在危害之前，自愿暂停利用重组遗传物质的研究。出于机缘巧合的大众文化在媒体最初如何对这个事件进行设定框架方面发挥了作用。由迈克尔·克莱顿（Michael Crichton）的畅销小说《天外来菌》（*The Andromeda Strain*，1969）改编成的电影于 1972 年首次出现在电视上，该影片提供了失控的微生物和变异细菌丰富的视觉影像。有关被称为“DNA 重组”的首份媒体报道，加上生物学家谨慎的公开声明和神秘的气氛，把这种虚构的场景带到了人们的头脑中。当科学家们在下一年的春季重新评估这个暂停提议的时候，记者们自然地想出现在现场。会议组织者起初只想让两个记者进来（最终向 16 名记者妥协了），这反映了科学家们对电视的不信任，并且只允许拍摄事件现场。自我监控调节的研究的恢复以及后来大学与新成立的商业生物技术公司合作的开展，都没能抑制住这个事件的争议。在整个 20 世纪 70 年代，社会团体对拟建的实验室的抗议为电视报道提供了生机勃勃的契机。[55]

一些分子生物学家后来对媒体进行了严厉斥责，认为它们“强调了更壮观的替代方案和更多人格魅力的冲突。”[56]鉴于“安德洛墨达菌株（Andromeda strain）技术失控”以及研究的支持者和反对者之间的明显差别，耸人听闻的报道似乎变得不可避免。[57]生物学家戴维·巴尔的摩（David Baltimore）（他自己也常常成为抗议的对象）认为技术争论不仅强调了科学家对“来自于科学研究的问题”的灵敏性，而且让公共利益参与进来并有助于以更集中化的、“组织化的”以及“负责任的”方式勾勒出否则会以其他方式出现的政治选择。[58]这个争议提高了对积极公众教育重要性的认识。为了在未来有效地参与政治选择并且恰当地理解声称的收益和风险，公民需要的是情景化的解释，而不仅仅是事实的陈述。[59]

遗憾的是，每当轰动性的事件与能跟其扯上关系的虚构电视剧同时出现的时候，电视网络的新闻在把事实和虚构区别开来方面什么也没做，部分原因是大多数电视专业人员缺乏必要的专业知识。《中国综合征》（*The China Syndrome*）是一部好莱坞影片，在这部影片中，核电站操作员试图低调处理一

图 14 1979 年 3 月，媒体报道三里岛核电站事故的新闻发布会。被卷入有价值的项目或者事件的科学家们面对着一系列让人眼花缭乱的电视镜头和记者。承蒙核管制委员会提供图片。

场潜在的灾难性事故。该影片在现实生活中的事故（宾州）发生的前一个周末在全国院线开始上映。[60] 1979 年 3 月 28 日起初的电视报道大骂说三里岛核电站持续的危机将危及几十万人的安全，并且很多观众也许会发现这种后果是貌似真实的。[61]

虽然反应堆经历了堆芯熔毁，但这次事故得到了控制，没有“发生爆炸”，也没有向大气中释放明显的放射能。[62] 然而，电视一开始只提供了微弱的保证。3 月 30 日周五，沃尔特・克朗凯特（Walter Cronkite）以不祥的陈述开始了他的节目，世界将“面临原子时代最严重的核电站事故所带来的极大不确定性和危险。而今晚的恐惧将可能会让情况更糟糕。”[63] 假消息、传闻以及公职官员之间缺乏协调夸大了连珠炮似的电子新闻的结构性缺陷。[64] 三里岛事故总统委员会（President's Commission on the Accident at Three Mile Island）后来总结说，大多数记者采取了负责任的行动，但是电视对速度的需求以及对电视剧的沉迷助长了观众的危机感。[65] 一个电视记者承认说，“我通过电话连线采访的人决定了我将在未来一小时如何报道这个新闻。”[66] 电视讨厌沉默。有一种趋势是用投机行为来填补播出时间，让一个新闻被迅速地播放出来，而不是找到并采访学识最渊博的专家。

面对纷繁复杂的世界，三里岛事故强调了技术体系的互相联系。这些技术体系的崩溃或者灾难会影响到数百万人，向公众传播信息的任务应该是媒体、科学专家和政府官员的共同责任。当危机发生时，被认为是可靠科学信息来源的小型公共利益集团——科学家公共信息研究所（Scientists' Institute for Public Information，SIPI）——总部就淹没在不经常报道科学的记者的电话中。[67] 科学家公共信息研究所开始在寻求信息的记者和愿意接受采访或者愿意提供背景信息解释的科学家之间搭建起桥梁。结果，科学家公共信息研究所建立了永久的媒体资源服务（Media Resource Service）。在 1995 年之前，媒体资源服务一直维持着数以万计专家的数据库，并为媒体各个方面的专业人员提供宝贵的协助。打电话寻求帮助的记者中，有超过 90% 不是科学新闻记者，并且是就职于诸如地方电视台这样的机构的。

这个事件还强调了电视同复杂科学议题相关的公共知识状态之间的关系。很少有观众能理解核反应堆是如何工作的。即使是阅历丰富的记者也挣扎于从何处开始。“《奇才先生》（*Mr. Wizard*）在哪里，现在美国需要他？”专栏作家克拉伦斯·佩奇（Clarence Page）问道。他解释说，用一些基本素材，儿童节目主持人可以“揭开宇宙的秘密，并仍有时间做广告。”[68]佩奇指出，毕竟《奇才先生》曾经把50个乒乓球放在50个预设的捕鼠器上来解释什么是核反应。

对21世纪的科学进行传播也需要奇妙和微妙的技巧，如果不追求更多的精确性，戏剧可能比新闻能带来更多的效果。到20世纪70年代末，电视的编剧们围绕着微生物学和生物技术组织着剧情，附和着新闻中建构的戏剧叙事。在哥伦比亚广播公司制作的电视电影《亨德森怪物》（*The Henderson Monster*，1980）中，核心角色是诺奖得主、生物学家托马斯·德布斯·亨德森（Thomas Debs Henderson），他尝试着某种冒险的经历，即用重组DNA来制造一个可以变异并从实验室“逃脱”的微生物，但是这也可能会给癌症治疗带来可喜的后果。[69]电影的宣传欢迎就近期的剑桥、马萨诸塞州、“市民和大学生”同对基于大学的研究进行监管的对抗进行比较。然而，该电影不是建构一个“恐怖的”场景，而是奚落了“唯利是图的学术殿堂。”评论家们认为电影剧本作家“有一个好机会对更急切地获得诺奖而非采取负责任预防措施的科学共同体进行嘲笑。”[70]而该剧本强调了科学家在道德上的含糊其辞：主角主张他将为公益而奋斗，但是却有着私人的利益动机。[71]在与电影的提前宣传相关的采访中，扮演亨德森的演员说，“我想我们突破了刻板印象。他不是一个穿着白大褂、庄重且圣洁的家伙。他处于激烈的科学竞争的竞技场中。”[72]虽然很多电视评论家在评论这部影片时都提到了那些同样的刻板印象，即“科学的胡作非为”和“这些当代的科学怪物创造的怪物”。[73]

当谈到核能和核武器的时候，及时性与戏剧的结合也会增加恐惧感。美国广播公司的电视电影《浩劫之后》（*The Day After*）于1983年播出，当时适逢把气候灾难戏称为“核冬天”（超级大国之间的核攻击会产生出将大多数阳光阻挡在地球之外的大量尘埃、烟雾和煤烟）合理性的激烈政治辩论之中。[74]该电影的情节假设一个真实的城市（堪萨斯州的劳伦斯）被核打击毁灭了，并且提供了后灾难时代生活的恐怖景象。

制片人坚称他们没打算把《浩劫之后》作为一个政治宣言，但是一些反核游说团体，如爆心投影点组织（Ground Zero）、核冻结联盟（Coalition for a Nuclear Freeze）和反核战运动（Campaign against Nuclear War）获得了这部未完成影片的违禁的副本，并发起了一场公共关系运动。这场运动由里根政府所领导（当时正处于在欧洲布置更多核导弹期间），政治保守派们用愤怒和敌意给予了回应。[75]然而，在10月下旬，卡尔·萨根在周日报纸的副刊《游行》（*Parade*）中对核冬天的看法进行了描述，并在接下来的1周于华盛顿特区举行的"核战争后的世界"（The World after Nuclear War）会议上做了高调的发言，而且他还与物理学家爱德华·特勒（Edward Teller）以及生物学家保罗·R·埃利希（Paul R. Ehrlich）在美国广播公司的新闻节目《晚间热线》（*Nightline*）上就这个问题进行了辩论。[76]

核评论家把他们对政治的憎恨变成了优势。艾伦·M·温克勒（Allan M. Winkler）写到，因这个争议而产生的新闻报道强化了电视网络自身的宣传方案，使得该影片"甚至在上映之前就成了一个事件"，并且在反核游说集团的计划中发挥了重要作用。[77]这个节目成了《新闻周刊》（*Newsweek*）和《电视指南》（*TV Guide*）的封面报道，并且在早间新闻和晚间新闻获得了大量的报道。美国广播公司为杰出的公民领袖、宗教领袖和政府官员进行了提前放映；一些右翼团体威胁说将抵制广告商。[78]

《浩劫之后》在整个20世纪80年代都被证明是最叫座的电视电影，在时长两个小时的全部或者部分播放时间内共吸引了大约1亿观众。[79]观众们想起了对奥逊·威尔斯（Orson Welles）的《世界大战》（*War of the Worlds*）广播节目的反应，并担心该影片对核后果的生动叙述可能会引发同样的恐慌。美国广播公司安排了精神专科人员来让观众平复心情。然而，几乎没有人拨打电视网络的热线电话，据节目播出之后开展的30次调查问卷显示，这部影片没有产生预期的不良反应或者引起观众态度的巨大变化。[80]分析人士后来推测说提前宣传可能给观众强烈的不良反应打了预防针，并且促进了他们获取有关核战争"知识"的意识。即使这个情景被贴上了虚构的标签，但是获取有关核武器的知识可能激发了授权而非警告的感觉。当《浩劫之后》出现在欧洲和日本的电视中时，《全国广播公司夜间新闻》对一系列事件进行了后续的跟踪报道，包括西德的反核抗议、广岛幸存者的反应以及英国国防部长在节目播出后露面主张英国应该维持其核武库。[81]

操纵科学新闻

在20世纪70年代末和80年代初，来自于乔治·格伯纳文化指标（George Gerbner's Cultural Indicators）项目和类似媒体研究项目的数据促使很多分析人士将科学课程注册人数的下降与电视中科学的现状关联起来。[82]这种推论似乎是合理的。电视是为数不多的文化情境之一，在这些文化情境中，人们可能偶然间遇到了科学；每一季事实科学节目的总量似乎在缩减；而虚构的描写则与科学家们是谁以及他们做了什么的理念越来越背离。在格伯纳看来，这种虚构的描写占据了对科学关注的最大部分。虽然额外的技术阐释有助于观众更好地吸收和理解他们看了什么，但是电视高管们拒绝了将他们认为的"教育"内容纳入到节目中的要求，并且通常将这种建议理解为寻求更多宣传的特殊利益集团的压力。1978年，卡尔·萨根与全国广播公司新闻主播约翰·钱塞勒（John Chancellor）的一次对话成了科学家和电视人日益加深的鸿沟的缩影。钱塞勒将这个议题放在了社会变迁的框架下：社会价值和目标正在发生变迁，美国人"不太关注公益，而更关注私人利益"，而这些趋势也影响了人们对科学的态度。[83]电视反映了社会的愿望和需求；它反应并报道社会，但是不应该引领社会。钱塞勒坚持认为，变化必须来自于文化内部，而不是由电视产业来进行安排。对"只要电视变好了，人们就会变好，国家也会变好"的争辩"无疑会与我们所向往的自由之一发生冲突"——那就是言论自由。[84]

对于萨根来说，这种论调代表了对责任的放弃。两人你来我往辩论了好几个回合：萨根坚定地认为"在商业电视上呈现更多的科学"不是社会工程，而记者们则还击说是社会工程。[85]钱塞勒指出科学共同体有两种选择：通过要求媒体传播特定的信息而"操纵媒体"或者"变得足够聪明和足够成熟，期望科学教育的缺失由政客、神职人员"和其他有影响力的美国人"来解决"。他争论说，如果这些人表明了立场，那么电视将对其进行报道——"但是如果人们没有那样说，那么媒体就不应该被期望去制造兴趣并促进这个议程。"[86]

第十一章

开创性的普及

（电视）通过向我们展示足以证明他们错了的东西，而不是足以取代他们一手经验的确定性，电视损害了我们原本舒适的成见。

詹姆斯·伯克（James Burke），1978[1]

到 1980 年，美国成人每天平均花费 3 小时看电视。[2]最普及的科学类节目——比如《太空堡垒卡拉狄加》(*Battlestar Galactica*)、《生化女战士》(*The Bionic Woman*)、《无敌浩克》(*The Incredible Hulk*)、《百万美元先生》(*The Six Million Dollar Man*)和《法医昆西》(*Quincy, M.E.*)这些虚构的电视剧——和科学家的科普范式相去甚远。和很多人一起，卡尔·萨根指责电视产业自私的偏见和缺乏社会良知。他在《电视指南》上抱怨说，卡通科学家（被权力的欲望所驱使的道德上的瘸子）和伪科学的自然专题片忽视了"科学的愉悦、发现宇宙是如何被放到一起时的欣喜以及深入了解一件事情时的欣喜若狂。"[3]

不过，其他指标似乎显示形势没那么严峻。单在 1978 年,《纽约时报》就设立了每周一期的《时报信息》(*Science Times*)板块，还有新的科学杂志面世，包括《探索》(*Discover*)和阁楼出版公司（Penthouse Publication）的《奥秘》，同时著名出版物的发行量开始急剧上升，包括《科学美国人》(*Scientific American*)和《科学》(*The Sciences*)。[4]这些较新的媒体机构中有很多都采取了建构主义的路径。《琼斯母亲》(*Mother Jones*)的出版商说，美国人仍然喜欢阅读科学，但是他们越来越喜欢对科学、政治和社会的"衔接"的分析，而不是简单的科学家"愉快的谈话"。[5]

然而，公众对科学的兴趣不断提升这样的证据并没有促进商业电视或者公共电视科学节目更多的发展，其原因与电视产业如何做出节目决策有关。分析人士洪美恩（Ien Ang）解释说,"没有办法提前知道观众是否会收看并继续关注"，所以电视人早已选择了对成功的模式进行复制，并通过对过去行为的定量分析来推测未来的效果。[6]没有一系列收视率的成功，科学节目似乎是危险的选择。在 20 世纪 80 年代，随着有线电视的扩张，广告商开始根据估计谁将会收看节目（年龄、性别、收入和消费模式）来购买播出时间，而不仅仅是多少人将收看节目，而科学节目的观众还没有界定清楚。[7]此外，公共电视的承销商和管理者开始更仔细地审查其收视率，并且开始策划如何更好地与电视网络展开竞争。

魅力与宇宙

卡尔·萨根在《电视指南》中的文章没有提到，他同其生意伙伴金特里·李（Gentry Lee）正在开展自己的“科学的愉悦”的电视盛典。当《宇宙》（*Cosmos*）于 1980 年首映的时候，这个十三集的迷你剧打开了宇宙的广角镜，在宇宙学和世俗的环境保护论之间摇摆。诸如《红色星球的蓝色》（*Blues for a Red Planet*）和《永恒之边缘》（*The Edge of Forever*）这样的题目对年轻观众很有吸引力，然而对气候变化、环境污染、核扩散的讨论则反映了主持人的政治议程。萨根寻求的是到达而非“教化”。精心设计的电视节目可能重新点燃对太空研究的激情，“让科学看上去像是一项事业、一种召唤和一种理想”，并且可能“诱使公众摆脱对伪科学和非理性的信仰体系不健康的迷恋。”[8]

《宇宙》所采用的场面壮观的电脑成像技术对数之不尽的后续项目产生了影响，这要感谢制片人阿德里安·马隆（Adrian Malone）强大的创新能力，他还指导了《人之上升》。马隆于 1937 年出生于利物浦，他在英格兰上完了公立学校，但是却从未完成大学学业。在英国皇家空军服完兵役后，他于 1958 年开始了自己在广播领域里的职业生涯，并最终就职于英国广播公司。1965—1977 年，马隆参与了一些英国电视上最让人兴奋的项目，包括《生活游戏》（*The Life Game*）、《你孩子的瘟疫》（*A Plague on Your Children*）（有关化学战和生物战的）、《地平线》系列以及由经济学家约翰·肯尼思·加尔布雷思（John Kenneth Galbraith）主持的《不确定的年代》（*The Age of Uncertainty*）。马隆后来到美国协助在宾夕法尼亚大学建立教育电视节目的工作，当那个项目瓦解后，他同另外一名英国广播公司前导演共同成立了独立的制作机构。[9]马隆决心超越当时热映的电影《星球大战》（*Star Wars*）。他设计了富有创意的特效，比如让萨根看起来像乘着宇宙飞船在航行，这个飞船成为了这个项目的签名图像之一。[10]《宇宙》未来的电影版真切地与观众联系了起来。萨根已经在学术圈外有了一定程度的知名度。《宇宙》促使他成为了国际巨星。

推动萨根成为名人的“机器”并不单独受到理想主义的驱动。他第一次在电视上露面是为了对其著作《宇宙的联系》（*The Cosmic Connection*）开展宣传活动。[11]1973 年，在《今日》（*Today*）以及迪克・卡维特（Dick Cavett）的专题节目露面后，萨根受邀参加《今夜秀》（*The Tonight Show*）。这个热心的教授成为面无表情的约翰尼・卡森（Johnny Carson）风格的绝配，并且萨根妙语连珠的对答让他在接下来的 13 年里每年都会在这个节目出镜两三次。[12]针对电

图 15　1978 年 4 月 17 日，卡尔・萨根。因其非虚构图书《伊甸园的飞龙》（The Dragons of Eden），萨根当时刚刚获得普利策奖。两年后，他的迷你系列剧《宇宙》在公共电视台上首播，并好评如潮。承蒙史密森尼学会档案馆提供图片。

视的冒险之举被证明是成功的。在卡森的节目上第一次出镜之后，萨根获得了大量的媒体关注;《宇宙的联系》共印刷 20 次，并且销售了 50 多万册；而萨根后来的图书卖得也不错，甚至更好。[13] 因而，萨根的名声是超凡魅力的科学家、图书出版商和电视产业互相建构的体现。他争议性的政治观点（并且偶尔粗暴的性格）可能会招致其他科学家的批评，但是在电视上的露面给他带来了经济财富和独立性。[14] 在《宇宙》第一集播出几周后，萨根登上了《时代周刊》的封面。[15]

《宇宙》由 KECT-TV（洛杉矶）、卡尔·萨根公司、英国广播公司和西德保利达国际（West Germany's Polytel International）联合制作，并由私人基金会和大西洋富田公司（它提供了 400 万美元的制作费和另外 200 万美元的广告及推广费）这样的企业全部承销。[16] 这样慷慨的资助可以使该节目对公共广播电视台（PBS）完全免费。没有了这样的补贴，当地电视台不得不支付全部或者部分费用（购买播出的权利），或者公共广播公司（CPB）不得不负担播出的费用。让担心节目长度和生产预算（最终超过了 800 万美元）的管理者们懊恼的是，萨根和他的员工坚持采用昂贵的特效和范围广泛的取景位置（他们在欧洲、亚洲以及美国进行拍摄）。幸运的是,《宇宙》在评论上和财务上都取得了成功，在观众中广泛流行，且获得了第十五届艾美奖（Emmys）和皮博迪奖（Peabody Award）。它打破了公共广播电视台所有节目的收视纪录，而其重播吸引了更多的观众。[17] 在首播 20 年后，以及在萨根辞世数年后，该节目仍然相当流行，以致公共广播电视台还在播放一个为期 1 小时的整合版——《宇宙精选》（*The Best of Cosmos*），而探索频道则要求获得重播整个系列的权利。

额外的信息，有用的收入

理解《宇宙的联系》《宇宙》和类似迷你剧的影响需要回顾它们的收视率。每一个项目都设想其影响力要超越到起初的电视转播之外。基于 20 世纪 30 年代教育广播节目所采用的实践原则，每个系列片都为课堂教学提供了配套的打印材料（比如，学习指南和阅读清单），还为课堂和家庭重播提供了相关图书和视频副本。比如，时代生活公司向学校销售的《人之上升》是 16 毫米的，而且是录像带格式，同时还配有学习指南，到 1975 年其总收入几乎达到 100 万美元。[18]

这些产品的生产和营销要求大量的投资，所以公共广播越来越求助于负责承销的公司。美国《宇宙的联系》的首映是与两本图书及置于超过 400 份报纸中的 15 篇专门委托的专家论文同时出现的。[19]国家人文学科资助会和贝尔电话公司还对包含了教师指南、海报、参考书籍和报纸论文复印件的教育包进行补贴。不像早期贝尔公司曾对科学系列片那样捐赠电影副本,《宇宙的联系》项目鼓励教师和学校自行对播放的节目进行翻录，而不设置版权限制。

配套图书、电影和视频也会产生无价的收入流。萨根《宇宙》同名图书在节目首播之后的 4 个月里销售了 40 万册，最终获得了数百万美元的版税。[20]到 1977 年,《人之上升》的图书版也销售了超过 75 万册，并且总收入达到 1140 万美元。[21]《新星》也参与到了类似的营销活动中，向家庭和课堂销售用于观看的录像带。

繁荣与萧条

在商业电视黄金时段上的成功仍然是难以琢磨的奖赏。在 20 世纪 80 年代早期，两个科学系列片似乎跃跃欲试想实现那样的目标。

《宇宙》(*Universe*)——在著名的沃尔特・克朗凯特担任主持后更名为《沃尔特・克朗凯特的宇宙》(*Walter Cronkite's Universe*)——于 1980 年首播，这是一部每周六晚上播出的为期 4 周的迷你剧。在经过赞口不绝的评价之后，哥伦比亚广播公司又委托制作了另外 26 集每集半小时的节目。每一个《宇宙》节目都包含三部分，哥伦比亚广播公司电视网络的通讯员用让人联想起哥伦比亚广播公司公共事务节目《60 分钟》(*60 Minutes*)的风格对当下的话题进行报道，比如黛安・索耶(Diane Sawyer)和查尔斯・奥斯古德(Charles Osgood)。诸如生物体发光或者南极海豹发声这样的复杂话题被压缩成 5~10 分钟的片段。执行制片人乔纳森・沃德(Jonathan Ward)认为即使是这些科学的片段也有助于促进公众的理解：“给人们一种科学是如何完成的感觉的任何东西都是合情合理的……也许我们不能记录整个过程。但是我们可以说它正在进行当中。”[22]

感兴趣的话题、著名主持人以及快节奏的脚本为该节目的首播带来了良好的尼尔森收视率（播放时段有 34% 的潜在观众）。像以前电视节目的做法一样，在《晶体化》(*Crystallization*）中,《宇宙》介绍了一种科学家透过显微镜镜头来探索自然界的常规性工作。后续的节目讨论了野生动物（熊猫、麻雀和鲸鱼)、能源和环境（温室效应、垃圾回收和热带雨林破坏）以及电影与媒体技术(《星球大战》中的特效)。还有讨论搜索地外生命［对卡尔·萨根和菲利普·莫里森（Philip Morrison）的采访］和以查尔斯（Charles）和蕾·伊姆斯（Ray Eames）的短片《十的次方》(*Powers of Ten*）为特色的节目。《基因工程》(*Gene Factory*）着眼于新兴的生物技术公司基因泰克（Genetech）的商业化工作;《露西》(*Lucy*）则重点介绍了古人类学家唐纳德·乔纳森（Donald Johanson）和理查德·利基（Richard Leakey)；其他节目则讨论了肥胖、动物试验和智能汽车。《宇宙》再也没能复制其第一季的收视率。哥伦比亚广播公司于 1982 年取消了这档节目。

另外一档同时在多家电视台播出的节目也大约在同一时间上线——《奥秘：新的边际》(*Omni: the New Frontier*)。该节目看上去也像是一个不错的选择，因为美国广播公司和全国广播公司都为自有的和运营的电视台购买了该节目，并且该节目和阁楼出版公司新出版的科学杂志《奥秘》联系到了一起。然而，即使同成人杂志关联起来并且由名人担纲解说嘉宾［演员彼得·乌斯蒂诺夫(Peter Ustinov)］也无法挽回一个漏洞百出的概念。评论家们将《奥秘：新的边际》谴责为“科学的腐败”，它“欺骗了观众”，同时对“科学共同体到底是什么既没有提供确切的信息，也没有提供任何意义。”[23] 观众们显然赞同这一看法。

高调地取消《宇宙》和《奥秘》，加上恰巧美国科促会赞助的科普杂志的瓦解让人们推测媒体的“科学繁荣”破裂了，即使其他的科普事业仍然蒸蒸日上。[24] 在《宇宙》被关停的同一年，公共广播系统（PBS）播放了广受好评的迷你剧以及有关物理学家 J·罗伯特·奥本海默（J. Robert Oppenheimer）的两部优秀纪录片。另外两部有关科学和自然的系列片也在同年首播。科学博物馆的参观人数在上升，同样科普图书的销量也在增加。记者芭芭拉·卡利顿（Barbara Culliton）写道："没有证据表明公众对科学已经厌腻了，至少目前不是。相反，公众对此还有需求，这很有意思。"[25]

由《新星》的两个同事——格瑞艾姆·切德（Graham Chedd）和约翰·安吉尔（John Angier）——于 1982 年开始的一个项目也显示了电视市场的反复无常。切德－安吉尔公司与当时还是时代公司（Time Inc.）拥有的科学杂志《探索》（*Discover*）联合制作了《探索：科学世界》（*Discover*：*The World of Science*）。这个由多部分组成的"杂志"版式包含了多元化主题的片段，比如艺术赝品、四肢瘫患者的机械手臂、激光手术以及在圣海伦斯火山（Mount St. Helens）上重新种植蔬菜。这个系列片被直接销售给杂志的订阅者群体（同时捆绑销售 6 万份学习指南）以及教师和学生。该节目得到了电子游戏生产商雅达利公司（Atari）的全额赞助，并且由《碟中谍》（*Mission: Impossible*）的影星彼德·格雷夫斯（Peter Graves）担纲主持。在第一季的时候，《探索：科学世界》在排名前十六的媒介市场的黄金时段播出，引发了激烈的评论，并且其收看观众是《宇宙》的两倍多，甚至是《新星》的 4 倍以上。

尽管获得了良好的收视率和评论，但是该系列片没能吸引到大量的广告商。正如安吉尔在当时提到的那样，"就其本质而言，企业赞助是一笔变化无常的买卖，"让电视制片人在这个行业中"任由命运转变的摆布"："决定我们命运的营销官员和公共关系官员不考虑科学节目是否是公众的兴趣；相反，他们却非常合理地根据自己的观点来计算某个节目是否适合他们当时的宣传或者当时的销售活动。这种计算适合于公共电视的企业承销，就像适合于商业电视的企业赞助一样。"[26] 到 1985 年，《探索：科学世界》转移到了公共广播系统（PBS）。新的节目由承销商而非商业广告商提供支持，并且一直拍摄到 1989 年——反映了它们的制作质量和观众诉求——同时在多家商业电视台的播放也持续了很多年。

在企业承销的帮助下，一些科学节目在 20 世纪 80 年代初期出现在了商业电视的黄金时段，大多数节目都是与文化或者戏剧主题相关的。由哥伦比亚广播公司制作并由 IBM 提供全额资助的 1 小时专题片——《我，列奥纳多》（*I,*

Leonardo）——由理查德·伯顿（Richard Burton）担纲解说，并由影星弗兰克·兰格拉（Frank Langella）饰演身兼科学家、艺术家、工程师、建筑师和军事规划师数职于一身的列奥纳多·达·芬奇（Leonardo da Vinci）。[27]该节目间歇没有插播 IBM 产品的任何广告。相反，由沃尔特·克朗凯特描述最近的“头脑奥林匹克”（Olympics of the Mind）竞赛（2000 个小学组利用 35 美金的预算和当地的社区资源建造了受列奥纳多思想激发的弹簧驱动汽车）。IBM 还和美国科促会合作研发教师指南和学生讲义，分发胶片和录音磁带，并且鼓励教师们为他们的课堂教学拍摄节目的录像。

报纸中科学版块的出现、萎缩和再次复苏为成功的科普与经济学之间很强的关联提供了一个平行的案例。从 1982—1985 年，至少有 17 家美国报纸（总流通量大约有 800 万份）建立了“科学版块”。[28]报纸倾向于引用市场研究数据作为建立科学版块的依据，并否认他们“以无奇不有的名目”对科学进行了区隔。[29]从 1984—1986 年，报纸中的健康板块翻了一倍，而到 1986 年年末，每周的科学版块数量翻了三倍（66 家美国报纸有了定期的科学版块，总流通量超过 1100 万份，还有 80 家报纸开始设立每周科学版块）。[30]1990 年，超过 95 家日报拥有了每周科学版块；“全国或者绝大多数”致力于健康和医药的版块数量翻了一倍多；科学版块的开创也许会促进报纸其他版块以及电视对科学的关注。[31]

选择、探索、航行与真相

纸媒或者电视荧屏上出现的科学内容永远不可能让每一个科学家都满意，特别是如果某研究人员的理想叙事没有包含他所在领域任何的淡淡忧伤（或者愉悦），而仅仅是其研究结论平铺直叙的总结的话。在地方层面上，比如杰克·霍克海姆（Jack Horkheimer）的《星游记》（*Star Gazer*，又译《观星者》）这样的节目通过提供易于理解的自然或者天文学课程而幸存下来，但是大多数观众希望获得更多的复杂性和更高级的娱乐。[32]

电影制片人越来越更深入地研究科学的生命、分析其挑战并准确地反映影响研究体系的应力和应变。电视节目透过技术观看到其下面和背面的东西，在不否认科学给人类社会和全球环境带来新挑战（和潜在风险）的同时强调其神秘感和冒险性。

由生物论理学家维拉德·盖林（Willard Gaylin）在1981年担任主持的《艰难的抉择》（*Hard Choices*）是初期怀疑主义的典型代表。由国家人文学科资助会负责承销，KSTS-TV（西雅图）项目探索了因生物学和医药的发展而带来的道德挑战和社会挑战，比如遗传筛查和实验性治疗的配给。这个项目的核心主题成为了公共电视的圭臬：既然科学创造了这个知识，社会又该拿它怎么样呢？

《追寻杀手》（*Quest for the Killers*）是由琼·古德菲尔德（June Goodfiled）在1985年制作的迷你剧，该节目探讨的是流行病学和公共健康中的话题。[33]最初是要被培养成一名动物学家的古德菲尔德重新调整了她的工作，开始聚焦于科学的历史和科学哲学，以及科学的普及。即使在史密森尼帮助下制作系列片的尝试失败后，她仍然坚信电视可以用纸媒无法利用的方式来促进科学研究的传播。她强调说，科学“不是存在于真空中的——科学发现是否被利用很大程度上是由非科学的考量所决定的”，比如金钱、政治、宗教和种族之间的嫉妒。[34]电视可以在“科学希望可以有所作为的腐败且有缺陷的世界中”对科学家进行呈现。

《追寻杀手》的经费来自于4家国际制药公司，包括汽巴—嘉基公司（CIBA-Geigy Ltd，1996年与山德士公司合并，叫诺华制药Norrartis）、默克制药（Merck&Company）、辉瑞制药（Pfizer Inc.）和施贵宝公司（Squibb Corporation）。每个小时解决的是流行病学调查的不同阶段。《库鲁病的奥秘》（*The Kuru Mystery*）描述了儿科医生卡尔顿·盖杜谢克（Carleton Gajdusek）如何找到了袭击巴布亚新几内亚（Papua New Guinea）本地群落居民中枢神经系统的恐怖疾病的原因。《试验疫苗》（*Vaccine on Trial*）跟踪的是20世纪70年代中期在纽约市开展的人类试验，这个实验促成了乙肝疫苗的产生。《圣露西亚的三个山谷》（*The Three Valleys of St. Lucia*）展示了公共健康研究人员如何利用不同的方法来控制自然发生的疾病，比如血吸虫病。《最后的弃儿》（*The Last Outcasts*）描述了对数个世纪以来与文化禁忌和迷信相关疾病进行治疗的挑战，比如麻风病。最后一期节目是《最后的野生病毒》（*The Last Wild Virus*），该节目强调的是在通过监视和遏制来根除天花的国际努力当中科学和政治之间错综复杂的关系。

美国国家科学院在 20 世纪 80 年代还进行了两项造价达几百万美元的电视投资，二者都是由安嫩伯格公共广播公司项目（Annenberg CPB Project）、IBM、迪吉多公司（Digital Equipment Corporation）以及其他企业和私人基金会共同资助的。由七部分组成的《行星地球》（*Planet Earth*）将壮观的电影片段与精巧的电脑重构加以结合来讨论地质学和地球科学话题，比如板块构造、地震、火山和太阳风。[35] 力图将基础研究的振奋形象化的《无限航程》（*The Infinite Voyage*）首先在公共电视上首播，然后有选择地在十二个媒体市场的商业电视上播放。在第一集《看不见的世界》（*Unseen World*）中，物理学家利昂·莱德曼（Leon Lederman）引导着观众观看了费米实验室（Fermilab）粒子加速器演示的特殊效果，以展示科学成像技术的突破。

广泛的承销并不能保证那个项目会顺利地进行下去。《大脑》（*The Brain*）由美国、法国、日本和加拿大组成的一个电视台联盟共同制作，该节目聚焦于神经科学研究。起初预计在 1983 年播出，而该项目实际上开始于 1978 年，并由国家科学基金会提供 20 万美元的计划拨款。[36] 1981 年来自于安嫩伯格和公共广播电视台（CPB）的 200 万美元制作补助（production grant）不足以完成拍摄；公共广播系统（PBS）联邦经费的削减进一步延误了该项目的实施，这使得英国广播公司从合作伙伴中撤了出来。到 1984 年这个八集的迷你剧播出时，它已经花费了 550 万美元。

这些节目的大多数都让演员充当解说员或者出镜主持人，部分原因在于没有科学家能够成功完成这一角色，甚至包括布伦诺斯基或者萨根。对于 1987 年的迷你剧《真理之环》（*The Ring of Truth*）来说，麻省理工学院的物理学家菲利普·莫里森（Philip Morrison）既提供了难忘的叙述，又提供了知识的启示。经费的大部分是由宝丽来公司（Polaroid Corporation）提供的，另外国家科学基金会和私人基金会也提供了补充资金，《真理之环》讲述了莫里森本人对科学的阐释，将对创造性的歌颂与对社会责任的强调结合了起来。该节目由迈克尔·安布罗西诺（Michael Ambrosino）担任制片，这个节目从“探索”（探索人类的视觉如何影响理解能力）转向了“质疑”（探索宇宙），从无限小转到了难以想象的大。《真理之环》展示了当以具有良好教育背景且专注的受众为目标人群时，电视可以飙升到的高度。但是，莫里森警告说，观众在电视体验和科学中“发挥着作用”:“他们必须对正在发生的事情关注。然后他们才可以决定我们所展示的是否具有真理之环。”[37]

环保意识

评论家们急于解释每个项目成功或失败的原因。某个项目是否反映了对科学逐渐上升的公众兴趣，或者另外一种飞蛾扑火式的电视风潮？麦克·阿伦（Michael Arlen）将最近的电视节目描述为“人文科学”，他推测说它们之所以流行的原因是它们强调的是科学“丰富多彩”和“迷人的”一面而非科学研究枯燥乏味的一面。[38] 乔纳森·维纳（Jonathan Weiner）认为电视仍然“与科学不融洽”，因为商业电视网络仍然不愿意“把具有如此高比重的题材放到纤薄且脆弱的全国关注的网络上去。”[39] 他写到，20 世纪 80 年代早期商业电视科学节目的成功建立在观众对“真人节目”迷恋的基础之上——毕竟，科学是关于终极实在的——而缓解了电视网络官员们对黄金时段过多喜剧和轻量级节目的负罪感。[40] 尼尔·波兹曼（Neil Postman）更是少见，他坚称这些节目中任何的真实信息和想法都被娱乐手段和旨在减少注意力持续时间的“大量的短时间图像”所遮蔽了。[41]

媒体中持续存在的趋势对这些节目的观众既重新进行了界定，又施加了限制。观众将不会“采取任何即付模式”的长期预测是名不副实的，有线电视产业开始兴盛。[42] 当琳恩·普尔于 1948 年走到电视镜头前面的时候，巴尔的摩的观众们只有几个频道可以选择；30 年后，这些频道数量增加到几十个，包括专门聚焦于科学、技术和医学的有线电视频道。1981 年，美国国家航空航天局和美国卫生、教育和福利部（the U.S. Department of Health，Education and Welfare）建立的迄今为止第一个免费教育有线网络被学习频道（Learning Channel）私有化了，并且开始提供教育节目和资讯类节目。在 20 世纪 80 年代中期，由 MTV 网络公司（MTV Networks Inc.）于 1979 年开设的教育和资讯频道尼克国际儿童频道（Nickelodeon）扩展到夜间时段。为了提供健康和医学科学独立的内容，1982 年成立的有线健康网络（Cable Health Network）提供额外的专业内容。

从 20 世纪 70 年代末开始，国家地理学会（National Geographic Society）开始在公共电视上播放其专题片。海湾石油公司（Gulf Oil Corporation）成为该节目在商业电视台和公共电视台中的独家承销商，从 1975—1983 年，该公司共花费3000多万美元来制作和推广这个节目。当该学会在1985年宣布它将把《国家地理探索者》（*National Geographic Explorer*）转移到尼克国际儿童频道时，这个决定释放出了该学会传播策略发生变化的信号，并最终促使其成立了自己的独立有线频道。国家地理的董事长吉尔伯特·M·格罗斯威拿（Gilbert M. Grosvenor）解释说："在登陆广播电视 20 年后，公共广播电视台（PBS）上前十最高收视率的节目中有八个是国家地理专题片。我们现在做好了打破有线电视新纪录的准备。"[43]

作为商业频道的探索频道（Discovery Channel）同样于 1985 年开播，该频道提供了一系列专门的分拆频道，并且为科学、健康和自然纪录片建立了新的渠道。探索频道第一批科学和环境节目之一就是《事物的本性》（*The Nature of Things*），起初是在 1960 年为加拿大广播公司（Canadian Broadcasting System）制作的。当遗传学家大卫·铃木（David Suzuki）在 1979 年担任主持人后，他将这个系列的视野拓展到了对自然历史的称颂之外，更多地关注环保议题，并且赞同采用更具政治性的方法。纵然他很多大学同事认为电视是"粗俗的活动"，铃木认为这个媒介可以改善公众对科学和技术的理解。[44] 到 80 年代中期，他制作了一些新的项目，比如八集迷你剧《自由获取的行星》（*A Planet for the Taking*）。然而，对于铃木来说，挑战既存在于情境中，又存在于内容中。他问道，电视上真正的科学在哪里？如何帮助观众将幻觉和真实，"背景'噪声'和有意义的'信号'区别开来？"[45]

在 20 世纪 80 年代期间另外一个让美国观众熟知的国际电视明星是英国博物学家大卫·艾登堡（David Attenborough），他充满自信的沉默和温文尔雅的声音既获得了赞美，又招致了讽刺。詹姆斯·伯克（James Burke）曾经评论说艾登堡"与你交流时会带着一些羞涩，"表现出了一种从来不认为观众会感兴趣但似乎有意说服他们要当心的不自信。[46] 社会科学家堂娜·哈拉维（Donna

Haraway）把艾登堡比作是爱出风头的人，因为他“在影片中在观众耳边喃喃细语，始终把他的头在观众和动物场景中来回转动，积极地拉开幕布，好像是（某个典礼的）戏剧大师”。[47] 这种风格在观众和自然解说员之间建立起了一种亲密无间的人际关系；通过把动物从现实搬到只有电视中可以存在的幻想空间而把动物拟人化了。最终，壮观的电影摄影技术和电脑成像技术把这个博物学家的叙述方式从报告厅的讲台转移到了好莱坞的拟象化。[48]

虽然不是一名科学家，艾登堡把他职业生涯的大部分都贡献给了公众传播。在剑桥大学完成动物学专业课程后，他在出版行业开始了自己的职业生涯；然后他涉足电视，成为了英国广播公司的制片人，并主持了著名的《动物园探索》（*Zoo Quest*）。[49] 当美国商业电视在 20 世纪 50 年代正在就电视节目——比如《在动物园遇见我》（*Meet Me at the Zoo*）——以及迪士尼自然电影进行尝试的时候，英国广播公司已经建立了独立的博物学部门，并正在制作教育导向的节目，比如《观看动物》（*Looking at Animals*，1951）。[50] 艾登堡经久不衰的《动物园探索》于 1954 年首播，起初是一档无线电广播节目，后来由于有了便携式录音设备，该节目开始在全球进行现场拍摄，该节目开创了勇敢的冒险家探索自然风情模式的先河。[51]

艾登堡的各种自然历史迷你剧——比如 1985 年在美国播出的《活力星球》（*The Living Planet*）和两年后播出的《最初的伊甸园》（*The First Eden*）——反映了他坚信电视可以促使公众关注环境，把有关自然的知识扩展到动物园所展示的之外，以及让观众对生态挑战“更见多识广且更敏感”。[52] 他最成功的项目之一是《地球上的生命》（*Life on Earth*），这个有关行星演化的八集系列片是由英国广播公司与华纳兄弟娱乐公司（Warner Brothers Studios）联合制作的，其经费来自于美孚石油公司（Mobil Oil Corporation），该节目在 1982 年于公共广播电视台（PBS）首次播出。其他成功的节目包括《大卫·艾登堡的自然世界》（*David Attenborough's Natural World*）、《飞禽传》（*The Life of Birds*）（又译《野鸟世界》或《鸟的生活》）和《大地的声音》（*State of the Planet*），后者讨论的是生物多样性、栖息地破坏、过度捕杀以及毫无节制的污染的影响。

自然系列影片现在通常通过二级和三级市场来拓展其覆盖面，而对于开创性的科普人员来说，有线广播权，视频销售和租赁所带来的利润可以再投资到新的项目中去。《生命之源》（*Trials of Life*）的视频版在 5 年的时间里为分销商和制片人盈利 2100 多万美元。[53] 自然节目的重播很快就排满了有线电视网络以及独立广播频道的所有日程。

公共广播电视台（PBS）持续时间最久且最受好评的博物学系列片之一就是 1982 年首播的《自然》（*Nature*），这多亏了自然保护生物学家托马斯·E·洛夫乔伊（Thomas E. Lovejoy）的努力。因为对电视上缺乏常规的、基于科学的自然系列片感到沮丧，洛夫乔伊找到纽约一家公共电视台，说他计划制作这样一档节目。[54] 由于在早期没有数目可观的经费，虽然该系列片主要依靠从英国广播公司购买影片，但是为了支持科学的诚信而始终坚持避免使用煽情的做法。洛夫乔伊后来回忆说，《自然》从一开始就设法为观众就“有关全球有兴趣的和美丽的事情”提供“每周一瞥”，连同“提醒观众并非一切都顺利”。[55] 和铃木以及其他的在政治上精明的科普人员一样，洛夫乔伊深知为了让公众舆论在养护问题上动员起来，美国人民需要的是激励而不是恐吓或者沮丧：“如果我们的节目带着阴郁，那么我们可能活不过一季”。

环境倡导组织也把电视融入到他们的运动中，以影响公众态度和政治行动。比如，当奥杜邦学会（National Audubon Society）的主席说服美国有线电视新闻网（CNN）的所有者泰德·特纳（Ted Turner）捐出 25 万美元来启动一档电视节目的时候，该学会已经持续出版《奥杜邦》（*Audubon*）40 多年了。[56] 已经关注到全球问题内在关联的特纳创办了“更好世界学会”（Better World Society），以利用电视就人口、核扩散、环境和贫困问题进行公众教育。[57]《奥杜邦世界》（*The World of Audubon*）专题片于 1984 年在特纳广播公司（Turner Broadcasting System）首播，并且对争议性话题也没有刻意回避。1989 年，《树的愤怒》（*Rage over Trees*）由演员保罗·纽曼（Paul Newman）担任解说嘉宾，讲述了大西洋西北伐木公司（Pacific Northwest logging companies）如何正在砍伐原始森林。1991 年，《新系列战争》（*The New Range Wars*）由演员彼得·考约特（Peter Coyote）进行解说，讨论的是西部牧场的做法对环境的影响。作为对最后一档节目的回应，一群牧场主们针对这个系列片组织了联合抵制活动，当通用电气公司（General Electric Company）从承销商中撤出时，泰德·特纳出面承担制作费用。[58]

在随后的几年里，数百个更温和的项目采取了类似的做法，将壮观的电影场面、适量的技术信息以及知名主持人或者解说员结合起来。由约翰·曼斯菲尔德（John Mansfield）在 1984 年制作的公共广播电视台系列片《荒野求生》（*Living Wild*）中承诺说这是“有史以来最壮观的野生动物影片的精选”，并且“是对地球上消失的野生动物和野生动物摄影师艺术的致敬”。[59] 节目强调了生态系统的脆弱、人类发展造成的创伤、以及科学在记录这些变化中的作用；摄影师们跟踪拍摄了南极洲的阿德利企鹅（Adelie）、下加利福尼亚州（Baja California）的鲨鱼、奇瓦瓦（Chihuahua）沙漠的昆虫以及坦桑尼亚塞伦盖蒂平原（Serengeti Plain）的金豹。《荒野求生》的解说员包括演员杰瑞米·艾恩斯（Jeremy Irons）、玛伦·斯塔普莱顿（Maureen Stapleton）和奥逊·威尔斯（Orson Welles），以及海洋生物学家阿拉斯泰尔·博托斯（Alastair Birtles）和大卫·艾登堡（他描述了新几内亚部落与海洋哺乳动物儒艮之间的关系）。该节目的宣传既强调了每种风雨飘摇的物种的吸引力，又强调了任何潜在损失的量级（也就是说，每个物种消失的速度或者热带雨林因砍伐而损害的面积）。这样一些博物学专题片强化了 20 世纪 80 年代期间一个始终如一的信息：科学研究与环境保护之间的关联。

主持科学

尽管来自观众和评论家的反馈都是积极正向的，但是公共电视并没有为科学纪录片制片人提供一个安全的避风港。公共电视体系遭受到政治保守派和自由主义团体的炮轰，前者察觉到了节目选择中的自由主义偏见且声称公共广播电视台（PBS）毫不关心美国中产阶级，而后者则对公共电视台日益接受企业赞助的做法感到懊恼。[60] 在各党派围绕着联邦补贴艺术项目而展开的争吵上，这个辩论被进一步卷入进来，作为回应，公共广播电视台（PBS）及其董事会——公共广播公司（CPB）——开始对节目内容施加更严格的控制。当国会于 1990 年试图降低公共广播公司（CPB）的联邦拨款时，公共广播电视台对此作出的回应是，聚集更多的私人经费、允许承销商展示其企业标识以及对其产品和服务进行“描述”（这在技术上不被认为是广告，因为它们并没有购买播出时间）。公共广播电视台（PBS）还开始接受与企业业务相关话题项目的承销工作——比如，电脑公司对信息技术系列片进行补贴、制药公司对医药相关的节目提供经费。[61]

到20世纪80年代，大多数科学纪录片都包含类似的特色：忧郁的消息，对相关科学原理或者研究的精确解读、仔细地审查脚本、针对很多不同技术专家的采访，以及历史事件的戏剧性重演[比如，达尔文乘坐贝尔格号（小猎犬号）]。重构技术——无论是应用于科学自身的历史还是应用于对旧石器时代生物的推测——也愈发常见，叙述与虚构的再创作天衣无缝地融为一体。一些分析人士指出，这种较新形式的“图像化”科学和自然建立起了虚假的真实性。[62]而观众们看到的根本不是真的。

不过，它是娱乐。纪录片提供了视觉盛宴：热带丛林住满了彩虹鸟，色彩斑斓的鱼儿在海洋中游弋，雌性动物细心照料幼崽的亲密时刻，以及勇敢无畏的科学家们在崎岖的山地上穿行。不像20世纪50年代早期的探路先锋们，导演们和技术人员知道如何对显微镜和望远镜中的清晰图像进行播放，以及知道如何利用电脑对这些图像进行操控（编辑、修改、光圈控制或者加快播放的速度）。第二波科普人员的贡献在于，为了让社会讨论和政治讨论更有活力以及让道德困境和伦理选择可视化而开发了这些技术。

主持20世纪70年代末和80年代节目的科学家们也不再有“头部特写”了。他们不是纹丝不动地站在讲台后面，并指着一块黑板；在对着镜头讲话的时候，他们来回踱步，并随手拿起一些物体，打个手势。他们看上去很放松，有人性，偶尔还会有点诙谐；他们说得很权威，但是却没有学术术语和行话。然而，接受节目采访的其他专家们通常显得有些缺乏自发性，部分原因在于每1分钟或者每两分钟的原声重现都是从长达数小时的正式采访中剪切而来的。对某个节目的成功或者失败而言，现在这些专家和他们的专业知识无足轻重。相反，只有“名人”的出现才会将观众吸引到科学中来，这已经成为记录电视中的真理。主持人并不是作为有造诣的专家被介绍给观众的，而是作为骑自行车或者徒步爬上火山的有吸引力的“名人、表演者以及讲故事的人”。[63]早期曾经认为这种演讲形式（“屏幕上出镜的教授……站在一张桌子后面”）很无聊的尼尔·波兹曼（Neil Postman）把这种最新的趋势阐述为将科学变成了拉斯维加斯（Las Vegas）。他抱怨说，电视屏幕上的科学不仅仅是“被娱乐所阻碍”那么简单，而是迅速地变成了“同娱乐难以分辨了”。[64]

第十二章

警告：作为观众的儿童

我们将用应急的去磁化器杀死他！我们将向他展示我们也有能量。跳跃电极！

来自于《小弗兰肯斯坦》(Franknstein Jr.) 的对话，1976

在电视出现的早些年，美国电视网络在对儿童电视节目承销上所录取的假设是其内容有可能会鼓励美国家庭购买电视机，并因而扩大观众数量。1949 年，有 42% 的儿童节目持续存在。[1] 电视甚至一开始是作为儿童的社会必需品进行营销的。1950 年，美国电视经销商和厂家协会（American Television Dealers and Manufacturers Association）的平面广告声称，如果家里没有一台电视机，那么孩子们可能会感到“被抛弃了”，因为他们不能看到同学们观看的电视节目。[2] 虽然一些家长对“没有了电视，没有孩子能够把握住自己”的建议反应消极，但是其他家长则对电视表示欢迎，他们把电视看作是通往超出其邻居之外的经验和文化的有前途的窗口，以及看作是负责且有激情的家长应该在家里提供的一种有利技术。在对电视厂家广告的反应进行的同期分析中，玛格丽特·米达斯（Margaret Midas）认为，那些对电视表示拒绝的教育良好且富有的父母们实际上顺应了他们社交圈中的同辈压力，在这个圈子中，电视这种媒介被认为是普通大众的下层文化鸦片，并且不能反应精英的价值。[3]

这种辩论代表了文化战争中永远不能阻止商业化进步的一些小冲突，并且这也为美国电视上科学的历史提供了一个类似的注脚，虽然这些小冲突数十年来影响了儿童电视节目的学术研究和批判。1950 年，广播员兼剧作家的罗伯特·刘易斯·谢昂（Robert Lewis Shayon）警告家长和决策者们说，他们忽视了电视的力量所具有的不利影响。[4] 他写道，把这项技术仅仅看作是另外一种传播手段的做法忽视了它对儿童的“羊群效应”，这会怂恿他们远离更具生产性的活动。他和其他人力图说服家长们对观看电视施加限制，并敦促电视网络增加教育性内容，但是这种恳求却淹没在了咯咯的欢笑声中。打开电视机并让孩子们获得娱乐太容易不过了。

吸引这些毫无耐心的小观众们注意力的需求激发了创造力——幻想、魔术以及喜剧。第一批针对儿童的科学系列片中的一部是于 1949 年夏季在美国广播公司播出的《科学马戏团》(*Science Circus*)。每周一晚上，在芝加哥现场演播室的观众面前，由鲍勃·布朗（Bob Brown）饰演的一名心不在焉的科学教授在表演特技。在另外一档晚间节目《我，想象力先生》（*Mr. I. Magination*）中，喜剧演员保罗·特里普（Paul Tripp）再现了历史事件和想象的情境，并通过创新性的相机技术和背投影把观众们带到了充满奇幻的地方，比如“雄心镇”（Ambitionville）（《我，想象力先生》中虚构的地名——译者注）。当哥伦比亚广播公司出于对更多西部片和科幻电视剧的支持而于 1951 年停止《我，想象力先生》的时候，评论家杰克·古尔德对失去一档新颖且“一丝不苟的”节目感到遗憾，并且对把服务于广告商放在首位且把“收视率崇拜”推向极端的“文化极权主义”的扩张进行了谴责。[5]

通过类似于《动物诊所》（*Animal Clinic*）和《特技演员蓝区》（*Acrobat Ranch*）这样的节目，美国广播公司成为专门为儿童制作周六早晨节目的第一家电视网络。到 1951 年，四家电视网络每周播放的儿童电视节目总共达到 27 小时，大多数都是持续性的，起初大多数节目都几乎于工作日的下午 6~8 点播出。[6]

电视产业认为全国广播公司的《万花筒》（*Kaleidoscope*）将会是让家庭成员享受娱乐的典型。《纽约时报》体育专栏作者约翰·基兰（John Kieran）作为广播节目《请接信息台》（*Information Please*）中满嘴俏皮话的“常驻天才”而名声大噪。《万花筒》是一档在 1948—1952 年间播出的 30 分钟 / 集的节目，该节目主要包括基兰对科学、自然和技术话题教育片的叙述，并且有别于在多家电视台同时播放的第一批任何类型的电视系列片。[7] 教育节目中的大多数早期试验往往比较短命，且在口吻上也更为严肃。全国广播公司的《观看世界》（*Watch the World*）由主持人约翰·卡梅隆·斯维茨（John Cameron Swayze）推介的电影（包括有关科学的电影）组成，但是这档节目只在 1950 年持续了几个月。哥伦比亚广播公司于 1951 年开播的工作日下午节目《知道的乐趣》（*It's Fun to Know*）以一名教师向坐在演播室中的一群孩子讲课为特色。杰克·古尔德贬损说那档节目缺乏想象力、过于正式且制作价值也不高。他写到，教师们“都会遭遇到紧张”，并且缺乏“台风”。[8] 古尔德建议说如果老师们的目标是在节目中玩的更“开心”，那么观众们也会很享受。

毫不奇怪的是，收视率有助于证明儿童电视节目转向娱乐而远离那些看起来过于教育性的任何节目的正当性。提供给儿童的是动物表演，例如《布朗克斯动物园星期天》(*Sunday at the Bronx Zoo*)、《动物诊所》《动物园巡游》以及《在动物园和我见面》，或者太空英雄，例如《船长视频》(*Captain Video*)、《汤姆·科贝特》(*Tom Corbett*)以及《指挥官科迪》(*Commander Cody*)。1953年，孩子们甚至可以看到提及了冷战现实的冒险经历了：在全国广播公司的《操作海王星》(*Operation Neptune*)中，美国潜艇的船长和船员们与“深海恶魔”发生了战斗。[9] 从1952年开始，在洛杉矶本地制作并于1955年在全国多家电视台播放的系列片中，演员罗伊·斯蒂芬斯（Roy Steffens）将教育、军事和太空主题在《佐罗船长》(*Captain Z-Ro*)中结合了起来，佐罗的发明融合了火箭船和时光机器的特质。

魔法

没有虚构的英雄可以与奇才先生这个角色的流行和长盛不衰所匹敌，奇才先生是一个友好且与邻为善的科学家，他在近半个世纪的时间里于电视中开展简单的实验。[10] 中西部移民唐·赫伯特（Don Herbert）在二战开始的时候正在纽约市尝试着戏剧角色。[11] 作为一名陆军航空兵飞行员，在完成56次飞行任务后，他于1945年回到电台工作，参演了《午夜船长》(*Captain Midnight*)和《汤姆·米克斯》(*Tom Mix*)，向其他节目销售脚本，并于1949年在芝加哥联合制作了健康系列节目。他后来解释说，在他设计一档新的儿童科学节目时，他得知谷物研究所（Cereal Institute）这个贸易组织想赞助一档教育节目。[12] 他说，正是这个广告商建议他把这个角色称之为“奇才”——赫伯特本人在这个名字后面加了个“先生”以缓和任何的“负面含义”。[13] 全国广播公司购买了这个想法，而《观看奇才先生》(*Watch Mr. Wizard*)于1951年3月3日在14家电视网络首播，芝加哥工作室进行了现场直播。在不到1年的时间里，《观看奇才先生》被全国43家电视台播放（观众数大约为80万人）；到20世纪50年代中期，播放这一节目的电视台数目超过了100家（观众数达到100万人次）。

《观看奇才先生》不同于《约翰·霍普金斯科学评论》以及《事物的本性》，因为赫伯特的节目是为8~13岁的儿童设计的，而不是为家长们设计的。如果成人们调到这个节目，他们看到的是一个面带笑容的、没有威胁的且心平气和的聪明人正在认真地指导年轻的助理做简单的实验。1951 年 6 月,《芝加哥论坛报》(*Chicago Tribune*）写道，赫伯特“看起来更像是一个轰炸机驾驶员……而不是一名科学教师”，并且“不像传统电视观念中从事科学工作的人，那些人留着胡须，身穿白大褂，被实验装置、试管、杀菌釜和本生灯团团围住。”[14]

每周，赫伯特都身着衬衫打着领带（偶尔会穿实验服），他会利用普通家庭用品——比如瓶子、咖啡罐、毛衣针——来对科学原理进行解释，比如重力、磁场和氧化。每个实验都是精心设计的，并且这个系列片最终利用了儿童演员，虽然赫伯特的第一个助理是他一个年轻的邻居，因为这些演员可以记住他们的台词，并且会自发真诚地大声喊出“啊，奇才先生！”[15]

全国广播公司将赫伯特的现场演出安排在傍晚的时候，并且通过电视节目录像的方式分配给其他十几个电视台。1955 年，该节目被调整到周六下午和周末早晨，然后节目的制作被挪到了纽约。到 20 世纪 60 年代，节目会被提前录制好，这样教师们就可以根据每一集的节目来协调课程内容。赫伯特还制作了优秀的促销和营销计划，这个计划鼓励观众加入到当地奇才先生科学俱乐部（Mr. Wizard Science Clubs），每个俱乐部至少有 5 名成员，并且根据一种常见的元素对其进行命名，比如“明尼阿波利斯铝俱乐部”（Minneapolis Aluminum Club）。该俱乐部的数量从 1953 年的 3200 个扩展到了 1956 年的 5000 个，该组织帮助成千上万的儿童对科学产生了兴趣。[16]

虽然只在大学里接受过极少的科学培训，但是赫伯特准确地传达了权威性和专业知识的感觉，他向记者吹嘘说自己有大量的研究经验，并且有和当地大学教授合作的能力。比如，在 20 世纪 60 年代期间，纽约大学的物理学家莫里斯・H・沙默思（Morirs H. Shamos）被聘为该节目的科学顾问，以“确保演示的真实性。”[17]

当全国广播公司突然于 1965 年取消了这个系列节目时，赫伯特已经成为 500 多个电视广播节目的明星了。[18]赫伯特接下来的风险项目涉及到了为成人制作的一些迷你剧。在每集半小时的八集系列片《实验》(*Experiment*)（1966）中，每集都聚焦于一个科学家个体（比如一名地质学家或者灵长类动物学家），并且仔细研究了“痛苦挣扎相伴的人”的“缺陷”以及成就。[19]穿衬衫打领带的中年赫伯特在“教授式的”主持中发挥了更大的作用，精心的演示并不是必然要在厨房中进行。由沃伦·韦弗（Warren Weaver）领导的一个咨询委员会帮助赫伯特对话题进行遴选。来自于国家科学基金会和慈善机构的经费对通过国家教育电视（National Educational Television）播出的节目进行补贴。1966年，赫伯特和顾问委员会甚至开始打算制作另外一个系列片（显然从来没有付诸实践，但是其主题代表了这个时代的精神）来对“科学的文化和人文方面进行描绘。”[20]

1971年，由于受到家长团体和其他公民组织的抨击，说周六早晨的日程充斥着卡通节目和商业广告，因而电视网络试图重新获得优势。美国广播公司宣布它将对现有节目的“信息和教育内容进行升级”，而国家广播公司则加入了类似名为《大堡礁》(*Barrier Reef*)的探险节目这样的新节目，并且进行了《观看奇才先生》的重播。[21]在对最新版本进行的评估中，评论家克利夫兰·艾默里（Cleveland Amory）对赫伯特的连贯性大为惊叹：他仍然“在做同样类型的节目”，并且很可能“在2051年还在做”。[22]这次重播是短暂的。刚刚播出还不到一季，电视网络开始偏离教育内容，并再次打消了继续播放的念头。

在他的整个职业生涯中，赫伯特与商业赞助商保持着紧密的关系，他利用这些关联来支持自己的项目，并且使某种类型的节目在电视中持续了将近40年，即使是他的电视网络系列片被取消的时候。从1954—1964年，赫伯特（扮演奇才先生，有时候穿着白色的实验服）在《通用电气影院》(*General Electric Theater*)插播商业广告期间推送“进展报告”，对“电动机如何工作”这样的事情进行解释或者对通用电气喷气发动机的制作过程进行描述。[23]1975年，通用电气聘请他在国会山为发展快中子增殖堆（liquid-metal fast breeder reactor）这个争议性的项目进行游说，用宣传广告对这项技术进行解释。在整个20世纪70年代，赫伯特继续出现在这项技术和公用事业公司的广告中。[24]

到20世纪70年代末，他与国家科学基金会以及通用汽车研究实验室（General Motors Research Laboratories）合作制作了《如何……》(*How About…*)，这是一个多家电视台播出的80秒的科学技术新闻“植入”。初始经费是来自于国家科学基金会的50万美元以及通用汽车的31.2万美元，这笔费用负担

图 16　1983 年，唐·赫伯特的《奇才先生的世界》教育小册子的封面。这个指南包括小测验、项目总结以及建议的课堂活动。承蒙史密森尼学会档案馆提供图片。

了制作经费，并且把最终出现在100多家当地电视台上的52个片段进行了免费分发，还赢得了几个公共服务大奖。[25]赫伯特频繁地出现在夜间电视节目中，善意地与约翰尼·卡森（Johnny Carson）拌着嘴，并最终再次获得了他更青睐的商业电视平台。《奇才先生的世界》（*Mr. Wizard's World*）于1983—1990年在尼克国际儿童频道的有线频道播出，并且在10年之后进行了重播。[26]除了从黑白变成彩色以及采用了流行的“杂志”版式之外，这档节目一直保持着原版的配方。他只是把鸡蛋放进瓶子的老把戏改编成了充水气球和苏打瓶的把戏。正如奇才先生解释的那样：“今天大多数孩子从来没有看到过牛奶瓶”。[27]

防错性程序

在20世纪60年代和70年代期间，商业电视网络中严肃的儿童教育节目十分罕见。科学组织很少或者说没有努力对这类节目的制作进行承销或者鼓励，政府资助机构也没有足够的资源来补贴造价昂贵的国产系列片。商业广播电视台往往主要把启动教育项目作为防御社会或者政治批判的措施，而当这类运动弱化的时候，教育性节目就会被取消，比如《观看奇才先生》。

在20世纪60年代期间，社会科学研究开始把人类行为同电视上观看到的暴力联系起来，很多政治分析人士把城市暴力以及青少年犯罪水平的上升归咎于电视剧（而不是社会的分裂、文化的纵容或者家长的忽视）。自由主义团体抱怨傍晚期间节目中出现的性和暴力内容；政治保守派指责在推动自由主义偏见、美国东北部“地方主义”以及“本位主义”中主要电视网络的“意识形态偏见”。[28]面对来自各方的严厉抨击，电视产业的反应就是开发了将于周六早晨或者工作日下午与普通动漫一道播出的教育性节目。[29]美国广播公司的《探索》（*Discovery*）将科学与文化经历混合起来，偶尔会造访天文台和其他科学设施。这个电视网络的《科学全明星》（*Science All-Stars*）只维持了一季，这个节目以儿童向著名科学家展示其科学项目为特色。

每一档新的节目都代表着对批评的高成本的回应，特别是如果该节目没能吸引到观众和广告商的话。电视网络数据表明，观众都喜欢娱乐，不管他们是年轻人还是老年人。卡通节目比教育性节目有更高的收视率，比如《杰森一家》（*The Jetsons*）、《铁臂阿童木》（*Astro Boy*）或者《赫克托希斯克特表演》（*The Hector Heathcote Show*），在这些节目中虚构的角色都是科学家。在让它们把儿童科学内容的增加当成是负责任的公共服务方面，没有政府或者公众给商业电视施加压力，商业电视产业就没有理由进行改变。

20 世纪 60 年代期间公共广播的重大调整最终为儿童节目带来了一个另外的渠道。严格来说，公共广播电视台（PBS）并不是一个像哥伦比亚广播公司那样拥有独立制作能力的电视网络。公共广播电视台依靠其非营利的电视台合作伙伴对项目进行支持和营销，以及维护观众关系。尽管如此，一个并行的公共广播体系的建立还是为创新性的儿童节目带来了机遇。很快，大量的儿童就渐渐远离了商业电视台网络的卡通节目——公共广播电视台通常有一系列惹人疼爱的虚构角色和优雅时髦的动画可供选择。

随着对商业电视的社会批判和政治批判继续深入，电视网络的回应是设立更多的教育性“插播节目”。[30] 20 世纪 60 年代哥伦比亚广播公司的一档节目《时事新闻》（*In the News*）在广告中穿插着一些儿童连续剧的短片。所以美国广播公司设立了这种形式的一个变化版本——《校舍摇滚》（*Schoolhouse Rock*），该节目 1973—1985 年的每周六早晨播出（并且在 20 世纪 90 年代还进行了重播）。以摇滚乐为特色，这档 3 分钟的数学、语言、公民学和科学的动画课是由一位广告业高管制作的，他注意到自己的孩子在学习乘法表方面很费劲，但是在记忆抒情歌曲方面却毫不费力。[31] 受到美国广播公司一名年轻副总裁［迈克尔·艾斯纳（Michael Eisner），后来成为迪士尼帝国的负责人］的鼓励，第一个系列——《乘法表摇滚》（*Multiplication Rock*）——最终以“校舍”的名义发展成了三个系列：《语法摇滚》（*Grammar Rock*）、《美语摇滚》（*America Rock*）以及《科学摇滚》（*Science Rock*）。这些节目的假设前提是“知识就是力量”，特别是当“知识”可以被谱成歌曲的时候（“每个三角形有三边——不多不少 / 你不必猜测 / 当它有三边的时候，你就可以看到”）。《科学摇滚》颂扬的是自然科学、健康和环境；它的特点是歌颂“牛顿和他的苹果”以及“星际珍妮特”（Interplanet Janet），并且解释了重力“让我们在我们应该在的地方”（“我是重力的受害者 / 所有的东西总是坠落在我身上”）。《校舍摇滚》的流行为教育内容、流行音乐、讽刺文学和动画的类似组合铺平了道路。

除了尽力转移联邦的压力之外，这些项目还对记录了电视给儿童带来负面影响的越来越多的社会科学证据做出了回应。[32]正如联邦通信委员会强调的那样，改善以儿童为目标人群的项目将会符合公共利益，因为儿童的“观念和概念在很大程度上还没有成型，因而对建议是开放的”，并且儿童“还没有将真实和幻想区别开来的经验和判断。”[33]一系列私人倡导团体加剧了政治压力，这些团体对联邦行动和电视广播冷淡的反应感到厌烦。比如，儿童电视行动（Action for Childern’s Television）在20世纪70年代一跃成为全国性的力量，该组织对国会和白宫发出请愿，并说服联邦通信委员会要求播出更多的严肃节目，呼吁电视网络拒绝以儿童为目标人群的节目的商业广告，并且谴责将演出人员与具体产品关联起来的做法。[34]为了对这些批判进行反击，全国广播工作者联合会（National Association of Broadcasters）承认电视在儿童的社会化方面具有“特殊责任”（“主要面向儿童的节目应该将儿童的兴趣范围和需求考虑进来，从教育性和文化性素材到多种多样的娱乐素材”），但是该联合会成员几乎从未做出真正的改变。[35]

让人困扰的现状

对于改革者、广播电视公司、监管者和教育者来说，一个主要困难是如果没有儿童观看制作出来的节目，那么将数百万美元倾注到教育性项目中将是毫无道理的。索尼亚·利文斯通（Sonia Livingstone）解释说，在电视这个媒介出现的前半个世纪里，家庭和电视共同进化，并且在那个时期的一个重要变化就是向“私有化收看”的变迁。[36]家庭拥有多台电视机的比例不断上升允许孩子们把电视作为个人消费品，这导致了更少的家长监管以及电视不再自动地是家庭内“共享体验”的东西了。[37]因为即使是幼童也在观看大量的商业电视，绝大多数科学相关的内容是出现在为成人制作的纪录片、电视剧和喜剧中的，人们必须把眼光放到周六早间节目之外来理解电视上适合儿童收看的科学节目，而不仅仅是直接以儿童为目标人群的科学节目。[38]

在波士顿地区，商业电视和公共电视在20世纪70年代期间出现的情况是全国情况的一个典型例证。[39]人们料想这个地区的学术、经济、科学和文化资源可以培养出高质量的科学节目，特别是自从公共电视台WGBH开设了《新星》的时候。然而，在1977年，非虚构的科学内容（对研究结果、发现和应用的讨论，陈述科学的历史以及科学的社会制度，科学家的传记或者采访科学家）占波士顿地区电视节目的比例还不到1%。[40]除了《新星》和《无限工厂》（*Infinity Factory*）之外，大多数科学内容都出现在儿童节目的片段中，比如《袋鼠船长》（*Captain Kangaroo*）、《儿童世界》（*Kidsworld*）、《罗杰斯先生的邻居》（*Mister Rogers' Neighborhood*）、《迪士尼的奇妙世界》（*The Wonderful World of Disney*）和《天才学院》（*Zoom!*），以及成人主题的自然历史系列片中，比如《野生动物王国》（*Wild Kingdom*）。对科学或者科学家的绝大多数关注都出现在虚构节目中（卡通片、喜剧或者电视剧）。

在1977年周六早间波士顿地区电视上播放的所有儿童电视节目中，含有一些科学相关内容的节目比例超过了三分之一，主要是虚构的角色、卡通节目内的对话或者真人动作剧，以及对技术或者科学知识的模糊引用。周日晚间的节目安排包括《百万美元先生》（*The Six Million Dollar Man*）、三档自然节目（所有的都在一个信号较弱的独立电视台播出）以及《星际迷航》（*Star Trek*）的重播。在工作日的下午（从下午2：30~7：30，尼尔森的调查显示这个时段收看电视的儿童数量达到每日收看的峰值），科学十分明显地在波士顿的电视上缺席了，除了公共广播电视台（PBS）的自然节目《矮胖霍吉的小屋》（*Hodge Podge Lodge*）和科幻系列的重播之外，比如《迷失太空》（*Lost in Space*）。[41]偶尔，《袋鼠船长》会在一个短剧中含有科学家担任的角色，但是在1977年甚至是奇才先生都会暂时性地离开荧屏。

被并入到教育系列片中的科学是电视这个媒介对简单化、凝练性和节略的偏见的典型例证，在这些节目中实验的关键步骤被排除在外，科学解释的根本原则也被忽略。商业化的自然系列片——《动物世界》（*Animal World*）、《生存世界》（*The World of Survival*）、《罗恩·格林最后的疯狂》（*Lorne Green's Last of the Wild*）以及《动物、动物、动物》（*Animals, Animals, Animals*）——强调了有关自然世界的事实，并倾向于忽视创造了那些知识的研究。在虚构的节目中，旨在打消孩子们换台念头的“监测”特色使得孩子们可以跟随着线索并“解决”

某个谜团，但是却没有任何教育价值，并常常把科学与魔术联系起来。在《史努比》(*Scooby-Doo*)、《克罗夫特超级表演》(*The Krofft Supershow*)、《宇宙灵魂》(*Space Ghost*) 以及《超级英雄战队》(*Super Friends*) 中，了不起的“防盗系统”的核武库被用来打击“整个太阳系的邪恶力量。”[42]虚构的武器可以帮助角色躲避灾难，然而同样的角色可能会在下一集因为魔术或者自制的伎俩而跌倒：配备了仪表盘电脑的汽车可能由简单的散射图钉而摧毁。在动画片《小弗兰肯斯坦》的一集中，“男孩科学家”巴斯·康罗伊 (Buzz Conroy) 指挥他的机器人小弗兰肯斯坦和秃头的邪恶（成人）科学家（肖克博士）以及他的怪物伊戈尔 (Igor) 进行战斗。[43]肖克声称他巨大的“电力怪兽”将会吸干世界上所有的能量：“我给它充的电越多，它变得越大。”所以巴斯·康罗伊宣布说：“我们将用应急的去磁化器杀死他！”

英雄和恶棍同样都把科学知识当作武器，然而即使是英雄也难以成功，如果他不使用暴力的话。1977 年，《波士顿环球报》(*Boston Globe*) 的评论家威廉·亨利 (William Henry) 对电视上出现的高集中度的暴力事件表示强烈谴责，他发现在工作日的下午，电视台会重播“过去黄金时段播出的节目，通常可以追溯到对暴力更纵容的时代。”[44]自然专题片也想通过展示暴力来取悦观众。在《死亡陷阱》(*Death Trap*) 中，文森特·普莱斯 (Vincent Price) 的恐怖电影叙述幸灾乐祸地将食虫植物描述为“可能围绕着我们的许多小的死亡陷阱……‘不用眼睛观察且不用嘴吃食物的东西’”。

在波士顿地区的公共电视上，大多数科学专题片和迷你剧都是以老年观众为目标人群的。有了制药公司和私人基金会的承销，公共广播电视台 (PBS) 重播了英国广播公司的影片，比如《天气机器》(*The Weather Machine*)、《狂暴的宇宙》(*The Violent Universe*)、《不安的地球》(*The Restless Earth*) 和《宇宙的钥匙》(*The Key to the Universe*)，以及彼得·古德柴尔德 (Peter Goodchild) 的《微生物与人类》(*Microbes and Men*)。库斯托学会 (Cousteau Society)、国家地理学会和吉利公司 (Survival Anglia Ltd.) 制作的专题片确实为黄金时段提供了家庭友好型的消遣娱乐，并且在个别情况下，电视网络会为儿童制作专题节目，比如哥伦比亚广播公司制作的有关濒危物种的节目《拯救野生动物》(*Saving Wild Animals-What's It All About?*) 或者国家广播公司制作的“阐述爱因斯坦相对论”的专题片《后天》（*The Day after Tomorrow*）。但是，波士顿电视上最好的科学节目是为成人准备的。

娱乐技巧

到 20 世纪 80 年代，社会科学研究令人信服地表明电视上的形象会影响儿童的职业选择，这进一步增加了对缺乏着眼于科学的竞争性教育节目的担心。[45]当儿童电视工作坊（Children's Television Workshop）[《芝麻街》（*Sesame Street*）的开发者］让数千名孩子说出他们最喜欢的节目时，排在前五名的不是情景喜剧就是电视剧。只有五个科学相关的节目排在了前二十位，而且只有一个是围绕着博物学和动物的［《新星》排名第二十］。[46]《芝麻街》中无礼且在大都市吃得开的提线木偶们已经证明玩世不恭的音乐方法可以讨孩子们的喜欢，然而却尚未符合更多教育性内容的要求。这种情况有助于《3-2-1 接触》（*3-2-1 Contact*）的发展，该节目自 1980—1992 年播出，并且使用了流行音乐和明星嘉宾来向 8~12 岁的孩子“兜售”科学。

由公共广播电视台（PBS）、国家科学基金会、美国教育局（U.S. Office of Education）以及美国联合技术公司（United Technologies）提供的 1000 万美元初期资助，《3-2-1 接触》用不同群体的青少年主持人担任主角，他们对简单的科学概念进行解释，并且在参与充满乐趣的“探险”的同时对专家进行采访。为了避免可能会给政府资助带来威胁或者让企业及基金会承销方感到恐慌的公共批判，《3-2-1 接触》引入了自我审查。（自我审查）并没有提及进化，以免美国那些保守的区域拒绝播放这个系列片。[47]在涉及性主题方面，该节目的脚本也显得战战兢兢，小心翼翼。乔纳森·维纳（Jonathan Weiner）写道，一个有关玉米和猪的生活周期的片段被进行了编辑，以移除“爱荷华多情的猪”（虽然导演确实保留了花粉懒洋洋地漂移到玉米穗中的电影片段）。[48]

不幸的是，这个项目的成功强化了“让公共广播电视台（PBS）来做这件事”的看法，特别是对科学来说。在严厉指责其电视网络中的同事时，一个电视评论员毫不含糊地说道：“很高兴看到收看《奇才先生》的孩子们依然生龙活虎，并且还在学习科学，这要感谢有线频道尼克国际儿童频道，甚至要感谢公共广播系统（Public Broadcasting System），它们迅速地把科学变成了彻头彻尾的视频艺术形式，”但是“如果说到针对孩子们的科学”，商业电视网络是失败的——“除非你把《银河守卫者》(*Galactic Guardians*）看成是诺贝尔物理学奖候选人。”[49]

和20世纪50年代的约翰·霍普金斯大学和加利福尼亚科学院的项目以及《奇才先生》重播的特许经营权一样，儿童科学系列片的下一个阶段又回归到了公认的惯例，即围绕着富有魅力的主持人的一场表演。为了让孩子们在接受教育的同时还能继续获得娱乐，新形式的主持人引入了幽默。科学记者艾拉·傅莱陶（Ira Flatow）在1982年为明尼苏达公共电视（Minnesota Public Television）制作了《牛顿的苹果》(*Newton's Apple*)，虽然傅莱陶在6年后离开了，但是这个样式却继续保持不变，这个系列片一直持续播放到1999年。傅莱陶引导他的观众进行主题冒险，并且和“助手”（很像奇才先生的帮手）以及特别来宾一起工作。到第三年的时候，《牛顿的苹果》被276家公共电视台播出，并且其常规观众达到了400万人。第二任主持人是科学家兼博物馆管理员大卫·海尔（David Heil），他把野生动物专家佩吉·吉普森（Peggy Gibson）环境教育工作者佩吉·纳普（Peggy Knapp）以及其他的访问科学家加入到了演员阵容中，并且对为年轻观众提供女性榜样的承诺进行了扩展。[50]

《奇才先生》的遗产

《3-2-1接触》和《牛顿的苹果》的成功仍然不能推动商业电视网络为孩子们制作和播放更多的以教育为导向的科学节目，部分原因在于有线产业的发展（及其导致的观众细分）让收视市场复杂化了。所有电视网络针对孩子们的教育性节目的数量从1980年的每周11小时下降到了1990年的每周不足2小时；1990年《儿童电视法案》(*Children's Television Act*）的颁布并没有改变这种趋势。[51]

另外一档值得注意的儿童节目涉及了两个天生擅长表演的人以及更多的喜剧。波音公司（Boeing Company）的机械工程师比尔·奈（Bill Nye）于1986年在科学广播节目中开始了他的广播生涯，然而他是因在西雅图喜剧节目中担任“科学达人”（Science Guy）而在电视上出镜的。[52] 1993 年，他为 KCTS-TV（西雅图）制作了一档《比尔・奈科学达人》（*Bill Nye the Science Guy*）试点节目，该节目获得了美国国家科学基金会和美国能源部（Department of Energy）的承销。后来，迪士尼的博伟电视（Buena Vista Television）接手了这个节目，这个节目在多家商业电视台中首播。像往常一样，时机是至关重要的。再一次遭受到联邦监管机构压力的商业电视网络和电视台需要教育性的内容，所以《比尔・奈科学达人》成了多家电视台同时播放的一揽子系列节目的一部分，这样当地电视台就可以把它列入节目单以满足《儿童电视法案》的要求。1994 年，国家科学基金会提供了 450 万美元的经费来支持节目制作并协调宣传工作，波音公司也提供了额外的经费。结果,《比尔・奈科学达人》成了第一个在公共电视台和商业电视台上同时播放的节目。这个系列片得到了《家长之选》（*Parents' Choice*）、《电视指南》和国家教育协会（National Education Association）的盛赞，并且获得了好几个艾美奖。奈说虽然每个节目都有“学习目标”，他的目标一直是在娱乐的情境下展示科学，将视频特效、户外探险和“高冷”客座科学家的采访结合起来。在 2000 年后，奈没有制作新的节目，但是他继续在有线电视的其他系列片中出现，而其原来的系列片还继续在多家电视台播出。奈的主要竞争者是保罗・扎鲁姆（Paul Zaloom），他扮演了穿白大褂的科学家比克曼博士（Dr. Beakman），他的死党李斯特・莱特曼（Lester Ratman）穿着老鼠的服装。[53] 根据流行的连环画改编的《比克曼的世界》（*Beakman's World*）于 1992 年在学习频道（Learning Channel）首播，并且在多家商业电视台播出。第二年，这个节目加入到了哥伦比亚广播公司的早间节目单中（主要是对监管压力的回应）。虽然哥伦比亚广播公司在 1997 年取消了这档节目，但是它仍然在多家电视台继续播放。

起初，这样的节目似乎表明受到联邦通信委员会推动的电视网络可能最终会欢迎更多的教育性内容。[54] 然而，两部富有想象力的动画系列片的命运表明那样的期望是短命的:《克鲁德一家》（*Cro*）（美国广播公司和儿童电视工作坊于 1993 年开播）以及《神奇校车》（*The Magic School Bus*）（1994 年在公共广播电视台首播）。[55] 两个项目都要求国家科学基金会和其他团体的大量补贴，以及大量创造性人才的参与。在《克鲁德一家》中，一个克罗马努（Cro-

Magnon）男孩的冒险故事被用作解释基础科学的平台，而在《神奇校车》中，狂暴的教师弗瑞斯女士（Ms. Frizzle）[由喜剧演员莉莉·汤普林（Lily Tomlin）配音] 把她的课程带到了奇幻的实地考察中。尽管得到了很好的评论，以及来自于教师和科学共同体的大力支持，但是两个系列片都没有持续几季。为了在美国电视上长久地生存下去，儿童科学节目既需要奇才先生，也需要“紧急的去磁化器”。

第十三章

凤毛麟角：电视上的女科学家

大约 60 年前，人们所知的大多数都来自于他们的直接经验，随着大众传媒的发展，越来越多我们所经历的都是二手的，是高度偏见的，并在很大程度上都只是传说。

理查德·利科克（Richard Leacock），1973[1]

虽然数十年来电视把科学刻上了人的面孔，但这也丝毫没有让女科学家们被公众注意到或者除去她们身上的神秘色彩。通过如何在电视剧和纪录片中展示女性，通过再三地强调凸显男性名人科学家，以及通过选择哪些科学家将被新闻报道所采访或者将被讨论到，电视就女性在科学中的角色和地位传达着有说服力陈述。在绝大多数情况下，这些内容让女性科学家是女超人的刻板印象持续下去，这些女超人获得的成就是以牺牲正常生活为代价的——这种形象阻止了年轻女性选择科学职业或者将那些从事科学职业女性的性格复杂化了。

像玛格丽特·罗西特（Margaret Rossiter）、玛丽莲·奥格尔维（Marilyn Ogilvie）、乔伊·D·哈维（Joy D. Harvey）以及萨利·格雷戈瑞·科尔斯太特（Sally Gregory Kohlstedt）在内的科学史学家们记录了20世纪前半叶女性科学家如何在职业上被边缘化以及在文化上被塑造成了刻板印象。没有什么能比儿童电视节目的性别标题更清晰地表明这种情况的延续了，从《奇才先生》到《比尔·奈科学达人》。[2]这种缺省假设仍然（或者更严重的是，适当地）将科学的形象看作是男性职业占主导的，在这里成就卓著的女性被认为是男性大家这个世界中的例外。[3]在20世纪50年代到60年代期间，当在科学方面获得高学历的女性数量上升的时候，大众媒体首先继续把女性看作是母亲和妻子，然后（也只能在上一步之后）才是成功的研究人员。早期电视上的科学普及人员和主持人没有一个是女性，也几乎没有女性作为节目嘉宾出现，或者成为纪录片的拍摄对象，这种忽视一直持续到《新星》的时代。在电视出现的前半个世纪中，美国电视强化了科学落伍的文化刻板印象，即科学完全是男性的领域，而女性科学家则是“珍禽”（rare birds），无论她们是浪漫的、爱冒险的名人，比如玛格丽特·米德（Margaret Mead）和珍妮·古道尔（Jane Goodall），还是那些和外星人或者病毒做斗争却从来不涂抹睫毛膏的、不够精明果断的虚构女强人们。

这种文化上的失语极其重要。观众们总是把电视上的陈述与他们认为的

（或者被告知的）事实作对比，并根据他们对某个话题已知的情况对线索进行分析解释。[4]所有的媒体形象“代表了现实的第一个草稿……然后观众对这些（现实）进行编辑、修改和修订以便适合”他们自己的概念框架。[5]先入之见和缺省假设（比如是否大多数科学家都是男性）发挥着类似于在框架周围新浇筑的混凝土的作用，塑造着对流行文化内容的反应。

每当电视的聚光灯转向男性科学家的时候，女性科学家往往还默默无闻。在一定程度上，虽然这受到预先存在的歧视的影响，但是这种情况也反映了两种情有可原的情况——大众媒体迷恋于某些古老的虚构的刻板印象以及人们在电视时代获得名声的方式（和原因）。

小说中的刻板印象

科学家看起来像什么？是一个“上了年纪的先生，花白胡子，戴着眼镜，整天盯着显微镜，过着一种与世隔绝的生活”？[6]还是一个接受《60 分钟》（*60 Minutes*）采访的或者与约翰尼·卡森（Johnny Carson）开玩笑的讨人喜欢且有点油腔滑调的诺奖得主？还是在电视电影中追捕“失控病毒”的迷人且身着超短裙的女性微生物学家？在电视上出现的为数不多的女性科学家——虚构的角色或者科学家本人强化了这种范围狭窄的刻板印象。特别是在前几十年里，每当电视剧或者戏剧以科学家为主角（科学家成为主角本来就很少）的时候，这个角色通常会是男性。

很多这些虚构的结构是邪恶的或者是“疯狂的”，并且都是来源于 19 世纪创作的小说的角色，比如维克多·弗兰肯斯坦（Victor Frankenstein）或者哲基尔医生（Dr. Jekyll）。除了重播好莱坞电影［从《科学怪人的新娘》（*The Bride of Frankenstein*）到《科学怪人遇到太空怪兽》（*Frankenstein Meets the Space Monster*）］之外，电视还根据玛丽·雪莱（Mary Shelley）的小说制作了很多版本的节目，从 1957 年《日场剧院》的“弗兰肯斯坦”到 1973 年美国广播公司和国家广播公司上播出的明星云集的节目。罗伯特·路易斯·史蒂文森（Robert Louis Stevenson）的《化身博士》（*Dr. Jekyll and Mr. Hyde*）为小屏幕（电视）上的戏剧提供了另外一个理想主题。[7]哥伦比亚广播公司的选集《悬而未决》(*Suspense*)以史蒂文森(Stevenson)1949 年的情节为特色，然后又于 1951 年进行了重演，由巴兹尔·雷斯伯恩(Rasil Rathbone)担任主角。作家戈尔·维达尔(Gore Vidal)在 1955 年为哥伦比亚广播公司制作了《哲基尔和海德》(*Jekyll and Hyde*)电影剧本；美国广播公司于 1968 年上演了由杰克·帕兰斯(Jack Palance)担任主角的节目；而全国广播公司 1973 年的音乐剧版本则以柯克·道格拉斯(Kirk Douglas)为主角。即使是喜剧也对那个虚构的邪恶科学家进行了颂扬。1962 年,《多比·吉利斯的众多爱人们》(*The Many Loves of Dobie Gillis*)有一个“哲基尔医生和吉利斯女士”的情节，几年后，在《盖里甘的岛》(*Gilligan's Island*)中，倒霉的盖里甘梦见他变成了杀人如麻的海德。改编赫伯特·乔治·威尔斯(H. G. Wells)《隐形人》(*The Invisible Man*)的编剧们往往会制造出一个更具有同情心的科学家，让这个角色成为事故的受害人而非目空一切的人。然后《无敌浩克》(*The Incredible Hulk*)系列对来自于三本书的主题进行了整合：不慎接触到了辐射的一个科学家被变成了一生气(也就是说，让他“发疯”)就具有超人般力量的庞然大物，由此提到了弗兰肯斯坦、怪物、决斗的性格(哲基尔和海德)以及可变性的可见性。

在早期的几十年里，没有为女性撰写过类似如此强大的角色，无论是邪恶的还是英雄般的，也许是因为和普通的女性科学家相比，女性“弗兰肯斯坦”似乎看起来更不可信。相反，电视节目会延续好莱坞对女性科学家的“标准特征”，她们不是“永久地屈居于”男性上司之下的研究助理，就是背负着“家庭责任”的温和且忍辱负重的圣徒。[8]

在 1954 年电视网络播出的电视剧中，女性担任所有虚构角色(各种职业)的比例不到三分之一。[9] 到 80 年代，虽然女性更频繁地扮演着法律、刑事审判和医学方面的专家，但是只有很少比例的科学相关角色是由女演员扮演的。[10] 两个引人关注的例外是《太空传奇：1999》(*Space: 1999*)上美丽又聪明的海伦娜·罗素博士(Dr. Helena Russell)和《伊西斯》(*Isis*)上的安德烈·托马斯(Andrea Thomas)，在后面这个片子中，女超级英雄乔装成胆小且单调乏味的科学教师。在电视上的其他英雄和恶人已经变得更加多样化之后的很长时间里，拍摄科学家角色方面的性别(以及种族)偏见仍在持续。

这种“代表性不足”超过了因其而来的重要性。乔治·格伯纳(George

Gerbner）解释说，当某个职业未被充分代表的时候，比如科学家，这个角色往往就被塑造的很狭隘，这既强化了有关种族或者性别的流行的刻板印象，又鼓励了这样一种假设，即少数几个人，或者只有特定的人，才会成为科学家。在20世纪70年代，黄金时段播放的节目中所有大大小小的角色所从事的职业是科学、工程、医学或者其他技术的比例不到百分之一，而这种情况在20世纪80年代和90年代几乎没有任何变化。[11]在格伯纳对电视剧进行首次研究的近30年后，安东尼·杜多（Anthony Dudo）和他的同事发现在电视网络黄金时段的娱乐节目中，科学家在所有角色中的比例仍然只有百分之一，虽然他们被描述为坏人或者恶魔的概率小了，但是大多数角色仍然是白人男演员担任的。[12]

有一个变化确实最终给女性科学家的出镜制造了更多的机会。到20世纪80年代，电视上虚构的科学家放弃了他们电影上前任们让人困惑的堡垒，并且集合成包括更多女性和非白人男性的队伍。就像科学家们在新闻事件中被描述的那样，这些角色掌控着数百万美元的预算，辩论着道德选择（动物实验？人体测试？）。英雄们同政治压力、官僚的繁文缛节以及腐败的实业家们做着斗争；恶人们与敌方政府进行着腐败的交易，并且似乎更多的是受到金钱而非虚荣心的蛊惑。虚构和事实并入到了文化建设无休止的循环之中，叙述也因为他们的熟识而需要某种真实性。[13]作家彼得·本切利（Peter Benchley）创造的三个角色反映了刻板印象的演化。在《大白鲨》（*Jaws*）（电视上经常出现的一部1976年的电影）中，英雄马特·霍珀博士（Dr. Matt Hooper）是一个对鲨鱼感兴趣的海洋生物学家，她年轻、古怪、玩世不恭、未婚且很富有。20多年后，本切利为电视电影《生物》（*The Creature*）设计了另外一个具有社会责任的鲨鱼研究人员。这次，英雄是西蒙·蔡斯博士（Dr. Simon Chase），他将近中年，有些疲惫不堪，研究经费捉襟见肘，而与他分居的美丽大方的妻子（阿曼达·梅森博士）（Dr. Amanda Mayson）也是一名海洋生物学家。

在电视剧中，颇有建树的女性开始遭遇到个人义务和性的问题——然而女性科学家在这方面很少占支配地位。在对20世纪电影描写的分析中，伊娃·弗利克（Eva Flicker）留意到，虽然"女性科学家和男性科学家角色之间的差异"开始消失，随之而来的是"知识和色情人物的统一"，但是大多数女性角色仍然"依赖于男性角色，并且在这方面居于次位，站在他们的男性同事后面"。[14]有一个例外就是弗利克所谓的“孤独女英雄”角色［玛丽·居里（Marie Curie）刻板印象的对立面］，比如颇有建树且具有权威的艾莉诺·亚罗威（Eleanor Arroway）［《超时空接触》（*Contact*）］、乔·哈丁（Jo Harding）［《龙卷风》（*Twister*）］以及雷·克兰（Rae Crane）［《飞越绿林》（*Medicine Man*）］。[15] 这些电影为后来在《犯罪现场调查》（*CSI*）、《海军罪案调查处》（*NCIS*）以及《识骨寻踪》（*Bones*）上看到的聪明自信的女研究人员的产生铺平了道路。当代电视剧可能还强调“女性气质”，但是较新的女性角色现在看起来不太可能为了浪漫而向职业标准妥协。[16] 一旦所有的虚构科学家角色整合成队伍并且承认其易错性，女性角色也会变得更微妙，更复杂。

彼得·康拉德（Peter Conrad）认为，“电视上的角色是形式而不是内容”。[17] 给角色穿上同样人尽皆知的全套服装——及膝的白色实验室外套——在早期的电视剧和戏剧中将科学家们情景化了。在 20 世纪 50 年代的科幻电影中（在电视上重播），科学家们在进入实验室之前会穿着街头服装，而在实验室中他们会通过披上白大褂来“装扮成研究人员并担任研究人员的角色”。[18] 在 20 世纪 70 年代的儿童卡通节目中，英雄科学家、作恶多端的科学家以及他们的助手们都穿着白大褂。一旦某个女性科学家穿上了白大褂，她的胸部和曲线就会被隐藏起来；通过穿上制服，女性可以加入到研究的队伍中来。类似的是，后来为虚构的科学家角色准备的标准服装——盖住全身的白色防化服——提供了综合的伪装，既模糊了性别，也模糊了意图，使得恶人和女英雄的面孔看起来都差不多。

名人

在电视时代，女性追求时髦。电视这种媒体驾轻就熟地利用着 20 世纪的签名身份，吉尔伯特·塞尔迪斯（Gilbert Seldes）曾经将“高度广告化的商品称之为‘品格’，这既不是角色，当然也不是人才”。[19] 制片人选择科学家进行采访或者作传并不是因为业界人士或者同行必然认为他们“最值得进行考察”，而是因为他们与电视流行的刻板印象能够协作或者相一致。[20] 约书亚·盖姆森（Joshua Gamson）写道，在这些被建构出来的“名人人物角色”中，“事实和虚幻之间的区别”消失了，理查德·什科尔（Richard Schickel）补充说，当对镜头进行简化和擦洗的时候，这就变成了“表征”。[21]像爱德华·泰勒（Edward Teller）、莱纳斯·鲍林（Linus Pauling）和卡尔·萨根一样的科学家们愿意适应情境压力（通常是为了推进正值事业），并因而对科学的同一性提供了新的公共“比喻”。

在电视时代获取名声和过去科学家如何获得公众关注迥然不同。直到20世纪40年代，一个科学家可能在为《星期六晚间邮报》（*Saturday Evening Post*）撰写文章或者被广播采访的时候对“足够的空间和时间”（出自马维尔的诗《致他的娇羞的女友》——译者注）投去庄严的口吻，或者用恰当的警告来精确地解释他的工作，而不泄露个人信息。一名记者可能用一般术语来提到体貌特征（身高和头发的颜色），但是名声追踪的是职业成就而非个人的吸引力。因为电视产业为了名人而完善制造名人这个事业，所以观众和他们的名人之间出现了新的关系，这种关系以主人翁意识、知道的需求、有权干涉的推定以及“人类兴趣”故事的呼吁为特征。[22]科学家获得了名声并不是因为他们发现了什么，而是因为数百万的人们看到了他们出现在电视上。正如雷·古德尔（Rae Goodell）在她对电视上出现的第一代“可见的科学家”的开创性研究中描述的那样，这些名人能够将复杂的观点向观众进行解释，并且在镜头前悠然自得。[23]可见性强化了名人效应。每次在电视上露面都会带来更多的邀请，更大的名声。

玛格丽特·米德是美国在印刷时代出名而后又转型过渡到电视镜头中获得名声的为数不多的女性科学家之一。在20世纪30年代，这名人类学家对原始部落青少年性行为的研究以及她的著作《萨摩亚人的成年》（*Coming of Age in Samoa*）获得了大量媒体的关注，为记者们提供了吸引人的话题。古德尔得出结论说，米德的名声来自于她易于理解的作品、优秀的演讲技能、同媒体合作的意愿以及她的研究的“相关性”，而非她的性别。[24]

灵长类动物学家简·古道尔（Jane Goodall）在20世纪60年代首次进入到公众视野中，对她来说，性别也许发挥了一些作用。唐娜·哈拉维（Donna Haraway）认为古德尔的朝气和吸引力为记者们提供了与女权运动信息相一致的可供选择的刻板印象。[25]第一个国家地理电视专题片对古德尔的描述是：平易近人而非古板保守，为了研究而长期忍受着原始环境的折磨——因而将科学家、探险家和获得解放的女性的角色结合了起来。古德尔本人谦逊地将她的名气归结于这样一种事实，即“我恰巧是一名女性，并且做了一些标新立异的事情”。[26]

科学家的成名化还从20世纪晚期的实践中汲取了力量，这种实践的目标是公众传播要对个人进行营销而非传递具体的信息，这种氛围偏好具有成千上万粉丝的有魅力的个人。一个朋友在看到古德尔演讲的观众数量后评论说：“他们好像在听上帝的发言”。[27]每当卡尔·萨根参与到公共事件之中时，类似的情境也会出现。如果萨根离开时其他发言人还在讲台上，那么这名天文学家的粉丝也会跟着他离开。对于生物学家马克辛·辛格（Maxine Singer）来说，这种名声的赞誉并没有很好地服务于科学。她写道，通过聚焦于“个人缺陷”，媒体把“全世界”变成了“肥皂剧”，弱化了真正的成就，并将科学家仅仅转变成了屏幕上的另外一种角色。[28]

不可见性

在将电视的未来思考为“公共舆论的一种工具”方面，弗洛拉·里塔·施莱博（Flora Rheta Schreiber）在20世纪50年代指出，对那些“占据头条新闻”的人的面孔进行展示的能力不会“移除”那些基于过去的经验、教育和偏见而形成的“错误观点的阴影”；相反，这很有可能会加强“知识的错觉”。[29]那些曾经仅仅出现在报纸上的名字变成了“生动真实且可识别的面孔”。不幸的是，可视化加强了公众“对英雄崇拜的天性”。[30]阿尔伯托·艾琳娜（Alberto Elena）从她对当代电影的分析中得出结论说，“尽管女性对科学的参与不断上升以及女权主义运动的发展”，大众的误解拒绝“让步于更平衡的版本或者更现实的版本”。[31]无论是被放到实验技师还是榜样的框架中，无论是出任女英雄还是恶人，女性科学家之所以被选择在电视上出现的原因在于她们与电视这个媒体的需求和特征相一致。

因而，电视通过将“地位”授予某些个人以及团体而忽略其他人的方式对社会相关性和重要性做出了强有力的声明。[32]当女性没有被选择接受新闻采访时，或者当有关科学家的电视剧没有以女性面孔为特色时，这些遗漏传达了在科学世界中谁才是重要的这样一个信息：“那些通过电视露面的科学家成了值得关注的人；而那些被电视忽略的人仍然籍籍无名”。[33]成就和名声之间的脱节意味着电视的注意力自然而然地流向了那些符合当代流行的文化刻板印象的男性科学家，以及那些因为涉足公众参与而可能遭受同事批判的男性科学家。

在20世纪前半叶期间，女性科学家在大众科学中确实不太明显。从10~40年代，在大众市场杂志上所有的科学文章中，只有很少一部分是由女性科学家撰写的，或者写的是女性科学家；在20~40年代，很少有广播节目探讨女性科学家的工作，也没有女性出任主要科学广播系列剧的主持人。[34]甚至在60年代和70年代，虽然女性在科学课程、研究生课程和专业队伍中的比例稳定上升，但是女性科学家在电视中出任“权威专家”的稀缺性可能会强化女性在科学的生命周期中只发挥了次要作用的印象。

在第一个网络电视科学节目中，女性嘉宾的比例只有很小一部分。在约翰·霍普金斯大学于1948—1960年制作的四部独立的电视系列片中，包括备受推崇的《约翰·霍普金斯科学评论》，459位受邀出镜的科学家只有32位是女性，并且在这32名女性中本身职业是科学家或者参与到科学相关活动或者行业的女性只有11位。[35]虽然数百名男性是独家的特邀嘉宾，但只有两个女性获得了这样的关注。[36]在约翰·霍普金斯系列片中，一名女性更有可能作为穿泳装或者化装舞会服装的模特（再现某些历史片段）而不是专家出镜，以模仿其他电视的情境。从打开冰箱门的贝蒂·弗内斯（Betty Furness）到身着深V服装的游戏节目嘉宾，女性被利用的是她们的吸引力和性欲，很少对她们任何领域的学术素养进行颂扬。

几十年后，《新星》稍微好了一些。从1974年开始的第一季到第二十八季，《新星》播放了32个有关科学家个人生活和职业的新自传体节目，然而只有两个节目着眼于女性——1976年的《妇女反叛》（*The Woman Rebel*）描述的是内科医生兼节育倡导者玛格丽特·桑格（Margaret Sanger），1983年的《伴你走过人生路》（*To Live until You Die*）探讨的是伊丽莎白·库伯勒－罗斯（Elisabeth Kubler-Ross）的工作。[37]这两个女性科学家的传记与同一时代的男性科学家形成鲜明对比。《新星》还有三个独立的节目是关于艾尔伯特·爱因斯坦的，以及四个有关理查德·费曼的［其中一个是与理查德·路温顿（Richard Lewontin）放在一起的，另外一个的题目是《爱因斯坦之后最强的大脑》（*The Best Mind since Einstein*）］。还有关于男性物理学家［《A代表原子，B代表炸弹：爱德华·泰勒博士的肖像》(*A Is for Atom*，*B Is for Bomb* ：*A Portrait of Dr. Edward Teller*)]、男性化学家［有关乔治·基斯佳科夫斯基（George Kistiakowsky）的《一个武器专家的自白》(*Confessions of a Weaponeer*)]、男性生物学家[《史蒂芬·杰伊·古尔德：这种人生观》(*Stephen Jay Gould*：*This View of Life*)]、男性心理学家[《一个不同的世界：斯金纳和美好生活》(*A World of Difference*：*B.F.Skinner and the Good Life*)］以及历史人物传记的节目，比如托马斯爱迪生（Thomas Edison），亨利·福特（Henry Ford）以及西蒙福德·弗洛伊德（Sigmund Freud）。应该注意的是，它只有一个节目是非白人科学家的［有关一个美国本土物理学家的《福瑞德·杨的成长路》(*The Long Walk of Fred Young*)]。也许推荐了很多女性或者有色人种的自传节目（项目当然可以因与话题的重要性不相关的理由而被取消），但是《新星》和很多其他系列片仍然延续了在科学的世界里谁重要以及为什么重要的这个不真实的图像。

在更多的女性加入到了电视决策者（制片人或者管理者）和出镜名人的行列时，女性科学家代表性不足的问题仍然长期地持续着。网络电视新闻节目中每年采访的科学家平均数量在70~80年代晚期出现了上升，但是那些科学家们被“根据属类”进行选择（作为某一话题可供选择的众多专家之一）。[38]对于新闻来说，对原声回放和采访对象的选择反映了主流价值观，包括对专家的常规推断。一项1989年针对报纸头版的调查发现虽然女记者撰写了头版新闻的27%，以及女性出现在照片中的比例为24%，但是当时女性被援引为新闻来源的比例只有11%。[39]在1982—1984年的网络电视新闻中，七分之一的消息人士是女性，到了1986年，15%的电视新闻报道把女性作为消息人士，其中仅仅有几个是科学家或者类似的技术专家。[40]在1989年间的电视新闻中，女性占到通讯记者（依赖于电视网络）的9%~15%，报道了10%~22%的新闻。[41]全国妇女组织（National Organization for Women）20世纪末开展的一项研究发现男性仍然提供了电视上大约87%的“专家”原声回放。[42]

网络电视新闻报道也采取了类似的模式，通过新闻报道来反应性别偏见。温雅·钦巴（Mwenya Chimba）和珍妮·基青格（Jenny Kitzinger）发现，在有关科学的报纸新闻中，新闻素材通常把女性科学家的角色界定得非常狭窄，着眼于她们的外表和性方面，她们的框架是“例外”，而男性科学家则“表现为惯例”。[43]从1982—1986年，由女性主持人播报的电视网络科学报道或者由女记者在镜头前报道的科学新闻的比例大约是17%左右。而从1968—1997年，在科学新闻报道中出镜的科学家平均数量几乎翻了一倍，但是被采访的科学家中只有5%是女性。[44]在某些年里，被抽样的科学新闻报道中没有对女性科学家的任何采访，而那时美国女性科学家的比例至少已经达到了全部科学家的五分之一。钦巴和基青格强调，即使“媒体中女性科学家的素材匮乏……反映了这个领域的性别不平等这个事实”，这种遗漏也助长了“这个事实的延续”。[45]

1990年以后，女性科学家在所有出镜的网络科学新闻中所占的比例达到了大约十分之一。当然，媒体根据专业知识（或者与报道焦点的相关性）来选择采访对象，所以总是有可能在某个报道的一些话题方面没有女性专家。然而，偏见无疑发挥了一些作用。好的记者通常会在报道争议性或者持续性议题时让消息人士推荐其他采访对象，他们采访的不仅仅是任命的科学“新闻发言人”，或者科研院所和实验室的领导，而且要采访有代表性的异见分子、批评者和少数派的声音。[46]

对于科学来说，影响报道的政治情境确实在缓慢地变迁着。在20世纪90年代期间，随着对女性健康政策政治关注的复兴以及国立卫生研究院（National Institutes of Health，NIH）对相关研究资助的增加，电视网络新闻开始报道乳腺癌、更年期以及雌激素治疗，并且邀请女性科学家在镜头前讨论这些话题，比如国立卫生研究院院长伯纳丁·希利（Bernadine Healey）。太空报道也为女记者提供了新的机遇。为哥伦比亚广播公司报道阿波罗（Apollo）项目的玛利亚·麦克劳克林（Marya McLaughlin）被认为是第一批上电视的太空女通讯员之一，她和莱斯利·斯塔尔（Lesley Stahl）、玛莎·泰希纳（Martha Teichner）、琳恩·希尔（Lynn Sherr）、吉尔·多尔蒂（Jill Dougherty）以及1990年的杰奎琳·亚当斯（Jacqueline Adams）成为了主持电视网络太空报道的第一批女性和第一批非裔美国人。[47]

人们曾经期望教育性节目对性别平等更敏感，但是乔斯林·斯坦克（Jocelyn Steinke）和玛丽莉·隆（Marilee Long）发现，甚至是20世纪80年代和90年代的儿童系列片中，男性科学家的比例都比女性科学家多一倍多。[48]

在一组 86 名女性出现的儿童教育系列片中，68 名女性是作为学生或者助手这种次要角色出现的。比如《奇才先生的世界》没有成年女性或者女性科学家，虽然在被分析的每个节目中几乎都有少女作为奇才先生的助手出现（唐·赫伯特的第一个系列片也一样）。在《比克曼的世界》中，大约有八分之一的科学家是女性，而在为女孩们提供榜样方面做出有意识努力的《牛顿的苹果》中，两个常规角色（一个记者和一个博物学家）是女性，该系列片中出现的科学家比例为 57%。然而，斯坦克和隆得出结论说，节目的名称展现了互相矛盾的信息，表明“科学是男人世界的一部分”，并“或字面或象征性地”暗示了“科学世界中男性的所有权”。[49]

不再需要多费唇舌。当更多的变迁开始发生的时候，这种明显的偏见仍然存在于整个 20 世纪 90 年代的纪录片和科学专题片中，原因在于部分像琼·古德菲尔德（June Goodfield）、约瑟芬·格莱斯顿（Josephine Gladstone）以及保拉·阿普赛尔（Paula Apsell）这样的女性制片人数量的增加。公共广播电视台（PBS）迷你剧《荒野求生》（*Living Wild*）中 12 个影片的 8 个是由女性制作的，并且至少有三个聚焦于女性科学家的工作。然而，文化“不可见性”的主题仍然在美国电视上存在着。比如，公共广播电视台（PBS）一部 1995 年的迷你剧尽职尽责地展现了教育、态度和社会障碍，以劝阻女孩和年轻女性放弃谋求科学职业，包括文化中持续存在的性别角色刻板印象。但是它的名称《发现女性》（*Discovering Women*）传达了不同的信息，暗示着女性科学家在默默无闻地工作，以及她们也许需要被“发现”以便让她们看起来是真的。[50]

第十四章

史密森尼世界：排他性和权力

在我看来，那台电视机——独眼巨人阴暗而空虚地凝视着外面，或者好像头上一击之后看到的多彩且飞舞的金星——没有达到预期目的……为了确保观众将继续收看他们的频道，电视节目制片人通常会对感觉进行层层堆砌。

S·狄龙·利波雷（S. Dillon Ripley），1982[1]

科学作家维尔·勒帕斯基（Wil Lepkowski）曾经把20世纪80年代描述成科普人员努力挣脱对科学的翻译并把自己变成“文化批评者”的年代。他写道，在对科学的政治和伦理意义进行审查的这个新角色中，“不同的技能和敏感性开始发挥作用，这些技能和敏感性并不总是容易获得。我告诉（见习记者）如果他们想得到科学的隐喻，那么他们就应该用生物化学家分解细胞同样的方式来追踪政策报道——目的在于理解动力机制的整体性。”[2]这种系统性方法——，着眼于科学世界里的协同作用、连接性以及道德反响——重新界定了科普人员的顾客和角色。大众科学首先应该服务于受众，应该帮助读者或者观众理解科学如何影响他们的生活。受到后现代学术研究的影响，这种新的方法许可对科学故事进行解构式的，几乎是颠覆性的复述。[3]

《史密森尼世界》（*Smithsonian World*）于1984—1991年在公共广播电视台（PBS）播出，这档节目的演化是这些变迁的态度如何对电视上的科学进行重塑的一个例证。对这个项目的分析可以瞥见通常隐匿在视线之外的激烈的内容谈判。到该系列片第五季的时候，为对市场压力做出回应，《史密森尼世界》离开了着眼于知识创造的初衷，并开始探讨社会相关性，争议性议题；带着这样的观点，后来的节目通常被建构为观众试图理解的东西的美学“反思”，而不是对专家所知东西的权威总结。就此而论，这个系列片的历史很好地体现了电视最终把科学怎么了，并且为琳恩·普尔（Lynn Poole）那启发灵感的“现实的幻想”如何变得支离破碎提供了一些见解，也为基于幻想的程式化娱乐提供了一些见解。

不赚钱的现实

虽然《宇宙》（*Cosmos*）表明高质量的产品可能既会吸引观众，也会迎来一片赞誉，但是史密森尼努力实现一种恰当的电视“表现”。尽管与沃尔珀发生了令人尴尬的小争吵，S·狄龙·利波雷援引强大的内部理由并继续受到董事会和国会有权力成员的鼓励，拒绝了让史密森尼避免接触大众市场电视的所有建议。[4] 史密森尼参与到了非同寻常的研究中。它的博物馆拥有反应人类文明、艺术和科学的数万件珍宝，这些珍宝是全球生物、地理和文化历史的综合记录。电视可以把观众带到幕后，观察研究进展，并且可以向观众展示他们亲自前往却无法看到的那些陈列室、展览和藏品。[5]

在 20 世纪 70 年代推动内部决策进展的电信局（Office of Telecommunications）局长纳萨雷特·彻克齐安确认前文是否出现过英文、如是，则删除有过在电视工作的经历，包括《日出学期》（*Sunrise Semester*）。因为沃尔珀的项目瓦解了，彻克齐安开始与公共广播公司［Corporation for Public Broadcasting（CPB）］就开设一档新的杂志类型的节目进行讨论。[6] 受到与公共广播公司（CPB）主席亨利·鲁姆斯（Henry Loomis）对话的启发（在对话期间，鲁姆斯对近期国家地理专题片“在观众方面的成功”大为赞赏），秘书长利波雷对经费的积极探索以及与公共广播达成伙伴关系予以批准。[7] 1976 年早些时候，名为《史密森尼世界》系列片的第一个综合提案在史密森尼之外流传开来。这个规划对类似于《文明》（*Civilization*）和《人之上升》的迷你剧进行了效仿，并且着眼于该机构的科学资产——从甲虫收藏到海洋哺乳动物救助计划（Marine Mammal Salvage Program）。[8] 这个节目将颂扬知识创造和研究的“冒险经历”，“利用史密森尼的专家……个性化地呈现知识”，并且用机构内部撰写所有的脚本来探讨一些话题，比如物种入侵、环境污染和望远镜。

获取计划经费构成了第一个巨大的障碍。不像哥伦比亚广播公司和沃尔泊以前的项目，这个新的事业要求史密森尼提供高质量产品所需的巨额经费，识别主要的捐赠者并且安排初步设计阶段的经费，包括为专业电视制片人和剧作家提供工资。彻克齐安估计这个项目需要的启动经费是 15 万美元，并且这个时长 20 小时的完整系列片每年将花费 15.2 万美元（包括员工工资、差旅费和史密森尼的开销）。因为电视台的薪酬、费用和电视台开销比率在上升，仅仅一年制作的预估费用很快就激增到 300 万美元。这个巨大的数额被放到了桌面上，利波雷开始联系国内企业，比如 IBM、美孚石油（Mobil Oil）和宝洁（Procter & Gamble），史密森尼也开始与华盛顿特区以及公共电视台 WETA-TV 建立合作伙伴关系，共同制作并共有《史密森尼世界》。每个机构都将充分参与到制作当中，对内容有否决权，但是史密森尼“对这个系列片不承担经济责任”，并且所有的私人资助都将提供给 WETA（并且由其进行控制）。[9]

1977 年 8 月底，宝洁公司回绝了这个项目，它解释说公司倾向于赞助“商业电视上拥有吸引大量观众潜力的高质量节目”。[10] 借助与 IBM 高管托马斯·J·沃森（Thomas J. Watson）的私交，利波雷说服 IBM 捐赠了 12.5 万美元作为种子资金，这个项目计划才得以进行下去，而同时寻找经费的工作仍在持续。1979 年期间，他们共找了 70 多家大型公司和基金会，但是没有一家成功地成为了合作伙伴。[11] 他们向国家科学基金会（曾负责《新星》第一阶段的承销）提交了申请书，但是国家科学基金会只提供了 2 万美元（并许诺说如果能在其他地方筹集到 300 万美元，那么就再提供 18 万美元）。很多企业解释说他们的公共广播捐赠搁置了；剩余的企业则只提供了所需经费数量的三分之一。公共广播公司（CPB）的协作对于确保企业赞助是至关重要的，但是公共广播公司（CPB）也犹豫了，部分原因是经费削减影响了整个公共广播体系。[12] 一个史密森尼的官员写道，“我们迫切的需求是要有一个具体的突破，来自某些机构决定参加这个游戏的承诺。”[13] 不然的话，“现实主义可能会强行命令放弃这个探索。”

史密森尼内部的分歧也让这项工作的延迟雪上加霜。在第一份《史密森尼》提议发布 5 年后，彻克齐安向利波雷抱怨说“如果不是因为‘唱反调的人’以及胆小的人，史密森尼现在已经处于为电视提供高质量节目的最前线了——《史密森尼世界》将处于开播的第三年了。”[14] 每当找到有意向的承销商或者合作伙伴的时候，史密森尼总是拒绝提供配套资金。彻克齐安提醒利波雷说“自己提供赞助经费的外部制片人全都不愿意让渡对产品任何相当程度的编辑控制权。在几乎所有的情况下，这让史密森尼处于站不住脚的立场，因为我们必须能够确保带有我们名字的项目的历史精确性和科学精确性……如果史密森尼打算通过媒体作出任何有意义的贡献的话，那么它自己必须从提供可靠的经济承诺开始。”[15]

彻克齐安的忧患意识反映了他对电视行业变迁的敏感性，特别是有线电视和家庭视频市场。超过三分之一的美国家庭现在都订购了有线电视。当地有线电视公司制作了他们自己的节目；家庭票房（Home Box Office）和按次付费（pay-per-view）频道也繁荣兴盛起来，比如阿巴拉契亚社区服务网络（Appalachian Community Service Network）、黑人娱乐电视台（Black Entertainment Television）、基督教广播网（又译视博恩）（Christian Broadcasting Network）、电影频道（Cinemax）、电报卫星公共事务网（C-SPAN）、娱乐与体育节目电视网（ESPN）、尼克国际儿童频道（Nickelodeon）以及西班牙语广播网（Spanish Broadcasting Network）。特德·特纳（Ted Turner）的有线电视新闻网（CNN）让观众们放弃了网络新闻节目，卫星直接把信号传入居民家中似乎更加合理，这也潜在地改变了"窄播"的公平竞争环境。价格合理的录像机也正在改变着人们如何以及何时在自己家中享受视觉内容。彻克齐安认为，"贯穿在所有这些发展中的线索就是给予观众更多的控制权，让他们来决定想在电视上看到什么以及何时想看到"——这种情况将为科学内容打开一个重要的利基市场。[16]彻克齐安的《史密森尼视频传播行动方案》（*Plan of Action for Smithsonian Video Communications*）建议有线电视和家庭录像应该在机构"无可比拟的资源"和将从这些资源中获益的数百万观众之间"建构起电子桥梁"。[17]问题不是"我们想向公众传播什么？"相反，就像打开的麦克风或者空着的讲台一样，这个平台的可用性成为站起来歌唱的充分理由。先发出声音，然后再解释你的信息。

不过，选择的广度使这个过程瘫痪了。他们应该寻找哪些受众呢？他们是应该效仿国家地理的版式——或者还是追求一些更大胆更创新性（且具有潜在风险）的版式？他们应该把目标瞄准美国市场之外吗？[18]一个内部电视委员会为未来项目的选择提出了四项标准：节目必须着眼于重要的教育方面，即使通过娱乐来表达；话题必须与该机构的利益和价值兼容；在研发中应该利用史密森尼的员工以及节目本身也要恰当地使用这些人；节目内容的控制必须掌握在史密森尼手中。[19]经过与电视网络和广告公司开展的一系列对话之后，利波雷的一个顾问描述了数百万美元如何被"花在了玩高赌注扑克游戏的菜鸟身上。"[20]尽管其拥有智力资源和声誉，史密森尼也不能自动"稳操胜券地成功"，因为"公众和隐藏在通信世界扩张背后的利益都自动地向往我们知识品牌的增加和扩散。"[21]不仅仅是坐在桌旁，史密森尼需要来自于职业玩家的建议。

（再一次的）排他性

合同的讨论与寻找经费以及寻找有经验的电视高管来领导这个项目在并行推进。史密森尼认为内部的制片人将加强机构对内容的控制权。[22]建议候选人的名单包含了迈克尔·安布罗西诺（Michael Ambrosino）（他参与过《新星》的创立，并且不可用了）和罗伯特·硕德克（Robert Saudek）[《奥秘》（*Omnibus*）背后的创作力量]的名字；1978年年末，WETA聘用了纽约制片人马丁·卡尔（Martin Carr）。[23]

在最终成功地掌管这个系列片的三个人中，卡尔的商业网络电视经历最丰富。他那个时候四十多岁，是一个聪明且富有创造力的人，他从1960年开始就在电视行业中工作，担任过获得奖项的网络电视记录专题片[包括《饥饿美国》（*Hunger in America*）]的制片、导演、剧作家，并且为电视网络杂志节目制作过片段，比如20/20，但是他没有和科学家一起工作的经历。卡尔重写了《史密森尼世界》申请书。WETA和史密森尼签署了“联合制作协议”，并且继续寻找着经费。

在最开始的几年里，卡尔在纽约市有办公室，并且因为他由WETA支付报酬，他主要与电视台总裁沃德·B·张伯伦（Ward B. Chamberlin）进行沟通，制作预算开始飙升。1982年3月，当WETA和史密森尼最终从麦克唐奈基金会（McDonnell Foundation）获得承销时，卡尔估计每小时的节目将花费至少50万美元。[24]此外，他认为，另外50万美元的“预生产经费”也是必要的，因为每个节目必须有“一个对占领地球上最伟大思想的对象进行探索的统一主题”：“他们中的很多人在史密森尼内部，还有一些位于全球的其他机构。预生产阶段将会是与这些人会面并发现他们现在在做什么的机会。”[25]因而，卡尔已经把有关史密森尼系列片的想法改变成了一个把史密森尼当作众多潜在思想来源之一的项目，史密森尼成为了知识的储藏室，而不再是脚本的支柱。此外，卡尔开始把科学家们和馆长们看成了阻碍而非资产。

卡尔和彻克齐安作为卓越的电视行家对电视这个媒介的看法都和专家们有很大的差异，这些专家们的研究为脚本提供了思想。同时各方都发现在事情临近的时候放下傲慢是困难的。彻克齐安后来将他与资深科学家们在国家自然历史博物馆的首次会面描述为“让人沮丧且难熬”：“我寸步不让，一步也没让。我跟他们说……‘我对你们的所有要求就是帮助我们达到目标，这样更多的人才能理解（你们的工作），而不仅仅是你们四个同行。问题在于我发现你们只对同行感兴趣。如果你们真想那样做，就在地下室做一个幻灯片报告吧。不要来找我们。’”[26]谁应该控制对科学家工作使用权的分歧使这次讨论让人惶惶不安。和沃尔珀一样，卡尔坚持“排他性”的必要性：“我们还必须准备好得到科学家们、艺术家们和其他专家们的承诺，让他们为我们的故事保密。换句话说，我们必须得到‘独家经营权’——这样我们就不会跟在《新星》《宇宙》以及其他系列片的屁股后了。”[27]有关史密森尼在多大程度上可以允许其他电视团体接近的分歧迅速地出现了。和 WETA 的协议申明两个机构都不能制作相关的节目（据推测，另外一个有关史密森尼的系列片），但是史密森尼不放弃制作（或者联合制作）其他影片或者电视节目的权利。比如，史密森尼的电信局近期批准了围绕着史密森尼木偶剧院和展品制作一档试点性的儿童专题片。[28]当那个制片人向《好莱坞综艺杂志》（*Hollywood Variety*）描述这个行将到来的《史密森尼探索剧院》（*Smithsonian Discovery Theater*）时，新闻报道引发了 WETA 的抗议。[29]卡尔甚至质疑 WETA 协议签署之前就在进展之中的影片。有关让史密森尼大堡礁项目的所有镜头停止的要求激怒了彻克齐安，即使这档资金全部到位的电影已经完成了，他回应说：“多年来的工作，来自于史密森尼有承诺的其他同样受尊重渠道的数千美元的经费，将具有奉献精神的学者们筹备的可信赖且有深度的科学影片束之高阁 3 年，你如何对这些进行合理的解释？所有这一切都是因为这个节目试图自己决定是否以及何时他们可以利用 8 分钟或者 9 分钟的片段。”[30]卡尔坚持主张《史密森尼世界》项目对承销商负有“只制作以前没有播放过的材料”的责任，就像他得知哥伦比亚广播公司正在制作有关金门大桥的节目时，他放弃了拍摄金门大桥片段的计划一样。[31]

国家地理正在进行的建立多机构有线、广播和卫星配送服务的努力进一步验证了“排他性”的界定。1981 年，国家地理学会邀请了三十多个非营利组织［包括大英博物馆（the British Museum）、奥杜邦协会、世界野生动物基金会（World Wildlife Fund）、美国自然历史博物馆、美国科促会以及史密森尼学会］

加入到“网络联盟”（Alliance Network）中，以制作和分发教育性内容。国家地理的理事会授权它与联盟成员制作试点影片，并委托了一项市场分析。[32]很多资深的史密森尼员工对提议的“文化联盟”项目表示怀疑，主要是因为还没有完全理解有线电视的观众（“获取不是受众的同义词——也就是说只是因为有线电视上有这档节目并不意味着它被任何人收看了”）。[33]尽管如此，讨论一直持续到 1985 年年初，那个时候国家地理学会最终放弃了这个动议，并在尼克国际儿童频道（Nickelodeon）开设了自己的周播节目。

当然，让科学家们更加恼怒的是要求他们应该回避公开讨论他们研究的建议。比如，卡尔援引潜在竞争对手的《探索：科学世界》（*Discover: The World of Science*）以及国家地理项目说《史密森尼世界》在有关这两个具体研究项目的报道上应该给予“优先取舍权”。[34]

“把天文学和电影明星同等对待”

1981 年，在电视员工备忘录的页边空白处，利波雷画了三个重叠的圆圈，以说明他对《史密森尼世界》内容的愿景。[35]他给中间圆圈的标记是“史密森尼做的事情”——代表着科学家们和馆长们建议的话题。内圈和外圈——“史密森尼感兴趣但是没有做的事情”以及“史密森尼应该感兴趣的事情”——解释了这个项目多灾多难的过往。利波雷鼓励史密森尼的大众杂志也采用类似的模式：全面关注中圈及其重叠区域的话题。然而，电视专业人员从来没有认为有义务把他们的选择限定在他们认为的任意边界之内。

在史密森尼一方，负责监督《史密森尼世界》的人员是托马斯·H·沃尔夫（Thomas H. Wolf），他是一名退休的电视网络高管，利波雷于 1981 年聘他做史密森尼的电视顾问。沃尔夫有关与麦克唐奈基金会前期谈判的记录表明他强调了内容监督的重要性（“我告诉他们说史密森尼对拍摄对象和脚本具有完全的控制权”）。当基金会官员问到“他们是否也可以拥有同样的权利”时，WETA 的代表解释说公共广播电视台（PBS）的政策禁止承销商对项目的控制，并向史密森尼保证说“他们将发挥‘集体理智’”。[36]沃尔夫安排了与 WETA 和卡尔的会议，以“确保史密森尼实际上拥有我们协议文本中的权利：批准故事、人员和经费，”但是，短短几个月，制片人当着史密森尼专家或者代表的面绕过了麦克唐奈基金会官员，有时候是用史密森尼专家或者代表替代基金会官员。[37]当一名地质学家对提交给麦克唐奈的关于他所在领域肤浅的描述表示担心的时候，沃尔夫解释说“提交给麦克唐奈的文件中的很多内容在市场上都有卖……并且会在很多故事被理解之前……（和专家）召开不止一次会议以确保让他满意”。[38]

这种承诺是无法强制实施的。沃尔夫敦促史密森尼聘用自己的写手，他和彻克齐安也迫切需要公司制作的日程、早期版本以及清晰的评审流程，比如第一次粗剪何时以及如何被评审。然而，卡尔坚持认为预先提供的只能是“粗枝大叶，大而化之的”，因为“不可能写出纪录片的脚本（你不能把话塞到专家嘴里）。”[39]科学家们的反应都是零碎的。在一次会议上，某资深制片人承诺说在“3~4 周内”出第一次粗剪的片段，但是这些片段在 6 个月后才拿出来，并且也是在那个时候才首次提供给承销商。[40]

到了夏天的时候，沃尔夫的不耐烦开始公开化了。这个系列片的首次宣传暗示着史密森尼员工和研究的密切联系，史密森尼的摄政者们得到保证说“史密森尼对各阶段拍摄对象和脚本的精确性拥有全部的以及最终的控制权。”[41]沃尔夫写给卡尔的信中说，“我知道你以及你在《史密森尼世界》上的伙伴工作得有多么困难”，但是“我想提醒你的是，根据协议史密森尼必须查看并批准所有粗糙的以及良好的镜头和脚本。”[42]当卡尔继续对这种请求置之不理的时候，沃尔夫威胁说要让 WETA 知道他们在“违反协议”。[43]两个月后，《史密森尼世界》员工最终将各个剪辑送了出去，但是沃尔夫仍然没有收到包含完整节目的磁带。沃尔夫警告说卡尔不应该“低估史密森尼资深员工坚决反对把故事强迫塞进任意分类中的程度——也就是说，把天文学和电影明星同等对待。请不要把你自己陷入困境。显然这无法奏效。”[44]

交流的缺乏恶化了争端并且导致了不精确性、曲解和遗漏。比如，有关老虎的剧本讨论了这个物种日益减少的基因，但是没能提到由史密森尼国家动物园（National Zoological Park）开展的对老虎饲养繁育的卓越研究。[45]“在 20 世纪 70 年代中期史密森尼处理尼斯湖水怪（Loch Ness Monster）、大脚怪（Bigfoot）和其他可疑人物的电视努力时”，自然历史博物馆的科学家们“被严重地伤害了”，他们对一个讨论秘密生物学（cryptobiology）（研究传说中存在的动物）这个争议性话题的片段表达了强烈的愤慨：“虽然这些话题确实可能让那些观众很感兴趣，但是在以史密森尼的旗号来正式地对待并且宣传它们方面缺乏足够的学术内容。”[46] 在得到脚本部分后，沃尔夫通常会提出关于相关性的问题，对脚本和该机构没有明显的关联表示担忧：“并不是每一条都要和史密森尼有关联……但是在某些片段中仍然还有问题。”[47] 当把第一次粗剪提供给利波雷的时候，他异常愤怒，因为它忽略了史密森尼相关的藏品和专家。[48] 第三个节目的第一次粗剪也引起了史密森尼员工类似的批判，他们谴责说这个节目“轻质”且“肤浅，几乎是轻佻的”。[49] 在一个又一个备忘录中，沃尔夫试图说服卡尔增加来自于史密森尼更多的物体或者更多地提及史密森尼，并且至少最低限度地咨询史密森尼的员工。最后，在 1 月份，沃尔夫发布了及时通知和审查的基本规则，包括经过所有史密森尼上镜人员的批准，以及在一个节目被锁定之前由史密森尼委员会进行审查。[50]

批评性反馈

对第一季不均衡的批判性反响增加了这种张力。公共宣传聚集在作家大卫・麦卡洛（David McCullough）周围，他曾受聘担任过主持人（那将是他作为主持人出镜的第一档电视节目）。很多报纸都刊登了富有魅力的麦卡洛的照片和采访，但是几乎没有史密森尼的研究馆藏或者科学家们。《路易斯维尔信使报》（*Louisville Courier-Journal*）把这个节目的首秀描述为“主线如此松散以至于不太合乎逻辑”，同时《纽约时报》称之为“和伟大的史密森尼自身一样雄心勃勃，兼收并蓄，以及拥挤不堪”，太多的东西拥簇在一起，关联性过少且深度不够，“机缘巧合的旅程”。[51]《底特律新闻》（*Detroit News*）的乔治・布拉德（George Bullard）抱怨说“所期望的凝聚力并没有真的奏效。好的部分……并没有获得足够的时间。坏的部分——比如在钟表博物馆沉闷地逛了一圈——得到了太多的时间。”[52] 他称之为“逊色于最好的《新星》”的“曲高和寡的《新星》”。[53]

最严厉的批判来自于当地的记者。《华盛顿邮报》（*Washington Post*）的记者汤姆·沙尔斯（Tom Shales）对史密森尼的世界非常了解，因为在专心致力于电视之前他曾经仔细研究过史密森尼学会中的展览。他写道，制片人还没有“掌握制作看起来不像课堂教学影片的信息节目的微妙艺术……拍摄手法也十分常见……《史密森尼世界》的下一步应该是往昔的绘图板”。[54]最尖锐的抨击来自于《联邦时报》（*Federal Times*）。十几年来，罗伯特·希尔顿·西蒙斯（Robert Hilton Simmons）一直是史密森尼“星光闪耀的学者、科学家和管理者们”顽强的批评者。他写道《史密森尼世界》把一个长期存在的模式放到了公共宣传战胜理智的渴望之中：“几年前，史密森尼开始了另外一个电视系列片。其中一个节目是有关希望之星钻石（Hope Diamond）的诅咒的。另外一个是关于喜马拉雅雪人（Abominable Snowman）的——秘书长S·狄龙·利波雷在电视上说他可能在喜马拉雅山上看到过……这种知识骗局在当时就十分明显，这个系列片也胎死腹中……《史密森尼世界》可能不只是幸存了下来，而且可能会成为赢家。获胜就是这个游戏的目标。那是演艺事业。但是它是科学和学术吗？”[55]接下来的节目没有吸引多少媒体报道，通常只是在有关整个公共广播电视台（PBS）节目时间表的新闻报道中出现一两段。尽管如此，这个系列片还是实现了在电视上“呈现”这个模糊的目标。评论家肖恩·麦克莱伦（Shawn McClellan）认为“在某种意义上来说，史密森尼在这里是为它自己所做的，就像早期的‘迪士尼乐园’表演是为华特大叔（Uncle Walt）所做的一样。比如，就像正当人们享受着大卫·克洛科特（Davy Crockett）[前线！每个人都迅速地学会了]所带来的娱乐的时候，这个著名主题公园的各种领域也给整个国家留下了深刻印象，所以史密森尼各种设施构成了这些片段的背景。”[56]

新政权

如果卡尔认为史密森尼领导权即将发生的变化制造了一个权力真空的话，那么他就大错特错了。1983年5月，摄政者们决定替换利波雷（当时是他的第三任期），到秋天的时候，他的继任者被任命了。1984年2月期间，人类学家罗伯特·麦考密克·亚当斯（Robert McCormick Adams）抵达华盛顿并准备6月份走马上任。亚当斯对沃尔夫拍摄的最新粗剪不以为然。在一封措辞严谨的信中，亚当斯敦促卡尔更加密切地关注“史密森尼一方”提供的“差异化的观点”和“详尽的评论”，并且敦促他注意没有更多“史密森尼的参与”，该机构可能会失去兴趣（并且这暗示着将不会合作为另外的制作季寻求经费）。[57]沃尔夫现在开始在玩一个更困难的游戏。他写道，下一季节目中并不是每一个片段都需要“与史密森尼本身直接参与的话题存在相关性”，但是每个片段必须“对于史密森尼来说具有重大的利益关系”，并且该节目还应该解释其原因。[58]此后不久，该节目的重点从“知识的扩散”转移到了“知识的增加”，主题的选择也是因为它们是“艺术和科学的重要方面”而非简单地对制片人“具有吸引力”。[59]沃尔夫积极地游说《史密森尼世界》考虑与“大环境”相关的话题，包括“对美国少数族裔——黑人和西班牙裔”的关注，并提及与第三世界国家和学者开展的合作研究。

评审程序也开始更顺畅地运转起来，这个系列片脱离开了第一季乱哄哄的场面，开始转向单一的主题或者话题，以及科学研究。《丛林中的桌子》（*Desk in the Jungle*）（1985 年 1 月）描述的是史密森尼人种学者、人类学家、鸟类学家和海洋生物学家的野外工作；《前人未至之境》（*Where None Has Gone Before*）（1985 年 10 月）讨论的是第一次中途不间断地围绕着地球的 2.5 万英里的飞行，一个新的甲壳纲动物的发现，以及哈勃太空望远镜（Hubble Space Telescope）的发展。第三季拟制作的节目中的六个聚焦于科学话题，从地质学到植物学，从考古学到动物保护。1985 年，这个系列片已经跻身观看最多的公共广播电视台（PBS）节目前十位。[60]然而，其观众规模远远少于商业电视黄金时段节目的平均人数，仍然让人很失望。

金钱主导了内部的讨论。对于第一季中来自于麦克唐奈基金会的 350 万美元资助，史密森尼获得了 22.2222 万美元的“报酬”，WETA 获得了 45.2604 万美元管理费。第三季来自于承销商的全部收入是 318.25 万美元。到了第六集，由于项目的承销处于危险之中，史密森尼勉强接受了 7.5 万美元的固定费用，而非它在第五季获得的 20 万美元。尽管如此，对合作伙伴来说还有其他的补偿措施。在 20 世纪 80 年代期间，视频销售、售后市场销售以及补充权（比如有线电视费和非联网电视费）成为公共电视科学和自然系列片可能有利可图的收入来源。到 1988 年，《史密森尼世界》视频的销售、出租和许可的收入每年超过 2 万美元。[61] 1989 年 1 月，WETA 以 100 万美元的预付版税把前两季的电视权、有线电视权和视频权许可出去，当基金会的费用处于危险之中的时候，这笔钱被用来对第四季的部分节目进行承销。

第二季的审核五味杂陈，主流电视评论仍然“向他们投掷飞镖”。《费城每日新闻》（*Philadelphia Daily News*）嘲弄地说道，“如果看到很多的钱被浪费是你们非常有趣的想法，我敦促你们不要错过《史密森尼世界》”，“公共广播电视台（PBS）的打遍天下的（all-too-familiar）的方法和电视中权威专家的方法缓慢艰难地走向了其一切皆可预测的结果——无聊地复述着精彩的生活。”[62] 汤姆·沙尔斯（Tom Shales）说这个节目预示着“另外一季是原本好心但却单调乏味的让人昏昏欲睡且陈腐的公共电视专题片”：脚本“重复乏味”，卡斯特（Custer）战役的陈述“耗时费力”，解说员大卫·麦卡洛（David McCullough）表现的“激情比你的一般会计师还少”。“一座空气博物馆是一回事，而一座空气的陵墓则是另外一回事。”[63] 那时，该节目已经聘用了一个新的执行制片人。

创意空间

在最初的计划期间，彻克齐安遇到了阿德里安·马隆（Adrian Malone）（刚刚在他的《人之上升》中取得了成功）。虽然马隆表达了对史密森尼项目的兴趣，但是他正在参与制作《宇宙》。到 1985 年年末，48 岁的马隆正在寻找新的挑战，他被聘为史密森尼电视、电影和广播通信委员会（Smithsonian Television, Film and Radio Communication Council）的主席，并且通过 WETA 对《史密森尼世界》进行监督。[64] 作为一个身材高大、身着花呢子大衣的老烟鬼，人们认为马隆不符合“英国广播公司明星制片人的形象”，但是他无法抑制住炫耀其英国式的举止，并且向一个记者坦白说“你可能不会相信，但是我过去比现在更自命不凡。”[65]

马隆梦想着创造性空间和经济空间同宇宙一样大，有数千万美元的经费，并梦想着复杂且充满智力挑战的话题。虽然对电视观众、金钱和权力的持续变迁十分敏感，但是他深信观众不仅仅是沉迷于异想天开的“切换频道”，相反，而是搜寻着更好的“选择和质量”，寻找着“想象力、智慧、易得性和专业水

图 17 《史密森尼世界》制片人阿德里安·马隆（Adrian Malone）和史密森尼学会电视顾问托马斯·H·沃尔夫（Thomas H. Wolf）共同拿着1987年艾美奖奖杯。承蒙史密森尼学会档案馆提供图片。

准”。[66]他对《史密森尼世界》第一批节目的评估显然和那些批判所匹配——“娱乐”，智力内容缺乏，“制作精良”且拥有“一定的优雅与尊严”，这反映了把史密森尼看作是“国家的阁楼”的毫无计划的观点。[67]所以他试图重新界定这个节目的身份：“新星因其科学的启迪而备受人尊敬；国家地理因其自然的启迪而备受人尊敬；史密森尼世界（SMITHSONIAN WORLD）必须因其文化的启迪而备受人尊敬。”[68]

确定这个系列片是极其必要的。尽管有受人尊敬的收视率，但是它能否幸存下来还不确定。1986 年 3 月，麦克唐奈基金会压缩了其捐赠，只提供了第三季和第四季费用的一半（总共大约 400 万美元）。[69]来自于公共广播公司（CPB）和个体公共广播电视台（PBS）的捐赠有助于节目制作如期进行，但是将近 1 年过去了，资金缺口仍然有大约 150 万美元。最后，在 1988 年，西南贝尔电话公司（Southwestern Bell Telephone Company）成为了主要的承销商，希望“创新性的，高质量的系列片”可以吸引“受过教育且具有影响力的决策者”，并且“强化”公司在“目标受众”中的名誉。[70]就在那时，有一半《史密森尼世界》的观众被认为是“高端的”。

反思

杂志版式被放弃了，《史密森尼世界》变成了主题作品。节目的口吻也从歌颂变成了对科学有限度的批评，这种模式随后在公共电视上随处可见。在《最后一朵花》（The Last Flower）（第二季）中，科学家们成了大救星，拼命地保存植物学、人类学和生物学中正在消失的宝藏。《站在巨人的肩上》（On the Shoulders of Giants）（第三季）把科学展示为一种探险，跟拍的是进入到加拉帕戈斯群岛（Galapagos）和库克群岛（Cook Islands）的脊椎动物学家大卫·斯特德曼（David Steadman），在那里他对奇异生物的研究试图为进化提供新的曙光。宣传照片使得英俊的斯特德曼颇具浪漫主义色彩，他蓄着络腮胡子，被太阳晒成古铜色，风吹得他的头发有些凌乱，凝视着远方——有些英雄好汉的气概。到了第四季，这个系列片把科学放到了可以激起道德冲突和争议的文化活动框架内。《生命之网：探索遗传景观》（Web of Life: Exploring the Genetic

Landscape）是由桑德拉·温特沃斯·布拉德利（Sandra Wentworth Bradley）制作的，该节目着眼于围绕着遗传技术的伦理议题，同时展现了“对遗传技术潜力的乐观情绪和惊叹”。[71] 布拉德利强调，该影片“不包含杰瑞米·里夫金（Jeremy Rifkin）。影片中的‘演员’包括伦理学家、科学家、以及哲学家/诗人……这个影片不仅是科学家社会责任的；而且是有关人类这个伟大的操纵者以及他对地球及其未来的责任的。”[72]

通过《生命之网》的发展，布拉德利和他的剧作者咨询了史密森尼之外的很多专家，并不是所有人都同意参与其中。在和生物学家马克辛·辛格（Maxine Singer）会面后，布拉德利解释说“跟专家对话”将会与“精彩的视觉效果”轮流出现。[73] 辛格没有被说服，他拒绝在镜头前接受采访，并说这个提议缺乏对技术解释的强调：“即使一般水平的公众都不理解有关一些主题伦理问题的公共关切，这让我深感不安。在缺乏理解的情况下做出的伦理决定将一直会是一个可疑的优点。”[74] 其他生物学家确实出镜了，比如妮娜·费德洛夫（Nina Federoff）和鲁斯·哈勃鲁（Ruth Hubbard），但是正如辛格所担心的那样，完成的节目更多地聚焦于伦理争论和社会争论，而不是相关的科学。自始至终，来自于一名专家的一两句话被和其他专家的言论交织在一起；没人被允许长篇大论地发表看法；每30秒钟的陈述被认真地加以选择以符合制片人的观点。负面形象［包括拍摄了集中营的影片以及被埃利斯岛（Ellis Island）驱逐出境的移民的影片］被点缀在儿童感人至深且富于浪漫色彩的场景中，甚至还拍摄了布拉德利自己儿子的出生。

当一个资深生物学家就这个节目“手稿”的“学术性缺乏”、错误、偏见和负面消息向秘书长亚当斯（Adams）抱怨时，布拉德利反馈说“史密森尼世界不是新星。也许在新星上，你可以看到你正在寻找的当代生物学的一流展示。”[75]《史密森尼世界》“关心的是伦理和公共政策，”并且她补充说，“一个好的影片”应该是“其观众的每一个成员的一种反思。在节目和观众之间发展一种关系”以便“观众看到了他/她正在寻找的东西。”

《人类黎明的故事》（Tales of the Human Dawn）是有关人类起源看法的变迁的，它继续沿用了这种方法。尽管史密森尼长期以来有与进化相关的大量专业知识、研究和馆藏，但是这个影片避开了任何“科学的编年史”，并且主要通过文学、艺术和传记来讲述这个故事，比如一些部分是以库尔特·冯内古特（Kurt Vonnegut）的小说《加拉帕格斯群岛》（Galapagos）和伊丽莎白·马歇尔·托马斯（Elizabeth Marshall Thomas）的小说《狗的秘密生活》（*Hidden Life of Dogs*）为基础的。[76]

实现

马隆在1989年初罹患心脏病，这使得布拉德利临时担任了相关工作的主管，并且她最终被任命为第三任（事实证明这是最后一任）执行制片人。布拉德利是加利福尼亚大学洛杉矶分校（UCLA）电影研究专业的毕业生，她自1970年开始就在华盛顿地区担任专业摄影师和电影制片人，并且自1983年起开始作为《史密森尼世界》的员工。与卡尔和马隆相比，她在更高层次上的经验不足，布拉德利在设法获得内部合作或者平息内部批评方面很不成功，她开始让这个系列片距离其初始目标越来越远，强调创造性而非教学价值。她认为《史密森尼世界》"在信息意义上来说并不是一个'纪录片'，而是一个纪实散文，"因为"每个节目的目标应该是要让观众参与进来"并且"启发思考和讨论——激励在政治意义上不存在的争议。"[77]

这个观点以及实现这个观点的难度在第五季有关量子物理的一集节目里得到了证实。同样的节目还促使史密森尼扩展了内部顾问对精确性进行监督的作用，从最初的观点、脚本到第一次粗剪。

至少从1987年开始马隆就一直在尝试制作一个有关量子物理的影片，起初这是作为史密森尼探索项目（Smithsonian Project Discovery）的一部分，后来当与探索频道（Discovery Channel）的合作崩溃之后，这个想法成为了《史密森尼世界》的一个节目。虽然马隆于1989年恢复了健康，但是布拉德利接管了节目的制作。[78]

"量子宇宙"（The Quantum Universe）试图探索20世纪期间被物理学引起的"深刻变革"，并且追踪"知识框架和审美框架……发生在现代物理学出现中的表征和可视化方面的巨大变化，不可见的如何变成了可见的，以及我们的宇宙如何被'再次发明'。"[79]为了让这些哲学骨架看起来有血有肉，马隆的原始脚本包含了戏剧化，某种把当代性和历史缠绕在一起的“创新的虚拟化”。到1989年，戏剧化被压缩了，取而代之的是对知名物理学家的大量采访，艺术与诗歌的只言片语，以及来自于汤姆·斯托帕德（Tom Stoppard）的物理学导向的戏剧《哈普古德》的片段。

在被认为是“有用的”技术顾问和被斥为“爱管闲事的”技术顾问之间找到一个平衡点是有问题的，特别是对那些复杂的话题来说，比如当代物理学。随着第五季节目制作的开始，马隆提醒他的制作人说分配给每个节目的顾问们“并非是被架空的”，而是应该在特定的阶段向他们咨询。[80]在布拉德利就那一季的节目做了一次报告之后，史密森尼的研究人员就缺乏“合格的”科学顾问表达了担忧，特别是对于量子物理节目而言。[81]布拉德利认为科学家们对节目政策的质疑（“话题如何选择，影片如何拍摄”）是冒失的，让人反感的，且“有点越界”：“阿德里安·马隆是执行制片人。比如，WETA是制片人，它承担财务风险，我们不能用我们拥有的所有预算和所有时间来拍摄整个非洲，并把它们都塞进54分钟的影片中，而不管学者们感觉如何。”[82]这种评论让秘书长亚当斯心神不宁。布拉德利认为《史密森尼世界》的“主要任务……是界定我们的文化……我们不是新星或者国家地理……我们不是一档‘科学节目’而是一档‘文化节目’。”[83]亚当斯毫不含糊地回击说：“史密森尼是宇宙事业中一个重要的机构参与者。对于被展示的内容以及如何对知识的现状做出贡献方面，我们以及很多为我们工作的人都负有责任。我们的名字将不会和那个节目关联起来，除非它的科学内容得到了我们的批准。”[84]结果，史密森尼要求对所有提议的节目进行详细的影片处理，并且指派哈佛—史密森尼天体物理中心（Harvard-Smithsonian Center for Astrophysics）的主任欧文·夏皮罗（Irwin Shapiro）担任物理学节目的技术顾问。

亚当斯的副手——罗伯特·霍夫曼（Robert Hoffman）——承认虽然布拉德利对外部专家的咨询可能是很有用的，但是不能期望他们对“整个大象”（进行审阅）。史密森尼的新任技术顾问将“检查精确性和偏见”并且标示出“会使该机构感到尴尬的部分。”霍夫曼写信给制片人说，“他/她（技术顾问）的作用不是偏袒任何一方，或者提供特殊的看法，或者对你的方法指手画脚，或者否决你的故事线”，而是“以积极和鼓励的方式与你们一起工作。”[85]

布拉德利和马隆都大为光火，他们谎称《史密森尼世界》是“为公共广播电视台（PBS）制作的节目，其经费是 WETA 提供的，风险也由 WETA 承担，因而史密森尼要对内容和编辑负责，”然而史密森尼只是简单地“对事实的核实负责”，而不是对内容的“阐释”负责。[86]马隆认为这个节目是“真正的纪录片……而不是把视频铺设在上面的课程计划的脚本，”并且他解释说，对于他的团队而言，“研究阶段……贯穿于制作过程，”这暗示着结论要在镜头面前自我揭示，以及被写成科学（和文化）“阐释”的采访将最终在完整的影片中展示出来，即使被访者自己是由制片人选择的。[87]

尽管日程繁忙，夏皮罗勤勤恳恳地履行着自己的顾问职责，在接下来的 6 个月里提供了大量的评论，探查脚本和叙述中的错误，指出哪些地方的专家解释可能让非物理学家难以理解，指出抄写本中的打印错误，以及指出何时采访者所用的关键术语是前后不一致的，比如“量子宇宙”（这会导致采访对象如何反馈的混乱的差异）。也许因为夏皮罗细心的批判，布拉德利聘用了一个受人尊敬的物理学教授和科学作家来起草一个新的脚本。到 3 月份的时候，布拉德利感谢夏皮罗的帮助（“你对我的帮助要比你认为的还要多”），并且这个节目成为了量子物理、艺术和哲学的一个丰富的探索，一些专家出演了重头戏，比如物理学家谢尔登·格拉肖（Sheldon Glashow）、马丁·珀尔（Martin Perl）、伯顿·里克特（Burton Richter）、史密森尼天体物理学家玛格丽特·盖勒（Margaret Geller）、哲学家阿布那·希莫尼（Abner Shimony）以及历史学家彼得·格里森（Peter Galison）。该影片把基本原理强烈且困难的阐释与风沙流、云团、太阳系仪、黑板和台球的镜头交错进行。从电子云到电子如何“再生”，从薛定谔（Schrodinger）方程到月形天蚕蛾的缓慢孵化，从阿尔伯特·爱因斯坦到描述波和干扰照片的贝尔尼斯·阿博特（Berenice Abbott）（“科学家们想了解的激情和艺术家们想观看的激情是并行的”），“量子宇宙”逐渐演变成了一首音诗，纵然这个概念（也就是说，科学）仍然是“难以捉摸的”，但是《纽约时报》盛赞其为“优雅地整合在一起的一小时”，有着令人回味的图片和启发性的观点。[88]

到 1989 年秋，随着布拉德利对规划负责，阿德里安·马隆对行政压力和日益减少的经费发出了抱怨，并且辞职了。西南贝尔公司决定不再对第七季进行承销。[89]公共广播公司（CPB）的审查小组对第七季的提案给予了极其负面的评论（“其艺术性妨碍了内容”；“意象引人入胜，但是这个系列片没有内聚性”）。[90]公共广播电视台（PBS）也不再支持它了，WETA取消了这个系列片，而不是寻找新的承销商。

基本交流

史密森尼对传播科学知识的历史性特许承诺应该让该机构成为电视节目的理想合作伙伴。举世闻名的员工、馆藏和研究设施为可视化提供了大量珍贵的话题。所以到底发生了什么呢？确切地说，独特的个性、财政的约束以及政治压力影响了产出，但是成功的最大障碍是两个不同世界中根深蒂固的态度，即电视和科学。那些同样的态度抑制了很多试图在美国制作高质量科学内容的其他尝试。电视经济驱动的需求把知识的“独家获取权”圈围起来，这与科学家们与生俱来的冲动相冲突，科学家们共享观点和信息以便他们可以互相使用。电视对作为质量最好量尺的观众规模的顶礼膜拜意味着制片人落入了（或者被迫进入了）选择娱乐而非教育的陷阱，即便后者可能更合适且更尽责。最后，为了持续地服务于观众，专业人员——电视和科学领域中——不愿意彼此妥协也损害了制作最佳可能节目的过程，并阻碍了未来的科普事业。两个团体都没有把观众需要什么以及应得什么放到视线之内。在这个过程中以高昂的代价强行取得的偶尔成功——比如“量子宇宙”——为本来应该是什么样子提供了一瞥。它们还凸显了在电视这个媒介的前半个世纪里所丧失的大量机会。

第 十 五 章

所有科学，所有时间

如果我们在传播和交通方面所拥有的东西不能像过去那样为社会提供无限复杂的神经系统的话，我不会感到奇怪……（如果）你把人类神经系统放到一个牡蛎体内……在前几周这个可怜的牡蛎将会有一个艰难的时刻，因为一下子涌入它脑海的感受和信息要比它准备好去处理得多很多。

艾伦·格雷格（Alan Gregg），1938[1]

科学作家海伦·迈尔斯·戴维斯（Helen Miles Davis）把一台彩色电影摄像机带到了1952年内华达州丝兰平地（Yucca Flat）的原子弹试验场。[2]随着她的镜头扫过“上镜的上层人士”，在媒体代表聚集的小山坡上，威廉·L·劳伦斯（William L. Laurence）和其他著名的报纸记者们微笑着挥舞双手。在几帧过后，戴维斯摄制了电视的普及是如何变迁的典型象征：一台电视摄像机架在KTLA-TV的卡车上，而这辆卡车把原子弹试验的图像传输给全国的每个人，让纽约市观众在阅读劳伦斯（Laurence）写给《纽约时报》的新闻的前一天就可以亲眼看到并听到这次爆炸。[3]无论这篇文章多么精确、综合以及有见地，无论对其中的物理学解释的多么完美，可视化的现实性让纸质文章的影响力相形见绌。观看戴维斯拍摄的蘑菇云画面就可以对早期电视观众所认为的如此不可抗拒感同身受，蘑菇云美得让人不安、恐惧，就好像是一个和天空连在一起的海葵，散射着如菊花般的放射性尘埃。我们也在昏暗中昏厥过去了，对可视化感到欣喜，我们对影像的直接经验让所有的情境和解释都缺席了。起初，我们只看到了蘑菇云—— 一个不规则的“黑盒子”；随后，也只有在随后眨着眼睛重返21世纪，记住了我们对核爆威力的了解。我们调整了自己的注意力，并且把意义强加给了屏幕上可见的科学。

评论家汤姆·沙尔斯（Tom Shales）写道，“迟早有一天，所有的东西不是走进电视，就是自动消失。”[4]对于科普所发生的一切，这句话可能也同样适用。电视不是忽视了科学，而是把它吸收进了新闻、纪录片和娱乐当中。研究潜能被过分夸大，科学家们被淡化为名人，而科学发现也和“莫须有的”戏剧相提并论。即使当没有什么值得观看的时候，电视机也在黑暗中发着光，一些画面奔腾而过——日益脱离他们的情境。科学和科学家、事实和虚幻成为电视的一部分，成为竞争观众注意力的另外一种“呈现”，与这种事实相较而言，（规模从来没有这么大的）致力于当代科学研究深入讨论的内容的比例就不太重要了。

没人——媒体、联邦政府、科学共同体和非营利组织——走上前来就所播放内容的真实性和可靠性为观众承担起评估、预订、设计和评价的责任。也许幻觉的诱惑，屏幕上的喜悦，或者体量庞大的夜间节目阻碍了这些努力。除了偶尔的委员会或者会议之外，没人真的考虑过如何更好地把这项非凡的技术用于让公民过上更好的现代生活上，而在现代生活中公民会密切地参与并受到科学知识及其应用的影响。相反，通过电视接受教育的任务（有关核能、转基因、纳米粒子或两性关系的基本常识）被留给了观众的自由裁量权。把基本原理——为什么要相信科学证据，科研人员如何避免错误和欺诈，为什么有些结论是初步的以及稍晚的时候在不破坏科学过程可靠性的情况下又推翻了这些结论——告知或者启发观众，即使真的有的话，也是进行得十分随意。每个人似乎都认为观众们将自谋生路。此外，就像从海底搅起的泥沙一样，接二连三的未分类内容有时候会掩盖观众们需要评估的真正信息，并干扰到明智的选择。

美国电视从来没有全盘地接受科学。电视产业选择的是过去那些数百万观众发现的有意思的话题和人物，而不是力图系统地报道全球的科学。制片人选择那些他们认为观众会观看的领域（偏好生物学和博物学）和科学家（偏好富有魅力的以及积极配合的），然后把这些选择推销给承销商、赞助商和电视台网络。对内容无情的去情境化然后进一步服务于证据和权威之间的关联，服务于科学研究被建构的影响与实际标准、惯例和人员之间的关联。

发生于电视中科学内容上的事情反映了在自由社会中旨在向远程大众受众传播的创作媒介的自然进化。实际上，在 1953 年，芝加哥大学教育电视委员会（University of Chicago Committee on Educational Television）预测说观众如何感受电视将对他们能从电视中获得什么产生影响。观众们“同时地”获得影像，也就是说，数以百万的人们同时收看和收听同一个节目，因而也在同时对同一个节目做出反应。然而，收看并不必然意味着理解。这个委员会强调说，一种共同的经历能否激发出对重大政治议题或者社会议题的公共讨论可能是将会发生在别处的事情，也可能是被社会及其制度所鼓励和启动的事情。[5] 20 世纪 50 年代期间的其他观察家们则哀叹电视荷花般的诱惑，向“未经训练的”观众挥手的“伏击的快乐”，但是这些警告同样没有得到重视。《基督教科学箴言报》（*Christian Science Monitor*）认为，未来将会由观众们对所提供内容的理解能力（这受到他们经历和教育的影响）以及他们需要更多高端内容的意愿来决定。[6]

在鼓励这些技巧方面，电视产业没有任何利害关系，同时在对进行改革的公共压力做出反应方面，电视产业也没有任何激情。

大多数科学家及其所在的机构仍然持观望态度，既不启动重大的电视项目，也不必然地支持那些启动了这些项目的企业家。创新人才的激情偶尔会有所作为。每当有著名科学家［罗伊·K·马歇尔（Roy K. Marshall）、雅克－伊夫·库斯托（Jacques-Yves Cousteau）、雅各布·布伦诺斯基（Jacob Bronowski）、卡尔·萨根（Carl Sagan）、菲利普·默尔森（Philip Morrison）以及大卫·铃木（David Suzuki）］介入的时候，其结果往往是令人难忘的。同样重要的角色也由充满智慧的中间人［琳恩·普尔（Lynn Poole）、弗兰克·C·巴克斯特（Frank C. Baxter）、唐·赫伯特（Don Herbert）、琼·古德菲尔德（June Goodfield）、大卫·艾登堡（David Attenborough）］以及产业界专业人士（大卫·L·沃尔泊（David L. Wolper）、阿德里安·马隆（Adrian Malone）、迈克尔·安布罗西诺（Michael Ambrosino）］担任，他们把电视这个媒介的潜力发挥到了极致。最好的电视科学满足了所有各方的高期望。大多数电视科学让观众们获得了娱乐，它把戏剧性情节和对话，绝妙的博物学纪录片或者新闻报道纳入到了节目中。

令人大失所望的是，起初电视似乎为科学家和社会间由来已久的隔阂提供了一种补救措施。观众们在实验室里可以变成刺探隐私者，从研究人员的肩上望过去并更多地了解他们的研究工作。然而在10年里，电视中的科学被调节，变成了让人敬而远之的娱乐，变成了由代理人和名人们呈现的盛大演出。也许在电视最初关键的几十年里，科学组织的参与并没有带来任何改变。我们永远也不知道，但是却情不自禁地对失败的尝试感到哀叹。可能对科学节目和科普人员鼓励、赋权（enabled）、支持以及进行承销的有影响力的机构——美国科促会、美国国家科学基金会和美国科学院——也哼哼唧唧，支支吾吾，犹豫不决。约翰·霍普金斯大学、史密森尼学会和其他以教育为导向的机构偶尔会支持一些成功的项目，但是它们对电视的承诺则是飘忽不定的。只有国家地理学会坚持了几十年，承担起了必要的经济风险，并最终把节目扩展到了广泛的科学和工程领域。

趋势和金钱

“有钱能使鬼推磨”。和纸媒科普以及科普讲座所发生的情况一样，从 20 世纪 40 年代到 90 年代，观众们获取的内容是市场所塑造的。[7] 在电视出现的头 10 年里，美国主要电视网络上播放的定期安排的非虚构科学系列片的数量在上升，并在 1951—1955 年达到高峰，然后在接下来的 5 年里持续下滑，科学在美国电视内容方面的比例再也没能重塑辉煌，直到专门的有线频道设立。[8] 到 60 年代，适合于所有年龄阶段的科学相关节目以及教育性节目在广播网络中大量地消失了，在优质的播放时段取而代之的是戏剧、喜剧、娱乐节目，体育赛事以及类似的消遣节目。在 70 年代中期之后，商业电视网络有时候甚至没有为全国观众提供定期的科学节目，从而让地方商业电视台和公共广播电视台用多家电视台同时播放的节目（主要聚焦于自然方面）来填补这个空白。虽然公共广播系统最终设立了创新性的儿童节目，但是在 1967—1979 年间主要的商业电视网络没有制作出一档新的儿童电视节目。到 70 年代，以商业渠道为目标的科学节目似乎注定是要失败的，“和高雅的、自以为是的人一起制作，并且对素材的敬畏缺乏幽默感”。[9] 而公共电视似乎也深陷普通观众会收看节目这个未经证实的假设当中。喜剧演员弗莱德 · 艾伦（Fred Allen）曾嘲弄地说道“模仿是电视最真诚的方式”。[10] 由富有魅力的好莱坞明星担任解说的造价昂贵且拍摄精美的科学节目也邯郸学步，亦步亦趋。

在 20 世纪 90 年代，美国人每周用在看电视上的平均时间达到 30 小时。到 1993 年，典型的美国家庭可以选择收看 13 个免费的广播频道，还有另外 40 个付费频道。[11] 超过三分之一的美国家庭至少拥有三台电视机，而超过四分之三的家庭都拥有一台录像机，并且他们对喜欢的节目积极地进行录像并重复观看。[12] 尽管有这些扩展的机会，科学的内容仍然受到限制。在 1992 年的华盛顿巴尔的摩地区，三个主要公共广播电视台中大约有 16% 的节目可以被看作是科学相关的，然而该地区的商业广播电视台却无视科学，除非这些节目和自然或者医学相关，或者和虚构的电视剧以及喜剧纠缠在一起。[13] 信道容量的扩充并没有刺激更多的科学内容。在 1996 年波士顿地区的电视中（33 个广播频道和有线频道），只有不到 2% 的内容（在分析的 660 个小时中科学内容稍微多于 10 个小时）致力于科学，并且大多数还都是着眼于健康或者博物学，且大都安排在午夜之后播放或者在有线频道上播放。[14] 有两个节目是公共广播电视台（PBS）对商业内容做出反应的典型代表。到 1993 年，演员艾伦・艾达尔（Alan Alda）主持了 GTE 公司（GTE Corporation）负责承销并由格雷厄姆・切德（Graham Chedd）和约翰・安吉尔（John Angier）制作的《科学美国人边疆》（*Scientific American Frontiers*），艾伦・艾达尔对木乃伊、贝壳和犀牛展示出了科学控一般的兴趣，同时也击碎了传统上围绕着大众科学的庄严肃穆的氛围。1995 年，阿德里安・马隆的《诺贝尔遗产》（*The Nobel Legacy*）迷你剧全部由一家制药公司提供赞助，该节目透过后现代学院主义的视角对科学进行了考察，同时还有公开地质疑科学客观性理念的人文科学教授的评论。[15]

《新星》的历史表明了经济需求是如何影响内容的。第一季（1974）的主要经费来自于国家科学基金会，并且大多数节目都是歌颂基础研究的。到 20 世纪 90 年代末，企业捐赠者在承销商名单中占据了主导地位;《新星》最常谈论的话题是工程和医学研究。在《新星》历史上的大部分时期，每次收看节目的观众数量平均达到 1000 万人左右　　这些人中只有十分之一到一半的人收看流行商业节目。随后，随着探索频道和学习频道的设立,《新星》面临着更激烈的竞争。通过一些系列片，比如《愤怒星球》（Raging Planet）（龙卷风、地震和海啸）、《爪牙》（*Jaws and Claws*）（食肉动物）以及《爆破大师：爆炸的科学》（*The Blast Masters*：*The Science of Explosion*），有线电视的运营可以吸引到 2~3 倍以上的观众。[16] 取悦和保持《新星》的核心观众（中产阶级男性）需要日复一日地忠实于特定的话题，坚持美国有线新闻网络通讯记者迈尔斯・欧布莱恩（Miles O'Brien）所谓的通过“轰动性的视觉形象吸引半打啤酒乔（Joe 6-Pack）的注意力。”（该词在 1977 年被首次记录，用来指给一个带着建筑工头盔穿着内衣，在一晚上会把半打啤酒全部喝完的穷人，现在一般特指美国农村下班后和朋友喝酒玩乐的典型中下阶级人群。——译者注）电影制片人乔・莱文（Joe Levine）认为，90 年代末期科学节目通常竭力迎合“玩具人群”（“20~35 岁之间相对富足的男性，他们通常上过大学。他们偏好的东西似乎是性、暴力、机器、军用物资和体育赛事”）。[18] 弥尔顿・陈（Milton Chen）告诉我们说，在竞争这些观众的努力中，《新星》加强了其哗众取宠之风。[19]在1991—1992季中，《新星》的平均观众份额达到所有拥有电视家庭的3.1%（9210万户中的285万户），而其收视率达到最高的第四集吸引了更多的观众：《来自科威特的地狱战士》（*Hell Fighters from Kuwait*）（4.7%的份额，或者430万观众）、《谁射杀了肯尼迪？》（*Who Shot Kennedy?*）（4.4的份额，或者400万观众）、《潜水艇！》（*Submarine!*）（4.1的份额，或者380万观众）以及有关仿造的《不正当地赚钱》（*Making a Dishonest Buck*）（4%的份额，或者370万观众）。越来越多的节目讨论考古学和人类学方面的话题，虽然该领域的专家们对其结果表示哀叹："对所展示的地点或者在考古学是如何工作的方面缺乏先验知识的观众未必能从可观察到的证据和毫无根据的推断中获得的理性推理与意识形态驱使的伪科学之间看出任何区别。"[20]

在整个20世纪90年代，自然节目仍然是观众最喜欢的［比如，迪士尼频道的《野生保护区》（*Wild Sanctuaries*）、《野生动物国际》（*Wildlife International*）、《野生旅行》（*Wildlife Journeys*）、《野生动物故事》（*Wildlife Tales*）以及《野生孤儿》（*Orphans of the Wild*）］。华特·迪士尼公司在1996年建立了自己的有线频道"动物星球"（Animal Planet）（"全时，全动物"）。国家地理学会最终也于2001年开设了自己的有线频道——国家地理网络（National Geographic Network），播放来自于该学会纪录片档案库的精选节目，同时《今日国家地理》（*National Geographic Today*）则是一档有关科学和环境的工作日夜间新闻节目。

至于观众们真正从这些任何内容中获得了什么，量化的数据少得惊人。在20世纪90年代中期，关于观众们从《新星》或者其他公共广播节目中学到了什么，弥尔顿·陈找不到任何的评价。[21]一些研究记录了哪档节目吸引了最多的观众，以及多少观众收看了每一集，但是没有人会问人们是否真的得到了他们想要的信息或者只是收看了所提供的最具娱乐性的节目。没有综合的研究去调查探究观众们在一个电视播出季过程中获得了什么，更不用说他们的一生了。埃伦·瓦泰勒（Ellen Wartella）和她同事的研究结论表明电视这个媒介的泛在性实际上已经混淆了这些问题的精确答案。[22]在美国历史上未被记录的某些时刻，暴露在电视面前和呼吸一样极其普通，而且电视对观众的长期影响也难以测量，如果不是毫无可能的话。[23]我们确实知道的是，从50年代到90年代，提供给观众（无论老少）的科学内容变得越来越哗众取宠，越来越和虚构纠缠在一起，越来越全神贯注于道德困境，在视觉上也越来越不真实。沃森·戴维斯（Watson Davis）曾俏皮诙谐地建议把哗众取宠的影像（或者甚至诸如“黄金”和“性”这些词语）点缀于科学新闻报道中，以获取观众的注意力。[24]很多科学纪录片节目的制片人在如何保证好的收视率以及取悦忠实的观众方面似乎也做出了类似的假设。

医学、太空和科学的小说化

像医学和太空这样的话题，事实和虚幻的交织在电视节目的前几季就开始了。到 20 世纪末，有关医学的专题纪录片全盘地接纳了娱乐的技巧，聚焦于仿佛是某个戏剧中一个角色的单个患者，或者利用手持相机跟拍工作中的医学专家，就像摄影师追踪正在觅食的动物一样。美国广播公司的迷你剧《霍普金斯 24/7》（7 天，24 小时）是在约翰·霍普金斯大学的教学医院拍摄的，而大学对此予以合作的理由呼应了 50 年前制作《约翰·霍普金斯科学评论》时的想法：这个系列片将有助于公众理解并支持医学研究和培训。[25]对于虚构的医学电视剧来说，通过聘用备受瞩目的医学顾问可以持续地对“现实主义”予以验证，正如詹姆斯·莫泽（James Moser）对《医学工作者》（*Medic*）所做的那样。[26]从 70 年代开始，医师团体盛赞日间肥皂剧，因为它们把传播当代个人健康和公共健康问题可靠信息的情节纳入到了节目中；如今，黄金时段的电视连续剧也类似地提及了当代健康政策的辩论（包括试验性治疗的获取），比如《急诊室》（ER）。[27]电视还为早间和晚间新闻节目创造了一个新型的“名人医生”。梳着整洁干净的头发，身着时髦服装，抹去了岁月或者疲惫姿态的妆容，真正的（有时候是扮演的）医生成为了定期的剧组成员，他们通常看起来和《急诊室》中的演员一样帅气。[28]

太空报道也有着把真实性和幻想巧妙结合的类似经历。相互依存的太空英雄在电视剧中消失了，通过国际任务聘用的数千人让这不那么可信了。虚构的太空任务成为了团队任务。《星际迷航》（*Star Trek*）、《太空：1999》（*Space: 1999*）、《方舟 2》（*Ark II*）以及《太空堡垒卡拉狄加》（*Battlestar Galactica*）围绕着的是相互依赖的群体，他们在言谈举止上是军国主义的，并且用可怕的武器武装着，这些人通过合作行为和创新性科学和工程获得胜利。《百万美元先生》（*The Six Million Dollar Man*）和《无敌女金刚》（*The Bionic Woman*）想象着把非凡的医疗技术应用用于人类和社会问题；在《V 字仇杀队》（*V*）、《世界大战》（*War of the Worlds*）、《异型帝国》（*Alien Nation*）和《X 档案》（*The X Files*）中，外星人在试图征服地球的过程中利用了科学的悟性。[29]

戏剧成为了虚拟科学受欢迎的渠道，以至于物理学家和诺奖得主里昂·莱德曼（Leon Lederman）决定拍摄一部黄金时段播出的电视剧，该剧聚焦于真正科学家的生活和工作。[30] 在 1992 年，莱德曼解释说，这个新的节目［他效仿受欢迎的系列剧《洛城法网》（*L. A. Law*），将该剧命名为《洛城科学》（*L. A. Science*）］将包括“通常的性和戏剧，以及飞车追逐，但是英雄会是一个科学家，并且每个片段都将教授一些科学相关的东西。”[31] 这个观点并不那么激进——20 年后，米高梅（MGM）的一个制片人建议以史密森尼科学家的工作为基础设立“周播的动作冒险”系列片。[32] 莱德曼从国家科学基金会和能源部获得了经费，并且聘请制片人阿德里安·马隆来为新剧撰写剧本。虽然电视网络的管理人员们（他们无疑被这个有着令人钦佩社会目标的妙趣横生且两眼发光的物理学家迷住了）礼貌地倾听着，但是却给予了否定的答复。据报道称，一些管理人员回应说他们“不做科学”（好像它是一项运动或者爱好一样）。

科学已经在他们的网络日程中了，当然是注入或者并入到戏剧、虚构的角色、名人访谈、纪录片和新闻报道之中的，以作为解决犯罪案件或者拯救生命的情节设置。科学已经成为了电视戏剧内容的一部分，而不是和戏剧内容截然分开。在莱德曼提出倡议的 10 年里，在诸如《犯罪现场调查》和《识骨寻踪》的戏剧中，法医科学家团队正在把研究和犯罪调查结合起来。在节目中，剧中人物设立一些实验来测试某项罪行是如何犯下的理论，并且采用了化学、生物和计算机分析技术——包括昆虫学知识和植物学知识——来鉴别肇事者：“《犯罪现场调查》已经成为了收视率冠军，因为它为观众们提供了艰难时刻的一线希望，而不是疏远那些从未修过科学课程的观众。当生命中的所有事情都是不确定的时候，你还可以依赖科学的确定性。”[33] 另外一档流行的犯罪系列片《法律与秩序》（*Law and Order*）的片段有时候会有一些这样的情节：一些虚构的科学家为了保护自己有缺陷的或者非法的研究项目而犯下谋杀罪。在所有这些戏剧中，无论是被用来协助犯罪还是执法，科学都尽可能多地被提及。观众们被持续不断地提醒说，伴随着科学知识的利用会有必要的道德选择和经济选择，不管正确与否。

诡计、人工性和黑箱

电视时代只是为科学普及提供了常规的下一阶段，以及为广播的科学节目提供了加强版吗？还是这个媒介固有的特征——无所不在、动画的利用和重构、合成的时间感、大众受众的“同步性”——把电视科学内容与通过纸媒、广播或者电影传播的科学内容区别开来了？这个媒介如何改变了科学的信息？

1969 年，塞雷娜·韦德（Serena Wade）和威尔伯·施拉姆（Wilbur Schramm）认为已经进入并占据美国人生活的电视的独特地位在于对文化理解的显著影响。韦德和施拉姆写道，“通过电视上的一系列事件”，对观众进行填充的“事实和发现”可以作为他们学校学习和日常生活经历的补充。[34] 像洪美恩这样的分析人士认为电视影像“渗透到了我们日常生活的纹理之中”，即使在电视关着的时候。[35] 雷蒙德·贝鲁尔（Raymond Bellour）写道这种物理上的泛在性“和电视上发生的所有事情这个事实，绝对是所有事情，（无差别地且同时地）形影相随”。[36] 因为文化中的这种无所不在，电视对科学的边缘化、合并以及再阐释产生重大影响，影响公众的接受和理解，即便这个媒介本身现在已经被线上以及线下更新的技术和获取模式所改变。

电视“表面上的现实”长期以来为科学知识的传播带来了一个特殊挑战。[37] 甚至在最精良的纪录片中现实生活和幻想的边缘也变得模糊不清了。罗杰·西尔弗斯通（Roger Silverstone）注意到，“科学裹得严严实实的进入到电视中”；到有关科学的信息或者由科学创造的信息被纳入到电视内容中的时候，这些知识已经进入倒数时间了，并且已经从想法（一个私有流程）转向了出版（此时这项工作被公布于众）。[38] 然后电视用幻觉的面纱罩住了科学，并且把由此产生的叙事重塑为有趣又让人惊讶的东西，或者让人恐惧又惊讶的东西——总是把叙述从真正的研究经历推得更远。《新星》曾经给一个节目加上了“以实际天文学为基础”的标签，似乎不再依赖观众的能力对事实和虚构化进行区分。

一开始，电视普及者必须要学会在不让观众感到厌烦或者迷惑的情况如何让他们参与进来，但是创作欲望和冲动会引入不真实的成分。在真正的实验室里对实验活动进行简单的拍摄传达了太多的真实情况，其结果必然是枯燥难耐，童叟无欺，或让人费解的，所以节目开始引入对事件的重构。《奇才先生》用演员替代了邻家小孩，因为在依照脚本对可预测结果进行复制的“实验”期间，演员们会保持动作的连贯性。博物学节目的导演们开始用多台相机对观点进行切换，或者把一个地方拍摄的动物镜头与在其他地方录制的相似动物的声音结合起来。甚至大卫·艾登堡被广为赞誉的迷你剧《野鸟世界》（*The Life of Birds*）也使用了先进的电脑动画来“展示”史前鸟类的“飞翔”，然后把这些影像叠加在真正的森林和云彩的影片之上。把现实和假想的重建以及动画相结合，“再建”人眼无法看到的天文现象，利用延时摄影技术来加速试验，所有这些技术在科学和自然纪录片的世界中已经成为了家常便饭。

广播的合成状态还持续地扭曲着时光之箭。同时存在着“真实时间”和“媒体时间”，且二者都有不同的视角。[39]比如，把在电视上观看 1939 年世界博览会游行的经历与个人亲自观看这场活动的经历进行比较，前者提供了舒适的座椅和对权贵们更近的视角；而后者提供的是“亲身”经历。站在一旁，观看游行的人既感受到不好的方面（迟到，两脚发酸），又感受到好的方面。然而，人们越来越倾向于选择合成的节目，特别是如果根本没有希望去亲身感受的时候——或者亲身感受的代价让人望而却步，让人不舒服，或者无法实现（比如核武器试验），这并不令人感到惊讶。雷·芬克豪泽（Ray Funkhouser）和尤·金肖（Eugene Shaw）认为合成媒体经历的“流行”也培养了观众们对完美抱有一种不切实际的期望：“和任何一个现场观察者可能经历的相比，我们所看到内容的很大比例都更加平顺，更专业且更精致”。[40]电视新闻制片人选择口才最好且最适合出镜的科学家进行采访；科学节目的实验必然会取得成功；而在虚构的戏剧中，科学实验在阻止灾难或者解决犯罪方面总是被证明有帮助的，甚至是不可或缺的。每当这些合成的影像与真实经历或者想象的经历相符合的时候，观众们更容易把媒介化的世界看作是自然的。[41]康丝坦斯·潘黎（Constance Penley）认为巧妙的合成实际上鼓励了观众们施加他们自己的“现实”，并因而对信息“进行削减”，比如把他们记忆中真正的航天机构（美国国家航空航天局）和《星际迷航》中虚构的机构结合成潘黎戏称的“美国航空航天局 / 迷航”（NASA/TREK）。[42] 比尔 · 麦克基本（Bill McKibben）对电视如何呈现自然的类似失真表示公开谴责。在有关自然界“丢失信息的时代”，对电视的人工完善已经习惯了的人们会发现未被强化的或者未被驯服的现实是让人失望的。[43] 在自然环境下，真正的蜥蜴在岩石下匆匆窜过，而黄莺则隐没于树冠之中。

电视倾向于孤立地呈现科学（我们知道的），而非来源于理论和先前的工作（我们如何知道我们知道了），并且倾向于用同等不合格的保证来对所有事情进行表态。琼 · 古德菲尔德指出通俗叙事通常会边缘化假说构建的重要性，忽视“发现的模式、局限性和本质，确定性和不确定性的平衡……科学的方法论和科学精神……以及基本事实信息的潜在联系”。[44] 哈里 · 柯林斯（Harry Collins）和科学学研究共同体中的其他人也同样批评电视把科学描述为“明确且棘手的知识”的做法，而非作为获取资格和修改的对象。[45] 被作为独立影片制作的杂志版式系列片中的一些情节，比如《新星》《科学美国人前沿》和《自然》，不仅在周与周之间表现出了连贯性的缺乏，而且在每个小时结尾的时候，还体现了完整性的错误信息，好像在黑熊、脚气病或者黑洞方面没什么更多可说的了。

到 20 世纪 70 年代末，电视开始做得越来越好的事情是考察科学的政治问题和伦理问题，以及在实验室的“黑箱”中被掩盖的其他方面。[46] 这种趋势（为电视上的科学——译者注）提供了一线生机。生物学家理查德 · D · 克劳斯纳（Richard D. Klausner）指出，通过讲故事的方式，受欢迎的叙述可以解释“科学是长时间且连续叙事的一部分”：“科学的真正故事反映了它的一系列价值观——抛弃过去假设的自由；未来不同于当下的可能性，并且这些不同是通过我们自己的工作和我们自己的知识所产生的；权力应该来自于证据而非权威。这些崇高的思想在充满汗水和污泥的真人戏剧的竞争和失败中以及灰心丧气和雄性壮志中被耗尽——最重要的是在惊人的好奇心中被耗尽。”[47] 这些故事还符合了这样一种趋势，即告诉观众“该怎么想”（也就是，设定公共辩论的议程）而非想什么。[48] 通过发出重要性的信号，电视鼓励观众注意其他渠道中有关科学的信息。[49] 为了展示而对科学进行布置安排，电视铺垫了观众们的兴趣，并宣布这个话题值得关注。通过深入探究研究人员的道德冲突，纪录片给科学赋予了人的面孔。在被炒作、争议和名人主导的媒体环境中进行竞争，电视上的科学需要调整它自身的环境，选择那些能吸引住大多数观众的方面。

此外，在电视时代，观众"从来都不是中立的"。[50]屏幕上所发生的事情反映了一种汇集的且不协调的假设，即电视网络、电视台、制片人、剧作家、广告商和承销商在意他们试图到达的观众，以及在意那数百万人似乎更喜欢什么。毕竟，遥控器握在观众手里，他们才是有权决定是否切换电视频道的人。

把目光放到电视之外

虽然弗兰克·巴克斯特（Frank Baxter）亲身感受了电视的本质力量，但是他也知道电视的局限性——既不是"高等教育的自动售货机"，也不是把"文化"（或者科学）注入到每个人动脉中的技术。[51]当世界过渡到网络时代的时候，一些观察家开始认为电视会落后于潮流或者被淘汰。[52]然而，就像自动售货机一样，这项技术适应了一个重新配置的市场。科学节目对在线视频和交互功能开始发挥了补充功能，实际上，虽然电信专家曾经敦促史密森尼准备这样做。个人最终将能够"像进入一个研究资料库一样进入史密森尼"，他们在 1972 年预测说："这个想法是组织一个数据体系——图表的和文字的，如此一来个体的材料包就可以被电脑进行装配。这个数据体系包括参考目录、来自于藏品的影像材料、录像片、有时候附有来自于借阅馆藏的'真实'材料。这些数据包可以利用荧光屏显示器在博物馆的一部分或者在临近的中心进行递送……并最终它将到达个人自己的电视上。"[53]阿帕网（ARPANET）、互联网和最终在网络上成为图形接口的东西，连同有线传输和无线传输，价格合理且便于携带的录像设备，以及紧凑、高效且价钱实惠的接收装置都在地平线上变得清晰可见。在 21 世纪的前 10 年里，个人可以在机场、汽车或者无线信号强的任何地方收看电视。科学和文化机构生产的知识确实已经像研究资料库一样容易获取了。

然而，科普人员面临的挑战仍然没有变化，因为没有团队或者组织承担起帮助消费者理解供其使用的科学信息这项艰巨的任务。渠道的扩张只会增加每个观众的困境。面临着无所适从的选择，以及因缺乏正规教育的良好训练而越来越无法区别科学与伪科学或者分析复杂的技术信息，美国人急急忙忙地钻进了让人安逸的小众市场渠道，通常情况下是他们会从喜爱的节目中进行选择，而非探索任何新的东西。

无论你是否收看电视，是否在电视上出镜过，是否密切关注着电视，电视的文化影响都是广泛的，深远的，错综复杂的。20 世纪有关科学的公共讨论的政治化，加之大众媒体对科学虚幻影像建构的权力以及把它们投射到电视娱乐这个万花筒式的环境，都重置了科学家与公众的关系。电视打破了刻画传统科普的人工程序。电视这个媒介放大了每个错误，强化了嘴唇上的每颗汗珠，摘下了整体的神秘面纱。威廉·奥尔比格（William Albig）曾写道，广播把“思维能力”从“视觉感知”中分离出来，并由此鼓励心灵的眼睛来提供视觉。[54]在电视上，起初这些功能似乎得以再次联合，但是可视化很快就占据了主宰地位。无论是为了教育还是为了虚构，吸引最大可能观众的需求促使电视版本的科学越发地面向炒作、政治、名人和代理人，并越发地脱离真实的科学，脱离对科学结论和建议背后的思想和推理论证的关注。

电视应该受到谴责吗？随着电视时代的开始，哥伦比亚广播公司的教育顾问莱曼·布莱森（Lyman Bryson）认为“智慧和胡说八道存在于人类自身之中，而非存在于他们所使用的机器中。”[55]我们选择如何使用传播技术，并且作为一个社会，我们把这些技术变成了我们希望的样子。在我们广阔的世界以及我们星球之外的广阔世界里，电视为人类提供了非凡的一瞥，并且人性也因为这些机遇而得以丰富起来。但是还有比电视更多的生活。生态环境保护者奥尔多·利奥波德（Aldo Leopold）在 1948 年想知道随着无限制地获取新技术，一个更高标准的生活是否“值得为自然、野生且自由的事情所付出的代价”，然后他得出结论说“看蚂蚁上树的机会比看电视更重要。”[56]纵然相机和壮观且匠心独具的摄影技术现在可以让观众分享我们在鸟类翅膀上滑翔的幻觉，同时辅以著名鸟类学家提供的现场转播，但是我们地球现状的现实为我们把眼光放到电视之外提供了一个理由，也为我们关注大雁在哪里飞，为什么飞以及是否能飞提供了一个理由，还为我们关注试图解决这些问题的研究提供了一个理由。和电视上所呈现的相比，还有更多的科学。

参考文献

本书引用文献缩写

Acc. = 新增藏品

IGY = 国际地球物理年

NAA = 国家科学院档案

RG = 纪录组

RU = 纪录单元

SIA = 史密森尼学会档案

第一章

1. Quoted in University of Chicago Committee on Educational Television, "Television and the University," *School Review* 61 (April 1953): 225.

2. "Dedication of RCA Seen on Television," *New York Times*, April 21, 1939.

3. H. G. Wells, "World of Tomorrow," *New York Times*, March 5, 1939.

4. Allen B. Du Mont, "Television Now and Tomorrow," *Journal of Marketing* 9 (January 1945): 287.

5. University of Chicago Committee, "Television and the University," 202.

6. Richard Koszarski, "Coming Next Week: Images of Television in Pre-war Motion Pic-tures," *Film History* 10 (1998): 128–140; and "Radiovision in Homes This Fall," *Science News Letter* 14 (August 25, 1928): 113.

7. "Sights to Be Seen: New York World's Fair, 1939," *New York Times*, March

15, 1939; and Robert W. Rydell, "The Fan Dance of Science: American World's Fairs in the Great Depres-sion," *Isis* 76 (December 1985): 525–542.

8. Helen A. Harrison, "Stuart Davis's 'World of Tomorrow,' " *American Art* 9 (Autumn 1995): 97; and Jody Patterson, "Modernism and Murals at the 1939 New York World's Fair," *American Art* 24 (Summer 2010): 50–73.

9. "Dedication of RCA Seen on Television," *New York Times*, April 21, 1939; Orrin E. Dun-lap, Jr., "Today's Eye-Opener," *New York Times*, April 30, 1939; Orrin E. Dunlap, Jr., "Cer-emony Is Carried by Television as Industry Makes Its Formal Bow," *New York Times*, May 1, 1939; Joseph H. Udelson, *The Great Television Race: A History of the American Television Industry, 1925– 1941* (University: University of Alabama Press, 1982), 129–130; Ron Becker, " 'Hear-and-See Radio' in the World of Tomorrow: RCA and the Presentation of Television at the World's Fair, 1939–1940," *Historical Journal of Film, Radio, and Television* 21 (October 2001): 370; and Anthony Smith, ed., *Television: An International History* (Oxford: Oxford University Press, 1995), 28–30. See also "RCA Presentation: Television," http://www.archive.org/details/RCAPrese1939?start=209.5.

10. "Visitors Take Part in Television Show," *New York Times*, May 4, 1939; and "Notes on Television," *New York Times*, June 11, 1939.

11. Orrin E. Dunlap, Jr., "Act I Reviewed," *New York Times*, May 7, 1939.

12. John Cabot Smith, "Television Reaches Capital and What Seemed Magic Becomes a Fact," *Washington Post*, January 29, 1939; and Orrin E. Dunlap, Jr., "Birth of the News: Scientists and Broadcasters to Open Bag of Tricks at the World's Fair," *New York Times*, March 5, 1939.

13. Dunlap, "Act I Reviewed."

14. Du Mont, "Television Now and Tomorrow," 276–279; William C. Ackerman, "The Dimensions of American Broadcasting," *Public Opinion Quarterly* 9 (Spring 1945): 1–18; and C. V. Newsom, "Radio and Television," *Scientific Monthly* 79 (October 1954): 248–252.

15. Robert N. Farr, "Television, When and How," *Science News Letter* 46 (July

22, 1944): 58–59; and Erik Barnouw, *The Golden Web: A History of Broadcasting in the United States, 1933–1953* (New York: Oxford University Press, 1968), 216–245.

16. David Weinstein, *The Forgotten Network: DuMont and the Birth of American Television* (Philadel-phia: Temple University Press, 2004).

17. Du Mont, "Television Now and Tomorrow," 278–279.

18. Dallas W. Smythe, "A National Policy on Television?," *Public Opinion Quarterly* 14 (Autumn 1950): 469.

19. Harry P. Warner, "Television and the Motion Picture Industry," *Hollywood Quarterly* 2 (October 1946): 11–18.

20. Jack Gould, "Television: Boon or Bane?," *Public Opinion Quarterly* 10 (Autumn 1946): 314–320.

21. 同上 , 314–315.

22. Robert T. Bower, *Television and the Public* (New York: Holt, Rinehart and Winston, 1973), 7.

第二章

1. Lynn Poole, "Science on Video," *New York Times*, March 9, 1952.

2. Judy DuPuy, *Television Show Business* (Schenectady, NY: General Electric, 1945); and Robert L. Gibson, "Some Preferences of Television Audiences," *Journal of Marketing* 10 (January 1946): 289–290.

3. The title—identical to the 1945–1946 radio series—was the company's advertising slogan. *Serving through Science: A Series of Talks Delivered by American Scientists on the New York Philharmonic-Symphony Program* (New York: U.S. Rubber Company, 1946); and Tim Brooks and Earle Marsh, *The Complete Directory to Prime Time Network and Cable TV Shows, 1946–Present*, sixth edition (New York: Ballantine Books, 1995), ix, 919.

4. "Writer Hails Use of Teaching Films," *New York Times*, December 4, 1946.

5. Joan Aucourt, "Television: A Double Take," *Hollywood Quarterly* 3 (Spring

1948): 258.

6. Philip Wylie, quoted in Mort Weisinger, "Swooning in the Gloom," *Los Angeles Times*, May 23, 1948. See also Jack Gould, "Television Builds for a Future of a Boundless Promise," *New York Times*, June 13, 1948.

7. Melvin Maddocks, "Revolution in a Living Room," *Christian Science Monitor*, November 22, 1957.

8. "Mars, Saturn, Moon Put on Telecast Act," *Christian Science Monitor*, March 22, 1948; and "Moon over D.C.," *Washington Post*, April 14, 1948.

9. Sonia Stein, "Chevalier Show a Bell-Clanger," *Washington Post*, April 10, 1949.

10. Brooks and Marsh, *Complete Directory*, 732–733. See also Roy K. Marshall, *The Nature of Things* (New York: Henry Holt, 1951).

11. "An Astronomer Clicks Doing TV Commercials," *Chicago Daily Tribune*, October 1, 1950; and John Crosby, "They Do Get Curiousest Items on TV," *Washington Post*, September 26, 1951.

12. Val Adams, "Educational Television: An Opinion," *New York Times*, June 10, 1951.

13. Marshall's television career came to an abrupt end in November 1953, when he was indicted for sending obscene replies to teenage girls who had written fan letters; he was sen-tenced to probation and treatment. "Judge Reveals Indictment of Commentator," *Chicago Daily Tribune*, January 13, 1954; "Dr. Marshall Confined," *New York Times*, January 16, 1954; and "Sci-entist Put on Probation for Five Years," *Chicago Daily Tribune*, May 26, 1954.

14. John Crosby, "Nature of Things as Marshall Sees It," *Washington Post*, May 6, 1951.

15. Roy K. Marshall, "Televising Science," *Physics Today* 2 (January 1949): 26; and Roy K. Marshall, "Learning Is Fun—If You Get It via Television," *Washington Post*, September 26, 1948.

16. "Science Programs Go Moon-Gazing," *Washington Post*, April 14, 1948.

17. “A-Bomb Program Alarms Audience,” *Washington Post*, September 19, 1948.

18. Don K. Price, *The Scientific Estate* (Cambridge, MA: Belknap Press of Harvard University Press, 1965).

19. Alice Kimball Smith, *A Peril and a Hope: The Scientists' Movement in America, 1945–47*, revised edition (Cambridge, MA: MIT Press, 1970); and David Hill, Eugene Rabinowitch, and John Simpson, “The Atomic Scientists Speak Up,” *Life*, October 29, 1945, 45–48.

20. “Lynn Poole, Won Early TV Prizes,” *New York Times*, April 16, 1969; Sue De Pasquale, “Live from Baltimore—It's the Johns Hopkins Science Review!,” *Johns Hopkins Magazine*, Febru-ary 1995, http://www.jhu.edu/~jhumag/295web/scirevu.html; Lynn Poole, *Science via Televi-sion* (Baltimore: Johns Hopkins University Press, 1950); and Leo Geier, *Ten Years with Television at Johns Hopkins* (Baltimore: Johns Hopkins University, 1958).

21. Johns Hopkins University Archives, JHU News Office Records, RG10.020, Series 10, 1:7.

22. Robert M. Yoder, “TV's Shoestring Surprise,” *Saturday Evening Post*, August 21, 1954, 30, 90–92.

23. Irving Stettel, ed., *Top TV Shows of the Year, 1954–1955* (New York: Hastings House, 1955), 6.

24. Larry Wolters, “TV Really Is Educational,” *Chicago Daily Tribune*, December 18, 1950; and Larry Wolters, “Lynn Poole Vies with Berle for Video Audience,” *Chicago Daily Tribune*, January 9, 1951.

25. Jack Gould, “Science Offered over Television,” *New York Times*, October 18, 1950; Leon-ard D. Pigott, “Biology Reaches a New Horizon: Science on Television,” *AIBS Bulletin* 1 (July 1951): 7; Robert Lewis Shayon, “Johns Hopkins Science Review,” *Christian Science Monitor*, Janu-ary 30, 1951; and Jack Gould, “What TV Is—and What It Might Be,” *New York Times Sunday Magazine*, June 10, 1951, 22.

26. Lynn Poole, “The Challenge of Television,” *College Art Journal* 8 (Summer

1949): 299–304.

27. Wolters, “Lynn Poole Vies with Berle.”

28. 同上

29. Poole, “Science on Video.”

30. 同上

31. Geier, *Ten Years with Television*, 21.

32. T. Dale Stewart to J. E. Graf, March 18, 1952, SIA (RU50), 43:2.

33. Poole, *Science via Television*; and “The Hopkins on TV,” *Newsweek*, March 17, 1952, 88–89.

34. Pigott, “Biology Reaches a New Horizon,” 7; and J. S. Ames to William H. Howell, May 21, 1934, SIA (RU7091), 151:9.

35. John E. McCosker, “I Don’t Want to See Any Water: Earl S. Herald, Aquarium Pioneer and Aquatic Dynamo,” *California Wild* 56 (Spring 2003): 37–41. See also Graham DuShane, “Science on TV,” *Science* 124 (November 16, 1956): 963.

36. Lawrence A. Williams, “ ‘Science in Action’ on California Television,” *Ward’s Natural Science Bulletin* 25 (September 1951): 4.

37. Benjamin C. Draper, “Producing ‘Science in Action,’ ” in Benjamin C. Draper, ed., *The “Science in Action” TV Library*, volume 1 (New York: Merlin Press, 1956), xi, xv.

38. Poole, *Science via Television*, 79.

39. Draper, “Producing ‘Science in Action,’ ” xv.

40. Lawrence E. Davies, “ ‘Science in Action,’ ” *New York Times*, July 5, 1953; and DuShane, “Science on TV.”

41. Gilbert Seldes quoted and interpreted in Carl Beier, Jr., “A New Way of Looking at Things,” *Hollywood Quarterly* 2 (October 1946): 1.

42. “Eclipse to Star on TV Tomorrow,” *New York Times*, June 29, 1954; and “Final Rehearsals for Eclipse Held,” *New York Times*, June 30, 1954.

43. Wayne Thomis, “Big Shots Check In for A-Blast of Same Name,” *Chicago Daily Tribune*, April 20, 1952; and William L. Laurence, “Atom Blast Today to Be

Strongest of All Except Those at Eniwetok," *New York Times*, April 22, 1952.

44. Helen Miles Davis, "We'll Grope in Dark," *Science News Letter* 61 (May 3, 1952): 275. See also James von Schilling, *The Magic Window: American Television, 1939–1953* (New York: Haworth Press, 2003), 77–78; and Allan M. Winkler, *Life under a Cloud: American Anxiety about the Atom* (New York: Oxford University Press, 1993), 91.

45. Hugh Baillie, "TV Audience Views Atomic Bomb Test for First Time," *Las Vegas Sun*, April 22, 1952.

46. Jack Gould, "TV Brings Atomic Bomb Detonation into Millions of Homes, but Quality of Pictures Is Erratic," *New York Times*, April 23, 1952; "L.A. Sky Watchers Miss Blast Visible over TV," *Los Angles Times*, April 23, 1952; and "History Is Made," *Time*, May 5, 1952.

47. Jack Gould, "Yucca Flat Reflects Danger of Overstressing Atom Destruction at Cost to Civil Defense," *New York Times*, March 18, 1953.

48. Sonia Stein, "Incredibly, 'Bomb' Was Tame on TV," *Washington Post*, March 22, 1953.

49. John Beaufort, "Telecasting in Verbatim Style Weighed," *Christian Science Monitor*, March 24, 1953.

50. Sidney Lohman, "News and Notes from the Studios: The Atom Bomb Tests—Parades, Oddities and Studio Items," *New York Times*, March 15, 1953.

51. William C. Ackerman, "U.S. Radio: Record of a Decade," *Public Opinion Quarterly* 12 (October 1948): 440–454.

52. Flora Rheta Schreiber, "Television's New Idiom in Public Affairs," *Hollywood Quarterly* 5 (Winter 1950): 145.

53. 同上

54. Ackerman, "U.S. Radio: Record of a Decade," 442.

55. Charles A. Siepmann and Sidney Reisberg, " 'To Secure These Rights': Coverage of a Radio Documentary," *Public Opinion Quarterly* 12 (Winter 1948/1949): 649–658.

56. Irving J. Gitlin, "Radio and Atomic-Energy Education," *Journal of Educational Sociology* 22 (January 1949): 327–328.

57. "ABC Blithely Looks Onward to 1960," *Washington Post*, September 7, 1947.

58. Susan Caudill, "Trying to Harness Atomic Energy, 1946–1951: Albert Einstein's Pub-licity Campaign for World Government," *Journalism Quarterly* 68 (Spring/Summer 1991): 253– 262; Schreiber, "Television's New Idiom," 151; and von Schilling, *Magic Window*, 137–138.

59. During the last season, the series was refocused on medical research and called *Medical Horizons*.

60. Author's analysis of program listings in Daniel Einstein, *Special Edition: A Guide to Network Television Documentary Series and Special News Reports, 1955–1979* (Metuchen, NJ: Scarecrow Press, 1987). See also Jeff Merron, "Murrow on TV: *See It Now*, *Person to Person*, and the Making of a 'Masscult Personality,' " *Journalism Monographs* 106 (July 1988); and James L. Baughman, *Same Time, Same Station: Creating American Television, 1948–1961* (Baltimore: Johns Hopkins University Press, 2007), 236–249.

61. Author's analysis of program listings in Einstein, *Special Edition*; Baughman, *Same Time, Same Station*, 243. See also Merron, "Murrow on TV."

62. Richard Schickel, *Intimate Strangers: The Culture of Celebrity in America* (Chicago: Ivan R. Dee, 2000), 4.

63. Erik Barnouw, *The Image Empire: A History of Broadcasting in the United States from 1953* (New York: Oxford University Press, 1970), 53–54; and Philip M. Stern, with the collaboration of Harold P. Green, *The Oppenheimer Case: Security on Trial* (New York: Harper and Row, 1969), 450–451.

64. Jack Gould, "Television in Review," *New York Times*, January 9, 1955.

65. 同上

66. "Scientists in Debate," *New York Times*, February 21, 1958.

67. Walter Kingson, "The Second New York Television Survey," *Quarterly of*

Film, Radio, and Television 6 (Summer 1952): 317–326.

68. Gould, "What TV Is," 10, 22–23.

69. Gould, "Television in Review," *New York Times*, May 21, 1954.

70. Martin Grams, Jr., *The Official Guide to the History of the Cavalcade of America* (self-published by author, 1998), Hagley Museum and Library, Cavalcade of America Collection.

71. Larry Wolters, "Quiz and Forum Responses Go Over Big on TV," *Chicago Daily Tribune*, May 4, 1949.

72. Evan Z. Vogt, "Anthropology in the Public Consciousness," *Yearbook of Anthropology* (1955): 365; Brooks and Marsh, *Complete Directory*, 1122; Alex McNeil, *Total Television*, fourth edi-tion (New York: Penguin Books, 1996), 905; "Profs as TV Pros," *Newsweek*, February 4, 1952, 47; and "Experts," *New Yorker*, May 3, 1952, 68, 70. In the beginning, objects were taken from a fake "pirate's chest"; later, they emerged in a puff of smoke. Froelich Rainey, "The Origins and History of *What in the World?*," *Pennsylvania Triangle* (November 1953).

73. "The University Museum TV Program," n.d., 2, SIA (RU50), 43:2.

74. "Experts," 68.

75. Baughman, *Same Time, Same Station*, 9–10, 56–81.

76. House Committee on the Judiciary, Antitrust Subcommittee, *The Television Broadcasting Industry*, 85th Cong., 1st Sess., June 24, 1957, H. R. Report No. 607, 1–2.

77. Thomas Streeter, *Selling the Air: A Critique of the Policy of Commercial Broadcasting in the United States* (Chicago: University of Chicago Press, 1996).

78. James Schwoch, *Global TV: New Media and the Cold War, 1946–69* (Urbana: University of Illinois Press, 2009).

79. "Competition and TV Program Content," *University of Chicago Law Review* 19 (Spring 1952): 556–573.

80. Roger Manvell, "Experiments in Broadcasting and Television," *Hollywood Quarterly* 2 (July 1947): 388; and "BBC Announces Television Plan Resumes in June," *Christian Science Moni-tor*, April 9, 1946.

81. Manvell, “Experiments in Broadcasting,” 388.

82. “Science on Television,” *Discovery* 14 (April 1953): 103.

83. Robert J. Williams, “The Politics of American Broadcasting: Public Purposes and Pri-vate Interests,” *Journal of American Studies* 10 (December 1976): 331.

84. Paul C. Adams, “Television as Gathering Place,” *Annals of the Association of American Geog-raphers* 82 (March 1992): 117–135.

85. Robert Lewis Shayon, “Johns Hopkins Science Review,” *Christian Science Monitor*, Janu-ary 30, 1951.

第三章

1. Frank Baxter quoted in “The Wide, Wide World,” *Time*, April 11, 1955.

2. Sidney Lohman, “Radio Row: One Thing and Another,” *New York Times*, February 3, 1946.

3. Telford Taylor, “Finding a Place for Education on TV,” *New York Times Sunday Magazine*, Jan-uary 28, 1951, 9, 14–15; Charles A. Siepmann, “The Case for TV in Education,” *New York Times Sunday Magazine*, June 2, 1957, 13, 42, 44, 47; and Parker Wheatley, “Radio and Television as In-struments of Education,” *Bulletin of the American Academy of Arts and Sciences* 3 (October 1949): 2–4.

4. Walter Kingson, “The Second New York Television Survey,” *Quarterly of Film, Radio, and Television* 6 (Summer 1952): 317–326.

5. University of Chicago Committee on Educational Television, “Television and the Uni-versity,” *School Review* 61 (April 1953): 202–225.

6. Kingson, “Second New York Television Survey.”

7. Jack Gould, “What TV Is—and What It Might Be,” *New York Times Sunday Magazine*, June 10, 1951, 22.

8. Taylor, “Finding a Place,” 9.

9. 同上 , 14.

10. R. D. Heldenfels, *Television's Greatest Year—1954* (New York: Continuum, 1994), 182.

11. J. M. Hutzel, "AAAS Centenary: A Preliminary Report," *Science* 108 (October 22, 1948): 428–429.

12. Warren Weaver, "AAAS Policy," *Science* 114 (November 2, 1951): 471–472; and John A. Behnke, "Television Takes Education to the People," *Science* 118 (October 9, 1953): 3.

13. Bruce V. Lewenstein, "The AAAS and Scientific Perspectives on Public Understand-ing, 1945–1980," paper presented at the 1991 annual meeting of the American Association for the Advancement of Science; and Bruce V. Lewenstein, " 'Public Understanding of Science' in America, 1945–1965" (PhD dissertation, University of Pennsylvania, 1987); Weaver, "AAAS Policy."

14. Lewenstein emphasizes this point in " 'Public Understanding of Science' in America," and "AAAS and Scientific Perspectives."

15. Lewenstein, " 'Public Understanding of Science' in America," chapter 3; and Lewen-stein, "AAAS and Scientific Perspectives," 22. See also Sidney S. Negus, "Public Information at Philadelphia," *Science* 115 (February 15, 1952): 177–178.

16. Remarks by Warren Weaver in *Conference on the Interpretation of the Natural Sciences for a General Public*, Rye, NY, June 15–16, 1938, volume 1, 21–22 (SIA [RU7091], 381).

17. Remarks by W. F. Ogburn, ibid., 29.

18. Paul F. Lazarsfeld and Patricia L. Kendall, *Radio Listening in America: The People Look at Radio—Again* (New York: Prentice-Hall, 1948), 4–8; and Sydney W. Head, *Broadcasting in America: Survey of Television and Radio* (Cambridge, MA: Riverside Press, 1956), 183.

19. John R. Zaller, *The Nature and Origins of Mass Opinion* (Cambridge: Cambridge University Press, 1992), 20.

20. Ivan Karp, "High and Low Revisited," *American Art* 5 (Summer 1991): 14.

21. Head, *Broadcasting in America*, 420.

22. Bernard Rosenberg, "Mass Culture in America," in Bernard Rosenberg and David Manning White, eds., *Mass Culture: The Popular Arts in America* (Glencoe,

IL: Free Press, 1957), 5; and Paul R. Gorman, *Left Intellectuals and Popular Culture in Twentieth-Century America* (Chapel Hill: University of North Carolina Press, 1996), 165, 114.

23. Quoted by Paul Lazarsfeld in Norman Jacobs, ed., *Culture for the Millions? Mass Media in Modern Society* (Boston: Beacon Press, 1961), xii.

24. Head, *Broadcasting in America*, 420–421.

25. Frank Stanton in Jacobs, *Culture for the Millions?*, 348.

26. Stanton in ibid., 352.

27. Neal Gabler, *Life the Movie: How Entertainment Conquered Reality* (New York: Knopf, 1999), 20–21.

28. 同上, 20–21.

29. Gorman, *Left Intellectuals*, 114, 121, 165.

30. Karp, "High and Low Revisited," 15.

31. Gorman, *Left Intellectuals*, 165; and Patrick Hazard in Jacobs, *Culture for the Millions?*, 157.

32. Jeremy Green, "Media Sensationalism and Science: The Case of the Criminal Chromo-some," in Terry Shinn and Richard Whitley, eds., *Expository Science: Forms and Functions of Populari-sation*, special issue of *Sociology of the Sciences* 9 (1985): 139.

33. 同上, 139–161.

34. Anthony Smith, "Technology, Identity, and the Information Machine," *Daedalus* 115 (Summer 1986): 160. Smith was paraphrasing Plato.

35. "The Wide, Wide World," *Time*, April 11, 1955.

36. Evan Z. Vogt, "Anthropology in the Public Consciousness," *Yearbook of Anthropology* (1955): 366.

37. Triangle Publications, Radio and Television Division, *The University of the Air: Commercial Television's Pioneer Effort in Education* (Philadelphia: Triangle Publications, 1959).

38. Marguerite Lehr, "An Experiment with Television," *American Mathematical*

Monthly 62 (January 1955): 15–21.

39. Triangle Publications, *University of the Air*. See also Paul L. Chessin, "Spies, Electric Chairs, and Housewives," *American Mathematical Monthly* 65 (June/July 1958): 416–421.

40. "Education: Eye Opener," *Time*, February 9, 1959.

41. Brendan Gill, "E/M Etc.," *New Yorker*, February 7, 1959, 24–25.

42. "Education: Eye Opener."

43. For example, Frederick Mosteller, "Continental Classroom's Television Course in Probability and Statistics," *Revue de l'Institut International de Statistique* 31, no. 2 (1963): 153–162.

44. Vogt, "Anthropology in the Public Consciousness," 366–368; and Ayrlene McGahey Jones, "Television Activity, Department of Mathematics, University of Alabama," *American Mathematical Monthly* 65 (June/July 1958): 421. MIT graduate Val Fitch hosted *Science Reporter* on WGBH-TV during the 1960s.

45. "Report of the Committee on the Role and Opportunities in Broadcasting—To Presi-dent Edward H. Levi, August 15, 1972," *University of Chicago Record* 7 (April 21, 1973): 161.

46. Frederic A. Leigh, "Educational and Cultural Programming," in Brian G. Rose, ed., *TV Genres: A Handbook and Reference Guide* (New York: Greenwood Press, 1985), 367.

47. Gould, "What TV Is," 22.

48. *Report to Annual Meeting of Board of Trustees of Science Service*, April 24, 1949, 7, Library of Congress, Robert A. Millikan Collection (microfilm), reel 16, folder 15.4, frame 373.

49. Fellowship brochure, Johns Hopkins University Archives, JHU News Office Records, RG10.020, Series 10, 1:5.

50. Reprint of article "From Mousetraps to the Moon with Johns Hopkins File 7" (n.d., published between 1956 and 1960), Johns Hopkins University Archives, JHU News Office Records, RG10.020, Series 10, 1:3.

51. Leo Geier, *Ten Years with Television at Johns Hopkins* (Baltimore: Johns Hopkins University, 1958), 17.

52. Gary Schultz, "Is Video a Good Education Medium?," *Wisconsin Alumnus* 53 (June 1952): 8–10; and Heldenfels, *Television's Greatest Year*, 179.

53. Schultz, "Is Video a Good Education Medium?," 8–10.

54. John Crosby (1950) quoted in Heldenfels, *Television's Greatest Year*, 178.

55. House Committee on the Judiciary, Antitrust Subcommittee, *The Television Broadcast Indus-try*, 85th Cong., 1st Sess., June 24, 1957, H. R. Report No. 607, 41.

56. Heldenfels, *Television's Greatest Year*, 183.

57. Gordon Hubbel to Alexander Wetmore, June 15, 1948, SIA (RU50), 43:2.

58. Alexander Wetmore to Gordon Hubbel, July 7, 1948, SIA (Acc. T91027), 1:1.

59. For example, J. E. Graf to Alexander Wetmore, November 19, 1945; and Selden Menefee to Webster True, October 5, 1946, and October 21, 1946, SIA (Acc. T91027), 1:1.

60. Theodore F. Koop to Alexander Wetmore, March 7, 1951, SIA (RU50), 43:2.

61. "To the Planning Committee," May 14, 1951, SIA (RU50), 43:2.

62. Alexander Wetmore, "Memo to Files," November 3, 1951, SIA (RU50), 43:2.

63. Frank A. Taylor, memorandum, February 26, 1952, SIA (RU50), 43:2.

64. Martin Took, "Senator Asks TV Show for Smithsonian," *Minneapolis Tribune*, April 25, 1953; and Jack Wilson, "Case Would Save Shoes—Let TV Tour Smithsonian," *Des Moines Register*, May 10, 1953.

65. Francis Case to Leonard Carmichael, April 13, 1953; and Leonard Carmichael to Fran-cis Case, April 15, 1953, SIA (RU50), 215:6.

66. J. Hugh E. Davis to Leonard Carmichael, October 2, 1953, SIA (RU50), 43:2.

67. Paul H. Oehser to Leonard Carmichael, June 12, 1953, SIA (RU50), 215:4.

68. Correspondence and draft contract, SIA (RU50), 215:10.

69. Smithsonian regent Vannevar Bush brokered these meetings. Vannevar Bush to Cleo F. Craig, March 9, 1954, SIA (RU50), 43:2; and various material in SIA (RU50), 214:8.

70. William M. Jones and Andrew Walworth, "Saudek's *Omnibus*: Ambitious Forerunner of Public TV," 1999, http://www.current.org/coop/coopomni.html.

71. Robert Saudek to Leonard Carmichael, August 31, 1954, SIA (RU50), 215:2.

72. Robert Saudek to Leonard Carmichael, September 15, 1954, SIA (RU50), 215:2.

73. Leonard Carmichael to Robert Saudek, September 30, 1954, SIA (RU50), 215:2.

74. Leonard Carmichael to Paul A. Rosen, December 13,1954, SIA (RU50), 214:10.

75. Correspondence in SIA (RU50), box 43.

76. Jack Gould, "Television: Boon or Bane?," *Public Opinion Quarterly* 10 (Autumn 1946): 319–320.

77. Dallas W. Smythe, "A National Policy on Television?," *Public Opinion Quarterly* 14 (Autumn 1950): 462.

78. Gould quoted in Smythe, "National Policy," 462.

79. Lawrence W. Lichty, "Success Story," *Wilson Quarterly* 5 (Winter 1981): 63–64. For a succinct history of the devolution of cooperation between educators and commercial broad-casters, see Eugene Leach, "Tuning Out Education: The Cooperation Doctrine in Radio," *Current*, December 13, 1999 (originally published as "Snookered 50 Years Ago," 1983) http://www.current.org/coop/.

80. Head, *Broadcasting in America*, 408.

81. John Crosby, "The Full Flowering of Wally Cox," *Washington Post*, August 6, 1952. See also Val Adams, "The Amiable 'Mr. Peepers' in the Flesh," *New York Times*, July 27, 1952.

82. Jack Gould, "Radio and Television," *New York Times*, August 13, 1952, 29.

83. Walt Disney, "Mickey as Professor," *Public Opinion Quarterly* 9 (Summer 1945): 119–125.

84. 同上 , 120.

第四章

1. David Sarnoff, “Probable Influence of Television on Society,” *Journal of Applied Physics* 10 (July 1939): 428, quoted in Joseph H. Udelson, *The Great Television Race: A History of the American Television Industry, 1925–1941* (University: University of Alabama Press, 1982), 95.

2. Bernard Lightman, *Victorian Popularizers of Science: Designing Nature for New Audiences* (Chi-cago: University of Chicago Press, 2007).

3. Irving Lerner, “Director’s Notes,” *Hollywood Quarterly* 1 (January 1946): 183.

4. Alan O’Connor, ed., *Raymond Williams on Television: Selected Writings* (London: Routledge, 1989), 3–4.

5. William Hawes, *American Television Drama: The Experimental Years* (University: University of Alabama Press, 1986), xix.

6. Raymond Williams, *Television: Technology and Cultural Form* (New York: Schocken Books, 1975), 55–60.

7. Roger Silverstone, “Science and the Media: The Case of Television,” in S. J. Doorman, ed., *Images of Science: Scientific Practice and the Public* (Aldershot, UK: Gower, 1989), 195; and Gary Edgerton, “The American Made-for-TV Movie”; and Thomas W. Hoffer, Robert Musburger, and Richard Alan Nelson, “Docudrama,” in Brian G. Rose, ed., *TV Genres: A Handbook and Reference Guide* (New York: Greenwood Press, 1985), 151–211.

8. Sybil DelGaudio, “If Truth Be Told, Can ’Toons Tell It? Documentary and Animation,” *Film History* 9 (1997): 189–199.

9. Hoffer, Musburger, and Nelson, “Docudrama.”

10. 同上

11. Carl Beier, Jr., “A New Way of Looking at Things,” *Hollywood Quarterly* 2 (October 1946): 4.

12. Anthony R. Michaelis, *Research Films in Biology, Anthropology, Psychology, and Medicine* (New York: Academic Press, 1955); and Gregg Mitman, “Cinematic

Nature: Hollywood Technology, Popular Culture, and the American Museum of Natural History," *Isis* 84 (December 1993): 636–661.

13. Gregg Mitman, *Reel Nature: America's Romance with Wildlife on Film* (Cambridge, MA: Harvard University Press, 1999), esp. 26–35. See also Garth Jowett, *Film: The Democratic Art* (Boston: Focal Press, 1985).

14. "Video Brings Up Problem for Families," *Chicago Daily Tribune*, January 2, 1948.

15. Ernest P. Walker to William M. Mann, December 22, 1947, SIA (RU74), 213:1.

16. Freeman M. Shelly to William M. Mann, March 18, 1953, SIA (RU74), 214:4.

17. Gil Hodges to William Mann, May 6, 1953; and Leonard Carmichael to Gil Hodges, May 8, 1953, SIA (RU74), 214:4.

18. Mario DePrato to Theodore Reed, April 16, 1960, SIA (RU380), 12:49.

19. Theodore Reed to Thomas Willette, April 25, 1960, SIA (RU380), 12:49.

20. Marlin Perkins, *My Wild Kingdom* (New York: E. P. Dutton, 1982).

21. Marlin Perkins, *Zooparade* (Chicago: Rand McNally, 1954), 10; and Perkins, *My Wild King-dom*, 113. See also Mitman, *Reel Nature*, 132–133; Marcia Winn, "Enticing Show Packs Them In for 78 Years," *Chicago Daily Tribune*, March 24, 1946; Charles and Jean Komaiko, "The Animal Kingdom of Marlin Perkins," *Pageant*, April 1952, 98–101; and Ralph Knight, "Chicago's Sun-day Jungle," *Saturday Evening Post*, October 25, 1952, 32–33, 64, 68, 70.

22. Larry Wolters, "Obeler Drama about Chicago W-G-N Feature," *Chicago Daily Tribune*, July 26, 1945.

23. Larry Wolters, "Radio and Video Whirligig Has Its High Spots," *Chicago Daily Tribune*, August 3, 1949.

24. A. C. Nielsen (now the Nielsen Company) measures the audiences for television pro-gramming, providing estimates of the number of viewers and the share of the potential audi-ence during the time slot.

25. Mitman, "Cinematic Nature," 652. See also Donna J. Haraway, *Primate Visions: Gender, Race, and Nature in the World of Modern Science* (New York: Routledge, 1989).

26. Alexander Wilson, *The Culture of Nature: North American Landscape from Disney to the Exxon Valdez* (Cambridge: Blackwell Publishers, 1992), 134.

27. Chris Palmer, *Shooting in the Wild: An Insider's Account of Making Movies in the Animal Kingdom* (San Francisco: Sierra Club Books, 2010).

28. Mitman, *Reel Nature*; Wilson, *Culture of Nature*.

29. Scott MacDonald, "Up Close and Political: Three Short Ruminations on Ideology in the Nature Film," *Film Quarterly* 59 (Spring, 2006): 5.

30. Mitman, "Cinematic Nature," 653.

31. Mitman, *Reel Nature*, 110; Mitman, "Cinematic Nature," 660.

32. Steven Watts, *The Magic Kingdom: Walt Disney and the American Way of Life* (Boston: Houghton Mifflin, 1997), 305.

33. 同上，304–306; Wilson, *Culture of Nature*, 118–119.

34. Watts, *Magic Kingdom*, 305.

35. Elizabeth Walker Mechling and Jay Mechling, "The Atom According to Disney," *Quar-terly Journal of Speech* 81 (November 1995): 437.

36. Author's analysis of segments on Disney Studios television series, seasons 1 (1954–1955) through 16 (1969–1970), based on descriptions in Larry James Gianakos, *Television Drama Series Programming: A Comprehensive Chronicle, 1947–59* (Metuchen, NJ: Scarecrow Press, 1980); and Larry James Gianakos, *Television Drama Series Programming: A Comprehensive Chronicle, 1959–75* (Metuchen, NJ: Scarecrow Press, 1978). Disney series on broadcast television included *Disneyland* (1954– 1958), *Walt Disney Presents* (1958–1961), *Walt Disney's Wonderful World of Color* (1961–1969), *The Won-derful World of Disney* (1969–1979), and *Disney's Wonderful World* (1979–1983).

37. Douglas L. Gilbert, "Television as a Wildlife Education Medium," *Journal of Wildlife Man-agement* 20 (October 1956): 456–458.

38. Evan Z. Vogt, “Anthropology in the Public Consciousness,” *Yearbook of Anthropology* (1955): 365–366. See also Mitman, *Reel Nature*, 142–144.

39. Anton Remenih, “New Adventure Series to Have Help of Science,” *Chicago Daily Tribune*, May 2, 1953.

40. “Museum Signed Up for New Telecast,” *New York Times*, March 26, 1953; and Vogt, “Anthropology in the Public Consciousness,” 366.

41. Sig Mickelson, “One Approach to Educational TV,” *New York Times*, May 10, 1953. When CBS approached the Smithsonian with a similar program idea, the network was rebuffed. Handwritten note on *Adventure* announcement in *Museum News* (April 15, 1953), SIA (RU50), 214:10.

42. Mickelson, “One Approach to Educational TV.”

43. Jack Gould, “Television in Review,” *New York Times*, May 15, 1953.

44. Publicity sheet for “Science Series Bell System TV Program,” 1956, SIA (Acc. T91027), 1:8.

45. *The Restless Sea* starred a different host and was distributed in an abbreviated version.

46. Sydney W. Head, *Broadcasting in America: Survey of Television and Radio* (Cambridge, MA: Riverside Press, 1956), 410n12.

47. David Templeton, “Weird Science,” *Sonoma County Independent*, September 23–29, 1999.

48. “The Wide, Wide World,” *Time*, April 11, 1955.

49. James Burkhardt Gilbert, *Redeeming Culture: American Religion in an Age of Science* (Chicago: University of Chicago Press, 1997). Other prominent scientists served as technical advisers, including astronomer Donald Menzel, astrophysicist Walter Orr Roberts, biologist George Wald, and physicists Carl D. Anderson and Bruno Rossi.

50. Press publicity for *Our Mr. Sun*, November 18, 1956, SIA (Acc. T91027), 1:8.

51. Ira M. Freeman, “Interpreting Science,” *Science* 136 (June 8, 1962): 902–903.

52. Jack Gould, "Television: 'Our Mr. Sun,' " *New York Times*, November 30, 1956; and John Fink, "TV Film on Science Is Unusual," *Chicago Daily Tribune*, November 20, 1956.

53. John Crosby, "Capra's 'Hemo' Aimed at Thirst for Knowledge," *Washington Post*, March 25, 1957; and Jack Gould, "TV: The Story of Blood," *New York Times*, March 21, 1957.

54. Malvin Maddocks, "Natural Science Series Aims to Be Entertaining," *Christian Science Monitor*, October 29, 1957.

55. Gilbert, *Redeeming Culture*, 221.

56. Jack Gould, "TV: A Study of Genetics," *New York Times*, December 10, 1960.

57. Joseph Turner, "A Mystery Story without Mystery," *Science* 135 (February 23, 1962): 635.

58. John Crosby, " 'The Unchanged Goddess' Is Pretty Sticky Weather," *Washington Post*, February 17, 1958.

第五章

1. Leslie Gelb, quoted in Herbert I. Schiller, *Information Inequality: The Deepening Social Crisis in America* (New York: Routledge, 1996), 18.

2. W. W. Bauer and Thomas G. Hall, *Health Education of the Public: A Practical Manual of Technic* (Philadelphia: W. B. Saunders, 1937); and W. W. Bauer and Leslie Edgley, *Your Health Dramatized: Selected Radio Scripts* (New York: E. P. Dutton, 1939).

3. *Radio in Health Education, Prepared under the Auspices of the New York Academy of Medicine* (New York: Columbia University Press, 1945).

4. 同上 , 26, 101–102.

5. Roy Gibbons, "Surgeons See Television as Training Boon," *Chicago Daily Tribune*, April 4, 1948; and "Operations to Be Televised at D.C. Medical Assembly,"

Washington Post, September 16, 1947.

6. "Caesarean Birth Is Broadcast in Television Test," *Chicago Daily Tribune*, June 19, 1948; "2000 on TV See Birth of Baby," *Washington Post*, June 15, 1951; and Jack Goodman, "Television Course in Post-graduate Medicine," *New York Times*, November 15, 1953.

7. "A.M.A. Telecast Shows How TB Attacks Body," *Chicago Daily Tribune*, August 21, 1948.

8. William L. Laurence, "TV Takes Surgery across Continent," *New York Times*, December 8 1951.

9. Sidney Lohman, "News of TV and Radio," *New York Times*, June 8, 1952; and "Medical Meeting Televised," *Washington Post*, June 8, 1952.

10. William L. Laurence, "Major Operation to Save a Life Put on Network TV for First Time," *New York Times*, June 11, 1952.

11. "TV Debut Is Scheduled for Artificial Kidney," *Washington Post and Times Herald*, October 9, 1955.

12. "Man's Heartbeat Seen and Heard over Television," *Los Angeles Times*, December 5, 1952; and "TV Medical Telecasts Scheduled," *Washington Post*, November 30, 1952.

13. Larry Wolters, "Critics Argue over Caesarian [*sic*] Birth on Television," *Chicago Daily Tri-bune*, December 13, 1952. See also Jack Gould, "Succession of Medical Programs Rivals Horror Shows in Elements of Shock," *New York Times*, December 6, 1954.

14. See, for example, Truman J. Keesey, "Three TV Series in Washington, D.C.," *Public Health Reports* 69 (June 1954): 599–605; Charles E. Pinckney, " 'Your Lease on Life' in Denver," *Public Health Reports* 69 (June 1954): 606–608; and Romayne Wicks Spangler, "We're on TV Every Week," *American Journal of Nursing* 55 (May 1955): 592–593.

15. Quote from a script in Frank Warren, *Television in Medical Education: An Illustrated Handbook* (Chicago: American Medical Association, 1955), 43. See also

Harriet H. Hester, H. L. Fishel, and Martin Magner, *Television in Health Education* (Chicago: American Medical Association, 1955).

16. Hester, Fishel, and Magner, *Television in Health Education*, 6–9.

17. 同上

18. *Journal of the American Medical Association* editorial, as quoted in "A.M.A. Assails Use by TV of Profession's Symbols," *New York Times*, June 27, 1953. See also "Medical Garb on Commercials Hit," *Los Angeles Times*, June 28, 1953.

19. Jack Gould, "Dubiousness of Medical Commercial Is Raised in Wake of Complaint by the A.M.A.," *New York Times*, November 11, 1953.

20. Robert K. Plumb, "Medical Society Hits TV 'Doctors,' " *New York Times*, May 14, 1958.

21. Gould, "Dubiousness."

22. Joseph Turow and Rachel Gans-Boriskin, "From Expert in Action to Existential Angst: A Half-Century of Television Doctors," in Leslie J. Reagan, Nancy Tomes, and Paula A. Treichler, eds., *Medicine's Moving Pictures: Medicine, Health, and Bodies in American Film and Television* (Rochester, NY: University of Rochester Press, 2007), 263.

23. 同上, 264–265.

24. Robert S. Alley, "Medical Melodrama," in Brian G. Rose, ed., *TV Genres: A Handbook and Reference Guide* (New York: Greenwood Press, 1985), 74.

25. Robert S. Alley, "Media Medicine and Morality," in Richard Adler and Douglass Cater, eds., *Television as a Cultural Force* (New York: Praeger, 1976), 96.

26. Gould, "Succession."

27. Turow and Gans-Boriskin, "From Expert in Action," 265–266.

28. Joseph Turow, *Playing Doctor* (Oxford: Oxford University Press, 1989), 12, quoting a Paramount publicity release.

29. 同上, 30; and Alley, "Medical Melodrama," 74.

30. Turow, *Playing Doctor*, 37.

31. Ann Hudson Jones, "Medicine and the Physician in Popular Culture," in

M. Thomas Inge, ed., *Handbook of American Popular Culture* 3 (Westport, CT: Greenwood Press, 1981), 183.

32. Lawrence Laurent, "Is the AMA Bad Medicine for Practitioners on TV?," *Los Angeles Times*, January 15, 1963; and Turow, *Playing Doctor*, 61–62.

33. Quoted in Turow, *Playing Doctor*, 28–29.

34. LACMA official quoted in Larry Wolters, "Doctors Check Medic's Pulse, Find It's Strong," *Chicago Daily Tribune*, March 6, 1955.

35. Larry Wolters, "The Medic Attracts Host of TV Patients," *Chicago Daily Tribune*, January 21, 1956.

36. Alley, "Media Medicine and Morality," 74; and Wolters, "Doctors Check Medic's Pulse."

37. Turow, *Playing Doctor*, 37.

38. 同上，25.

39. Alley, "Medical Melodrama," 74.

40. Turow, *Playing Doctor*, 271.

41. Alley, "Media Medicine and Morality," 96; and Alley, "Medical Melodrama," 75. Turow (*Playing Doctor*, 42–43) states that the network did little to defuse these, possibly because it wanted an excuse to cancel the series.

42. Gould, "Succession."

43. "Smith, Kline & French Plan TV Medical Series," *Wall Street Journal*, November 7, 1955; and Robert Lee Bailey, "An Examination of Prime Time Network Television Special Programs, 1948 to 1966" (Ph.D. dissertation, University of Wisconsin, 1967).

44. Sonia Stein, "Televised Surgery Promoting Apples," *Washington Post*, December 14, 1952.

45. Irving Stettel, ed., *Top TV Shows of the Year, 1954–1955* (New York: Hastings House, 1955), 77.

46. Dael Wolfle, "Editorial Responsibility," *Science* 122 (November 25, 1955): 1001.

47. Alexander Mark Soranno, "A Descriptive Study of Television Network Prime Time Pro-gramming, 1958–59 through 1962–63" (master's thesis, San Francisco State College, 1966). Comparison of the Soranno data to Dimmick's research on television westerns demonstrates that, when the popularity of westerns increased during the late 1950s, the number of medical and science fiction dramas declined briefly. John Dimmick, "The TV Western Program Cycle: Decision Uncertainty and Audience Habituation," *Mass Comm. Review* 4 (Spring 1977): 13, figure 1.

48. John Keats, "Rx for an M.D. on TV," *New York Times*, May 27, 1962; and Philip A. Kalisch and Beatrice J. Kalisch, "Nurses on Prime-Time Television," *American Journal of Nursing* 82 (February 1982): 264–270.

49. Tim Brooks and Earle Marsh, *The Complete Directory to Prime Time Network and Cable TV Shows, 1946–Present*, sixth edition (New York: Ballantine Books, 1995), 90.

50. Turow, *Playing Doctor*, 62–63. Turow says that AMA committee members also "saw it as their duty to consider each script's possible effect on the public and the image of medi-cine" (62).

51. Keats, "Rx for an M.D. on TV."

52. LACMA executive quoted in *Time*, February 21, 1955, as cited in Alley, "Medical Melo-drama," 75.

53. Laurent, "Is the AMA Bad Medicine."

54. Erik Barnouw, *The Image Empire: A History of Broadcasting in the United States from 1953* (New York: Oxford University Press, 1970), 204.

55. Michael R. Real, *Mass-Mediated Culture* (Englewood Cliffs, NJ: Prentice Hall, 1977), 120–126; Alley, "Media Medicine and Morality," 100; Jones, "Medicine and the Physician," 183; and Turow and Gans-Boriskin, "From Expert in Action," 269–270.

56. Alley, "Media Medicine and Morality."

57. Turow, *Playing Doctor*, 292.

58. David A. Kirby, *Lab Coats in Hollywood: Science, Scientists, and Cinema*

(Cambridge, MA: MIT Press, 2011).

59. Alley, "Media Medicine and Morality," 100.

60. Alex McNeil, *Total Television*, fourth edition (New York: Penguin Books, 1996), 226–228.

61. Jack Gould, "TV: N.B.C. and C.B.S. Offer Medical Melodrama," *New York Times*, October 5, 1962.

62. "Eleventh Hour—Never Too Late," *Los Angeles Times*, October 10, 1962.

63. Jack Gould, "Disturbed Television," *New York Times*, October 28, 1962.

64. Michael Amrine, "Psychology in the News," *American Psychologist* 19 (1959): 74–78. See also Emma Harrison, "TV Show Assailed by Psychologists," *New York Times*, December 2, 1962; "Psychiatrists Assail TV Presentation," *Christian Science Monitor*, December 3, 1962; and "Psy-chologists Join Protest on TV Show," *New York Times*, December 8, 1962.

65. Vernon Scott, "Corey and the Analysts," *Chicago Daily Tribune*, February 3, 1963.

66. Conclusion based on data in Brooks and Marsh, *Complete Directory*; Harry Castleman and Walter J. Podrazik, *Watching TV: Four Decades of American Television* (New York: McGraw-Hill, 1982); Daniel Einstein, *Special Edition: A Guide to Network Television Documentary Series and Special News Reports, 1955–1979* (Metuchen, NJ: Scarecrow Press, 1987); McNeil, *Total Television*; Stettel, *Top TV Shows*; Vincent Terrace, *The Complete Encyclopedia of Television Programs, 1947–1976* (South Brunswick, NJ: A. S. Barnes, 1976); and Erwin K. Thomas and Brown H. Carpenter, eds., *Handbook on Mass Media in the United States* (Westport, CT: Greenwood Press, 1994).

67. Robert M. Weitman, "Television Is Coming of Age," in Stettel, *Top TV Shows*, xv.

68. Todd Gitlin, "Prime Time Ideology: The Hegemonic Process in Television Entertain-ment," *Social Problems* 26 (February 1979): 266.

第六章

1. John Crosby, " 'The Unchained Goddess' Is Pretty Sticky Weather," *Washington Post,* Febru-ary 17, 1958.

2. "What TV Is Doing to America," *U.S. News & World Report*, September 2, 1955, 36.

3. University of Michigan Survey Research Center, *The Public Impact of Science in the Mass Media: A Report on a Nation-Wide Survey for the National Association of Science Writers* (Ann Arbor: University of Michigan, 1958), 29; and U.S. Bureau of the Census, *Social Indicators III* (Washington, DC: GPO, 1980), table 11/3. See also Erik Barnouw, *The Golden Web: A History of Broadcasting in the United States, 1933–1953* (New York: Oxford University Press, 1968), 210–211, 269.

4. University of Michigan Survey Research Center, *Public Impact of Science,* 113, table IV-20. About 4.8 percent of the respondents named General Electric Company advertisements star-ring Don Herbert in his role as Mr. Wizard.

5. 同上

6. National Association of Science Writers, *Science, the News, and the Public: Who Gets What Science News, Where They Get It, and What They Think about It* (New York: New York University Press, 1958), 13.

7. Russel Nye, *The Unembarrassed Muse: The Popular Arts in America* (New York: Dial Press, 1970), esp. 273–274; William Sims Bainbridge, *Dimensions of Science Fiction* (Cambridge, MA: Harvard University Press, 1986); Robert Lambourne, Michael Shallis, and Michael Shortland, *Close En-counters? Science and Science Fiction* (Bristol, UK: Adam Hilger, 1990); David Seed, *American Science Fiction and the Cold War: Literature and Film* (Edinburgh: Edinburgh University Press, 1999); Rich-ard Hodgens, "A Brief, Tragical History of the Science Fiction Film," *Film Quarterly* 13 (Winter 1959): 30–39; and William M. Tsutsui, "Looking Straight at *Them!* Understanding the Big Bug Movies of the 1950s," *Environmental History* 12 (April 2007): 237–253.

8. Donald F. Glut and Jim Harmon, *The Great Television Heroes* (New York: Doubleday, 1975).

9. Mark Siegel, "Science Fiction and Fantasy TV," in Brian G. Rose, ed., *TV Genres: A Handbook and Reference Guide* (New York: Greenwood Press, 1985), 92.

10. Tim Brooks and Earle Marsh, *The Complete Directory to Prime Time Network and Cable TV Shows, 1946–Present*, sixth edition (New York: Ballantine Books, 1995), 165; David Weinstein, *The For-gotten Network: DuMont and the Birth of American Television* (Philadelphia: Temple University Press, 2004), 69–90.

11. James Burkhardt Gilbert, *Redeeming Culture: American Religion in an Age of Science* (Chicago: University of Chicago Press, 1997); and Siegel, "Science Fiction and Fantasy TV."

12. Siegel, "Science Fiction and Fantasy TV," 93.

13. Patrick Luciano and Gary Colville, *American Science Fiction Television Series of the 1950s: Episode Guides for Casts and Credits for Twenty Shows* (Jefferson, NC: McFarland, 1998), 10.

14. Anton Remenih, "Talking Worms, Beetle Face No Problem for TV," *Chicago Daily Tribune*, April 12, 1953.

15. Luciano and Colville, *American Science Fiction*, 12, 178.

16. Script dialogue reprinted in ibid., 12. See also Brooks and Marsh, *Complete Directory*, 908.

17. Luciano and Colville, *American Science Fiction*, 178.

18. 同上 , 180.

19. Transcript for *Face the Nation*, August 14, 1955, NAA (IGY), Office of Information: Radio & TV: 1954–1955.

20. "News of Science: Sputnik," *Science* 126 (October 18, 1957): 739–740.

21. Jack Lule, "Roots of the Space Race: Sputnik and the Language of U.S. News in 1957," *Journalism Quarterly* 68 (Spring/Summer 1991): 76–86; and Alfred Robert Hogan, "Televising the Space Age: A Descriptive Chronology of CBS News Special Coverage of Space Exploration from 1957 to 2003" (master's thesis, University of Maryland, 2005).

22. Edwin Diamond, *The Rise and Fall of the Space Age* (Garden City, NY: Doubleday, 1964), 99.

23. Fae L. Korsmo, "Shaping Up Planet Earth: The International Geophysical Year (1957– 1958) and Communicating Science through Print and Film Media," *Science Communication* 26 (December 2004): 165.

24. See various correspondence in NAA (IGY), Office of Information: Radio & TV: 1956– 1957; and Donald C. Thompson to Hugh Odishaw, August 7, 1957, and September 16, 1957, NAA (IGY), Office of Information: Radio & TV: NBC, 1955–1957.

25. Reuven Frank to Director, Office of Public Information, Department of Defense, July 31, 1956, NAA (IGY), Office of Information: Radio & TV: NBC, 1957.

26. Robert Emmett Ginna to Hugh Odishaw, March 11, 1957, NAA (IGY), Office of Infor-mation: Radio & TV: NBC, 1957.

27. NAA (IGY), Office of Information: Radio & TV: NBC, 1955–1957.

28. John C. Truesdale to John Goetz, November 8, 1957, NAA (IGY), Office of Information: Radio & TV: NBC, 1955–1957.

29. Arnold W. Frutkin to Charles R. Denny, September 1957 (draft), NAA (IGY), Office of Information: Radio & TV: NBC, 1955–1957.

30. NAA (IGY), Office of Information: Radio & TV: Educational TV & Radio Center with NBC.

31. Evans G. Valens to Joseph Kaplan, August 30, 1957, NAA (IGY), Office of Information: Radio & TV: Educational TV & Radio Center with NBC.

32. Daniel Einstein, *Special Edition: A Guide to Network Television Documentary Series and Special News Reports, 1955–1979* (Metuchen, NJ: Scarecrow Press, 1987), 188.

33. John S. Coleman to Irving Gitlin, August 29, 1957, NAA (Administration), Public Rela-tions: General, 1957.

34. See summary of reaction to first *Conquest* episode in R. E. Paulson to R. M Wheatley, December 9, 1957, NAA (Central Policy Files, 1957–1961), Governing

Board: Advisory Board on Education, Film and Television Programs, 1957.

35. R. E. Paulson memo to R. M. Wheatley, December 9, 1957, NAA (Central Policy Files, 1957–1961), Governing Board: Advisory Board on Education, Film and Television Programs, 1957.

36. See, especially, Detlev V. Bronk to Charles Allen Thomas, May 24, 1958, NAA (Central Policy Files, 1957–1961), Public Relations: General, 1958.

37. Stafford Clark to Mr. Thorman, December 7, 1957, NAA (IGY), Office of Information: Commercial Radio & TV, 1958.

38. Arnold W. Frutkin to Stafford Clark, December 26, 1957, NAA (IGY), Office of Infor-mation: Commercial Radio & TV, 1958.

39. Steven Watts, *The Magic Kingdom: Walt Disney and the American Way of Life* (Boston: Houghton Mifflin, 1997), 309, 311.

40. Elizabeth Walker Mechling and Jay Mechling, "The Atom According to Disney," *Quar-terly Journal of Speech* 81 (November 1995): 437; Watts, *Magic Kingdom*, 312, 372; Spencer R. Weart, *Nuclear Fear: A History of Images* (Cambridge: Harvard University Press, 1988), 169n42; Heinz Haber, *Our Friend the Atom* (New York: Simon and Schuster, 1957), 13; and Allan M. Winkler, *Life under a Cloud: American Anxiety about the Atom* (New York: Oxford University Press, 1993), 140–141.

41. Watts, *Magic Kingdom*, 312; Haber, *Our Friend the Atom*, 13; and Winkler, *Life under a Cloud,* 140–141.

42. Paul S. Boyer, "From Activism to Apathy: The American People and Nuclear Weapons, 1963–1980," *Journal of American History* 70 (March 1984): 823.

43. Paul S. Boyer, *By the Bomb's Early Light: American Thought and Culture at the Dawn of the Atomic Age* (New York: Pantheon, 1985); and Allan M. Winkler, "The 'Atom' and American Life," *History Teacher* 26 (May 1993): 317–337. See also Paul S. Boyer, *Fallout: A Historian Reflects on America's Half-Century Encounter with Nuclear Weapons* (Columbus: Ohio State University Press, 1998).

44. Boyer, "From Activism to Apathy," 824.

45. Howard E. McCurdy, *Space and the American Imagination* (Washington, DC: Smithsonian Institution Press, 1997).

46. Erik Barnouw, *The Image Empire: A History of Broadcasting in the United States from 1953* (New York: Oxford University Press, 1970), 196, 207.

47. E. G. Sherburne, Jr., "Television Coverage of the Gemini Program," *Science* 149 (Sep-tember 17, 1965): 1329.

48. Robert Lewis Shayon, *Saturday Review* (August 9, 1969), as quoted in Barnouw, *Image Empire*, 331.

49. Barnouw, *Image Empire*, 266.

50. Vivian Carol Sobchack, *Screening Space: The American Science Fiction Film*, second edition (New Brunswick, NJ: Rutgers University Press, 1997), 29.

51. Barnouw, *Image Empire*, 326.

52. Hogan, "Televising the Space Age," 32, 35.

53. Siegel, "Science Fiction and Fantasy TV," 94–95.

54. Barnouw, *Image Empire*, 264.

55. Robert Poole, *Earthrise: How Man First Saw the Earth* (New Haven, CT: Yale University Press, 2008); and Benjamin Lazier, "Earthrise; or, The Globalization of the World Picture," *American Historical Review* 116 (June 2011): 602–630.

56. Frederic M. Philips to S. Dillon Ripley, July 18, 1969, SIA (RU145), 7:16; "Instant His-tory," *Washington Post*, July 21, 1969; and Michael Kernan, "Earth Lore: Always Traditional (A Party)," *Washington Post*, July 19, 1969.

57. James Schwoch, *Global TV: New Media and the Cold War, 1946–69* (Urbana: University of Illinois Press, 2009), 154.

第七章

1. John K. Mackenzie, "Educating the Public." *Science* 150 (October 1, 1965): 7.

2. Jay G. Blumler and Michael Gurevitch, *The Crisis of Public Communication* (London: Rout-ledge, 1995), 99.

3. James Lawrence Fly, "Regulation of Radio Broadcasting in the Public Interest," *Annals of the American Academy of Political and Social Science* 213 (January 1941): 102–105.

4. Commission on Freedom of the Press, *A Free and Responsible Press* (Chicago: University of Chicago Press, 1947).

5. Peter L. Walsh, "This Invisible Screen: Television and American Art," *American Art* 18 (Summer 2004): 8.

6. A. William Bluem, *Documentary in American Television: Form, Function, Method* (New York: Hastings House, 1965), 7.

7. Bruce V. Lewenstein, "The AAAS and Scientific Perspectives on Public Understanding, 1945–1980," paper presented at the 1991 annual meeting of the American Association for the Advancement of Science.

8. Michael Curtin, "The Discourse of 'Scientific Anti-Communism' in the 'Golden Age' of Documentary," *Cinema Journal* 32 (Autumn 1992): 3–25.

9. Ibid. See also Erik Barnouw, *Tube of Plenty: The Evolution of American Television*, revised edition (New York: Oxford University Press, 1982); and James L. Baughman, *The Republic of Mass Culture: Journalism, Filmmaking, and Broadcasting in America since 1941* (Baltimore: Johns Hopkins University Press, 1992).

10. Curtin, "Discourse of 'Scientific Anti-Communism,' " 3–25.

11. Andrew Jamison and Ron Eyerman, *The Seeds of the Sixties* (Berkeley: University of Cali-fornia Press, 1994), 66–68, 92–100.

12. Mark Hamilton Lytle, *The Gentle Subversive: Rachel Carson, "Silent Spring," and the Rise of the Environmental Movement* (New York: Oxford University Press, 2007), 113.

13. Zuoyue Wang, "Responding to *Silent Spring*: Scientists, Popular Science Communica-tion, and Environmental Policy in the Kennedy Years," *Science Communication* 19 (December 1997): 141–163; and Zuoyue Wang, *In Sputnik's Shadow: The President's Science Advisory Committee and Cold War America* (New

Brunswick, NJ: Rutgers University Press, 2008), 208–214. See also Frank Graham, Jr., *Since Silent Spring* (Boston: Houghton Mifflin, 1970); and Linda Lear, *Rachel Carson: Witness for Nature* (New York: Henry Holt, 1997).

14. Author's reanalysis of data in the appendix to Robert Lee Bailey, "An Examination of Prime Time Network Television Special Programs, 1948 to 1966" (Ph. D. dissertation, Uni-versity of Wisconsin, 1967).

15. Author's analysis of program listings in Daniel Einstein, *Special Edition: A Guide to Network Television Documentary Series and Special News Reports, 1955–1979* (Metuchen, NJ: Scarecrow Press, 1987), entries 880–1148.

16. See discussion of *60 Minutes* in Anthony Smith, ed., *Television: An International History* (Ox-ford: Oxford University Press, 1995). See also William C. Spragens, *Electronic Magazines: Soft News Programs on Network Television* (Westport, CT: Praeger, 1995), chapter 2.

17. Thomas W. Moore, "ABC Network Cites Reality of TV in Color," *Chicago Tribune*, No-vember 12, 1967. See also Louise Sweeney, " 'Event TV' Joins the Language," *Christian Science Monitor*, June 9, 1967.

18. Moore, "ABC Network Cites Reality."

19. Frank Luther Mott, *A History of American Magazines* (Cambridge, MA: Harvard University Press, 1957), 4:620–632; and Catherine A. Lutz and Jane L. Collins, *Reading National Geographic* (Chicago: University of Chicago Press, 1993).

20. "National Geographic's Newest Adventure: A Color Television Series," *National Geo-graphic Magazine*, September 1965, 448.

21. 同上, 451.

22. Marion Purcelli, "Chimp vs. Man Highlighted on Video Special," *Chicago Tribune*, De-cember 19, 1965.

23. Chris Palmer, *Shooting in the Wild: An Insider's Account of Making Movies in the Animal Kingdom* (San Francisco: Sierra Club Books, 2010), xviii.

24. Alexander Wilson, *The Culture of Nature: North American Landscape from Disney to the Exxon Valdez* (Cambridge: Blackwell Publishers, 1992), 141.

25. “2 to Sponsor TV Series by Geographic Society,” *Washington Post*, May 26, 1965.

26. Bill McKibben, *The Age of Missing Information* (New York: Plume Books, 1993), 217.

27. Einstein, *Special Edition,* 60.

28. Tim Brooks and Earle Marsh, *The Complete Directory to Prime Time Network and Cable TV Shows, 1946–Present*, sixth edition (New York: Ballantine Books, 1995), 768, 1037, 1084–1085; Ein-stein, *Special Edition*, 53; Alex McNeil, *Total Television*, fourth edition (New York: Penguin Books, 1996), 616, 834, 960, 1058; and Wilson, *Culture of Nature*, 137–140.

29. McKibben, *Age of Missing Information*, 217.

30. As quoted in Wilson, *Culture of Nature*, 137.

31. Paul H. Oehser to Leonard Carmichael, May 29, 1956, SIA (Acc. T91027), 1:8.

32. Jack Warner, Jr., to Robert V. Fleming, June 9, 1962, SIA (RU50), 43:2.

33. See correspondence in SIA (RU137), 51:2; and SIA (RU99), 80:7, 79:4. By September 1965, Smithsonian official William C. Grayson was discussing a possible series with all three networks and the producer David L. Wolper.

34. “The Museum as Enigma,” address by S. Dillon Ripley at the bicentennial celebration commemorating the birth of James Smithson, September 18, 1965, SIA (RU99), 79:3.

35. NBC press release, Fall 1966, SIA (RU99), 80:3.

36. Contracts and correspondence in SIA (RU99), 80:3, 6. Publisher McGraw-Hill marketed the film versions to schools. NBC probably charged around $4,500 per minute for commercials during the first season. In 1972, the institution was still earning about $11,000 a year in royalties from *The Smithsonian*.

37. NBC-Smithsonian agreement, August 23, 1966, 1–2, SIA (RU99), 80:6.

38. For example, Frank Taylor to William C. Grayson, August 2, 1966, SIA (RU99), 80:3.

39. Scripts in SIA (RU99), 80:5, 6.

40. Announcement by S. Dillon Ripley, July 6, 1966, SIA (RU276), 53:1.

41. See materials in SIA (RU99), 80:3.

42. “NBC Network Series ‘The Smithsonian,’ ” 1968, SIA (RU145), 15:17.

43. Statement by S. Dillon Ripley, January 6, 1967, SIA (RU99), 79:3.

44. Richard D. Heffner to Donald F. Squires, November 28, 1966; Donald F. Squires to Richard D. Heffner, December 14, 1966; Donald F. Squires to Walter Orr Roberts, December 14, 1966; and Donald F. Squires to S. Dillon Ripley, May 24, 1967, and October 19, 1967, SIA (RU99), 80:3, 4. See also “NBC Network Series ‘The Smithsonian’ ” (undated), SIA (RU145), 15:19.

45. Philip Ritterbush to S. Dillon Ripley, March 11, 1967, SIA (RU99), 80:4.

46. Craig B. Fisher to S. Dillon Ripley, March 8, 1967, SIA (RU99), 80:2.

47. Robert W. Mason (memo) to William C. Grayson, March 28, 1967, SIA (RU99), 80:2.

48. William C. Grayson to S. Dillon Ripley, June 30, 1967, SIA (RU102), 5:8.

49. Ripley had hired Lee M. Talbot in 1965 to manage the institution’s international con-servation activities, and appointed Talbot’s wife and research partner Marty Talbot to the research staff. See correspondence in SIA (RU218), 13:16.

50. Lee M. Talbot to S. Dillon Ripley, June 14, 1968, SIA (RU145), 7:16. In 1968, a rating of 33.5 translated to about twenty-nine million viewers.

51. Frederic M. Philips to Mr. [Robert] Mason, December 12, 1967, SIA (RU99), 80:4.

52. Donald V. Meaney to S. Dillon Ripley, February 21, 1968, and February 23, 1968, SIA (RU145), 7:16.

53. Frederic M. Philips to S. Dillon Ripley, February 26, 1968, SIA (RU145), 7:16.

54. W. W. Warner, “Note to Files,” March 14, 1968, SIA (RU145), 7:16.

55. Frederic M. Philips memos, SIA (RU145), 7:16.

56. Craig B. Fisher to S. Dillon Ripley, April 20, 1979, SIA (RU145), 7:16.

57. SIA (RU145), 6:3. “British Couple Begin Harvard Science Study,” *Chicago Tribune*, October 10, 1964; and David Wade Chambers, “History of Science on the Silver Screen,” *Isis* 57 (Winter 1966): 494–497. In 1967, Goodfield was Treves Professor in the History and Phi-losophy of Science at Wellesley College, and her husband, Stephen Toulmin, was professor of philosophy and history of ideas at Brandeis University.

58. William W. Warner, “Memo to Files after Visit from Richard Crewdson,” December 6, 1968; and June Goodfield and Stephen Toulmin, “Memorandum Proposal for a Comprehen-sive Program on Ecology and the Biosphere,” SIA (RU145), 6:5.

59. See correspondence in SIA (RU145), 6:5.

60. William W. Warner to S. Dillon Ripley, March 3, 1969, SIA (RU367), 9:10. See also Richard Crewdson to June Goodfield Toulmin, September 21, 1967, SIA (RU145), 6:5.

61. S. Dillon Ripley to Fred W. Friendly, March 27, 1969, SIA (RU99), 312:1.

62. David M. Davis (Ford Foundation) to William W. Warner, November 7, 1969, SIA (RU145), 6:5.

第八章

1. “Report of the Committee on the Role and Opportunities in Broadcasting—To President Edward H. Levi, August 15, 1972,” *University of Chicago Record* 7 (April 21, 1973): 167.

2. 同上，158.

3. Correspondence in SIA (RU137), 51:2; William W. Warner and Fred Philips to S. Dillon Ripley, July 6, 1970, SIA (RU367), 8:5.

4. Contracts and related correspondence, SIA (RU247), 7:3.

5. William W. Warner and Fred Philips to S. Dillon Ripley, July 6, 1970, SIA (RU367), 8:5.

6. William W. Warner to S. Dillon Ripley, November 30, 1970, "Some Potentially Difficult Problems concerning Staff Reactions to CBS Television Series," SIA (RU367), 8:5.

7. Elizabeth Stevens, "An Archeological Find Named Iris Love," *New York Times Sunday Maga-zine*, March 7, 1971; and Meryle Secrest, "Condescending 'Goddess of Love,' " *Washington Post*, June 12, 1971.

8. Clifford Evans to Frederic Philips, May 14, 1971, SIA (RU367), 8:5.

9. S. Dillon Ripley to John Schneider, August 4, 1971; William W. Warner to S. Dillon Ripley, May 28, 1971; and Frederic M. Philips to S. Dillon Ripley, July 29, 1971, SIA (Acc. T90110), 2:2.

10. William W. Warner and Carl Larsen to S. Dillon Ripley, "Television and the Smith-sonian," April 18, 1972; William W. Warner to Burton Benjamin, May 2, 1972, and June 14, 1972; Robert Burstein to William W. Warner, June 28, 1972; and Julian T. Euell to Robert Burstein, July 5, 1972, SIA (RU145), 15:20.

11. Carl W. Larsen to S. Dillon Ripley, February 9, 1972, SIA (RU367), 8:2; and Warner, "Television and the Smithsonian."

12. Carl W. Larsen to S. Dillon Ripley et al., April 17, 1972; and Carl W. Larsen to S. Dillon Ripley, May 15, 1972, SIA (RU145), 15:23.

13. Ralph Lee Smith, "The Wired Nation," *Nation*, May 18, 1970, 582–606.

14. "Report of the Committee," 161.

15. 同上 , 183.

16. 同上 , 182.

17. Max Dawson, "Home Video and the 'TV Problem,' " *Technology & Culture* 48 (July 2007): 524–549.

18. Julian T. Euell to S. Dillon Ripley, November 8, 1972, SIA (RU367), 8:3.

19. Julian T. Euell to S. Dillon Ripley, October 5, 1972; and Carl W. Larsen to Julian Euell, October 4, 1972, SIA (RU145), 15:14.

20. Estimates in Carl W. Larsen to Robert A. Brooks, January 18, 1973, SIA (RU137), 90:1; and *Proceedings of the Meeting of the Board of Regents, Smithsonian Institution, January 24, 1973*, appendix 2, p. 8, SIA (RU1), 10:2.

21. Carl W. Larsen to Robert A. Brooks, January 18, 1973, SIA (RU137), 90:1; and *Proceed-ings . . . January 24, 1973*, appendix 2, p. 8.

22. R. S. Cowen to Julian T. Euell, August 10, 1972, SIA (RU137), 82:16.

23. William C. Grayson to Julian T. Euell and Carl W. Larsen, September 25, 1972, SIA (RU145): 15:14; Carl W. Larsen to Julian T. Euell, December 22, 1972, SIA (RU145), 15:23.

24. *Proceedings . . . January 24, 1973*, appendix 2, p. 13.

25. *Smithsonian Telecommunications Study Notes Number 1*, December 1972, SIA (RU367), 8:3.

26. Richard Lusher to Julian T. Euell, August 16, 1972, SIA (RU145), 15:14.

27. Carl W. Larsen to William W. Warner, April 24, 1972, SIA (RU367), 8:8; Edward R. Trapnell memorandum, June 7, 1973, SIA (RU337), 8:24; and related documents in SIA (RU276), 22:3, 4, 5.

28. "MHT Preliminary Proposal," November 12, 1973, and other documents, SIA (RU276), 22:3, 4, 5.

29. National Science Foundation grant GM-38587, awarded May 1973.

30. See correspondence in SIA (RU367), 4:11. Smithsonian donor Paul L. Davies brokered the Wolper meeting; Daniel Boorstin, head of the MHT, had also recently advised on a Wolper series. S. Dillon Ripley to Paul L. Davies, SIA (RU613), 170:1; Carl Larsen to S. Dillon Ripley, July 20, 1972, SIA (RU367), 4:11. Thank you to Virginia Myhaver for bringing the Davies correspondence to my attention.

31. Rick Du Brow, "Outsider Enters TV Documentary Field," *Washington Post*, January 1, 1968; and "Mr. TV Documentary Eyes Lush Film Pastures," *Los Angeles Times*, January 7, 1968.

32. SIA (RU367), box 4, folder "Wolper Contract 1972–74" and folder "Executive Comm. 1/9 -Wolper Contract 1973."

33. Virginia Myhaver, "Funding the 'Folk': New Federalism and Public-Private Partner-ships during the American Bicentennial," presentation at National Museum of American His-tory, December 15, 2009.

34. William L. Eilers to James Billington, September 27, 1973, SIA (RU218), 13:21.

35. Carl W. Larsen to Julian T. Euell, September 25, 1972; and Ruth Frazier, "Conversa-tions of Larsen and Euell in New York on September 20," SIA (RU145), 15:14, 20.

36. Julian T. Euell to S. Dillon Ripley, draft memorandum, January 5, 1973, SIA (RU145), 15:14.

37. *Proceedings . . . January 24, 1973*, appendix 2, p. 13.

38. 同上

39. Christian C. Hohenlohe, memo to Executive Committee, March 12, 1973, SIA (RU367), 8:1.

40. S. Dillon Ripley to Edmund D. Andrews, December 13, 1973, SIA (RU367), 4:5.

41. S. Dillon Ripley to Thomas J. Watson, Jr., April 5, 1973, SIA (RU137), 90:1; and S. Dillon Ripley to Paul L. Davies, SIA (RU613), 170:1. Two regents—James E. Webb and Caryl Haskins—raised questions about the television deal. SIA (RU367), 8:1.

42. *Proceedings . . . January 24, 1973.*

43. Julian T. Euell to S. Dillon Ripley and Robert A. Brooks, March 5, 1973, SIA (RU137), 90:1.

44. Jim Stingley, "Saving of All Wildlife: Idea Good, But . . . ," *Los Angeles Times*, January 16, 1972; David L. Wolper, " 'No Rabbit up My Sleeve,' " *New York Times*, February 6, 1972; "Defect Notification," *Washington Post*, May 12, 1973; and Dian Olson Belanger, *Managing American Wildlife: A History of the International Association of Fish and Wildlife Agencies* (Amherst: University of Massachu-setts Press, 1988), 122–123. Belanger points out that the controversy prompted NBC to develop guidelines for reenactments and dramatization of animal behavior (123).

45. *Hollywood Reporter*, January 16, 1973.

46. The press praised the project as the Smithsonian "reaching out to the masses." Jean White, "Reaching Out," *Washington Post*, July 9, 1973. See also "Smithsonian, Wolper Sign Agreement for Series of Television Specials," Smithsonian press release, June 17, 1973, SIA (RU586), 3:25.

47. S. Dillon Ripley to Heads of Organization Units, etc., August 14, 1973, SIA (RU276), 53:1.

48. Cecil Smith, "David Wolper Sees Comedies as Way to Express Views," *Canton (OH) Re-pository*, July 16, 1973.

49. *Proceedings . . . January 24, 1973*, appendix 2, p. 11; *Proceedings of the Meeting of the Board of Regents, Smithsonian Institution, May 9, 1973*, 16, SIA (RU1), 10:3; and Carl W. Larsen to Robert A. Brooks, May 8, 1973, SIA (RU367), 4:9.

50. Charles DeVault to Julian T. Euell, March 11, 1974, SIA (RU367), 4:11.

51. Julian T. Euell to S. Dillon Ripley, March 18, 1974, SIA (RU586), 3:25; and Julian T. Euell to Brooke Hindle, March 6, 1975, SIA (RU276), 22:7.

52. S. Dillon Ripley to Julian Euell, March 15, 1974, SIA (RU367), 4:11.

53. Edward F. Rivinius to S. Dillon Ripley, March 15, 1974, SIA (RU367), 4:11.

54. S. Dillon Ripley to Carl Larsen, June 15, 1974, SIA (RU416), 20:10.

55. Julian T. Euell to S. Dillon Ripley, October 21, 1974, SIA (RU367), 4:11.

56. Isaac Asimov, "They Don't Make Monsters like They Used To," *TV Guide*, November 23–29, 1974, 13–15.

57. " 'Monsters' Scores Big in Nielsens," *Los Angeles Times*, December 7, 1974. Previous re-cord for a documentary had been "We Live with Elephants" (1973), with a 19.6 rating and a 30 share. Wolper later broke his own record with his miniseries *Roots*. Nazaret Cherkezian to Dorothy Rosenberg, November 27, 1974, SIA (RU367), 4:13; and oral history interview with Nazaret Cherkezian, 1986, SIA (RU9541).

58. Joseph N. Bell, "On the Trail of 'Bigfoot,' " *Christian Science Monitor*, November 22, 1974; Joel Dreyfuss, "Monster Myths?," *Washington Post*, November 25, 1974; and Cecil Smith, "Hot-footing It to Bigfoot in Oregon," *Los Angeles Times*, November 25, 1974.

59. Terence O'Flaherty, "Views TV," *San Francisco Chronicle*, November 25, 1974.

60. William C. Grayson to George Lefferts, July 31, 1974, SIA (RU367), 4:13.

61. David L. Wolper to William C. Grayson, August 2, 1974, SIA (RU367), 4:13.

62. 同上

63. " 'Monsters! Mysteries or Myths?' Explores Nature's Puzzles in Smithsonian Special to Be Presented Monday, Nov. 25 on the CBS Television Network," press release dated October 21, 1974, SIA (RU416), 20:10.

64. John J. O'Connor, "TV: Special on U.F.O.'s," *New York Times*, December 13, 1974.

65. David L. Wolper to S. Dillon Ripley, December 13, 1974, SIA (RU367), 4:5.

66. S. Dillon Ripley to David L. Wolper, December 23, 1974, SIA (RU367), 4:5.

67. Mel Stuart (Wolper) to Nazaret Cherkezian, December 2, 1974, SIA (RU367), 4:12.

68. Jay Sharbutt, "Special Explores Aviation History," *Los Angeles Times*, January 31, 1975.

69. Jay Sharbutt, " 'Flight' an Uplifting Subject for Tonight," *Independent-Journal*, January 31, 1975.

70. Charles DeVault, memo, April 10, 1974, SIA (RU416), 20:10; and Nazaret Cherkezian to David L. Wolper, January 14, 1975, SIA (RU586), 6:16.

71. Carl W. Larsen to Warren V. Bush, May 16, 1974, SIA (RU416), 20:10; and Julian T. Euell to David L. Wolper, December 13, 1974, SIA (RU367), 4:14.

72. Richard Kurin, *Hope Diamond: The True Story of a Legendary and Cursed Gem* (New York: HarperCollins/Smithsonian Books, 2006).

73. William C. Grayson to Carl Larson, May 9, 1974, SIA (RU586), 6:16.

74. Porter M. Kier to Nazaret Cherkezian, January 8, 1975, SIA (RU586), 6:16.

75. William C. Grayson to Julian T. Euell, September 25, 1974, SIA (RU367), 4:14; Porter M. Kier to S. Dillon Ripley, January 3, 1975, SIA (RU416), 20:10; George Lefferts to Carl W. Larsen, May 20, 1974; and Paul E. Desautels to Charles

DeVault, May 28, 1974, SIA (RU586), 6:16.

76. Julian T. Euell to S. Dillon Ripley, January 17, 1975, SIA (RU367), 8:9.

77. S. Dillon Ripley to Porter M. Kier, January 23, 1975, SIA (RU586), 6:15.

78. Julian T. Euell to S. Dillon Ripley, March 24, 1975, SIA (RU367), 8:9.

79. Nazaret Cherkezian to David L. Wolper, April 11, 1975, SIA (RU586), 3:25.

80. Correspondence in SIA (RU586), 2:9 and SIA (RU276), 22:5. Examples included refrig-eration, telegraphy, movies, Bakelite, cyclotrons, antibiotics, and ATMs.

81. See correspondence in SIA (RU367), 4:8; David L. Wolper to Julian T. Euell, December 27, 1973, SIA (RU367), 4:5; and notes dated January 8, 1974, SIA (RU367), 4:8.

82. Charles DeVault to Julian T. Euell, February 1, 1974, SIA (RU367), 4:5.

83. David A. Hounshell to Silvio A. Bedini, May 10, 1974; and Eugene S. Ferguson to Silvio A. Bedini, May 9, 1974, SIA (RU276), 22:6.

84. Eugene S. Ferguson to Silvio A. Bedini, December 11, 1973, SIA (RU367), 4:8.

85. Eugene S. Ferguson to Silvio A. Bedini, March 1974, SIA (RU276), 22:6.

86. Brooke Hindle to Eugene S. Ferguson, March 25, 1974, SIA (RU276), 22:6.

87. Brooke Hindle to David Wolper, October 31, 1974; and "Feasibility Study for 'The American Dream,' " October 25, 1974, SIA (RU367), 4:8; David L. Wolper to Nazaret Cherke-zian, January 16, 1975; and Nazaret Cherkezian to Brooke Hindle, February 5, 1975, SIA (RU276), 63:7.

88. Eugene S. Ferguson to Brooke Hindle, March 26, 1974, SIA (RU276), 22:6.

89. Nazaret Cherkezian to Julian T. Euell and Carl W. Larsen, June 5, 1975, SIA (RU367), 8:9.

90. In 1976, Wolper unsuccessfully sought Smithsonian cooperation on a CBS special "Pyramids," for which he had already secured sponsorship. David L. Wolper to S. Dillon Rip-ley, September 17, 1976, SIA (RU367), 18:7.

91. "Report of the Committee," 159.

92. Julian T. Euell to S. Dillon Ripley, January 17, 1975, SIA (RU367), 8:9.

93. 同上

第九章

1. Huw Wheldon, “Creativity and Collaboration in Television Programmes,” Frank Nelson Doubleday Lecture at Museum of History and Technology, March 7, 1974, SIA (RU586), 2:9.

2. Roger Manvell, “Experiments in Broadcasting and Television,” *Hollywood Quarterly* 2 (July 1947): 388–392.

3. David Paterson, untitled essay in *Science on Television* (Washington, DC: AAAS, 1975), 29.

4. Wheldon, “Creativity and Collaboration in Television Programmes.”

5. Paterson in *Science on Television*, 31; Paul Saltman, “The Softest Hard Sell: Bronowski’s Ap-proach to Communicating Science,” *Leonardo* 18 (1985): 243–244; and Christine Russell, “The Man behind ‘Ascent of Man’: Jacob Bronowski,” *BioScience* 25 (January 1975): 9–12.

6. “Science on Television,” *Discovery* 14 (April 1953): 104.

7. Charlotte Hays, “Big Crowd, Few Seats at ‘Ascent,’ ” *Washington Post*, November 29, 1973; and Jeanette Smyth, “Crowds for ‘Ascent’ Films,” *Washington Post*, November 30, 1973.

8. See materials in SIA (RU367), 9:9. During spring 1974, the National Academy of Sci-ences showed all thirteen films in its auditorium.

9. Kenneth Clark, “Television,” in R. B. McConnell, ed., *Art, Science and Human Progress* (New York: Universe Books, 1983), 38–39.

10. James L. Baughman, *The Republic of Mass Culture: Journalism, Filmmaking, and Broadcasting in America since 1941* (Baltimore: Johns Hopkins University Press, 1992); Robert G. Finney, “Tele-vision,” in Erwin K. Thomas and Brown H. Carpenter, eds., *Handbook on Mass Media in the United States* (Westport, CT: Greenwood Press,

1994), 171–172; and Frederic A. Leigh, "Educational and Cultural Programming," in Brian G. Rose, ed., *TV Genres: A Handbook and Reference Guide* (New York: Greenwood Press, 1985), 365–380.

11. Robert T. Bower, *Television and the Public* (New York: Holt, Rinehart and Winston, 1973), 50–52.

12. Alan O'Connor, ed., *Raymond Williams on Television: Selected Writings* (London: Routledge, 1989), 76–77.

13. Virginia Myhaver, "Funding the 'Folk': New Federalism and Public-Private Partner-ships during the American Bicentennial," presentation at National Museum of American His-tory, December 15, 2009.

14. WGBH Educational Foundation owned and operated the station, working with the Lowell Institute Cooperative Broadcasting Council, which included Boston College, Boston University, MIT, and other area universities.

15. Michael Ambrosino, "The Science Program Group for Public Television in the United States," ca. 1973, SIA (RU145), 15.

16. Lynde McCormick, "British TV Series, 'Nova,' Makes Natural History Breathtaking," *Christian Science Monitor*, March 6, 1974, 7. A complete list of *NOVA* episodes may be found at http://www.pbs.org/wgbh/nova.

17. John J. O'Connor, "TV: Science on 'Nova,' " *New York Times*, May 10, 1974.

18. Richard P. Adler, "Making Science Come Alive on TV," *Wall Street Journal*, August 2, 1977.

19. Ambrosino, "Science Program Group," 15.

20. Throughout this chapter, calculations are based on *NOVA*'s own lists of its season pro-ductions and do not include repeat broadcasts (which varied from station to station).

21. John Mansfield, "The Making of '*NOVA*,' " in *NOVA: Adventures in Science* (Reading, MA: Addison-Wesley, 1983), 8–13.

22. "NOVA Production Contracts, etc.," September 26, 1985, SIA (Acc. 03–022), 13:20.

23. Henry R. Cassirer, "Educational Television: World-Wide," *Quarterly of Film, Radio, and Television* 8 (Summer 1954): 373–374.

24. Most seasons of twenty-six programs included repeat broadcasts from previous years. Graham Chedd in *Science on Television*, 24; and John Henahan in *Science on Television*, 21. The fa-milial relationship between *NOVA* and British television continued for years; in 2002, a *NOVA* producer referred to "our sister series BBC's *Horizon*." Remarks by Evan Hadingham, annual meeting of the American Association for the Advancement of Science, 2002.

25. Georgine M. Pion and Mark Lipsey, "Public Attitudes toward Science and Technology: What Have the Surveys Told Us?," *Public Opinion Quarterly* 145 (1981): 313.

26. Robert C. Cowen, "The Uneasy Marriage between Science and Society," *Christian Science Monitor*, January 3, 1980.

27. Robert C. Cowen, untitled essay in *Science in the Newspaper* (Washington, DC: AAAS, 1974), 29.

28. Peter Conrad, *Television: The Medium and Its Manners* (London: Routledge , 1982), 144.

29. Mansfield, "Making of '*NOVA*,' " 12.

30. 同上 , 12–13.

31. This analysis uses *NOVA*'s own subject classifications, as published on its website.

32. Daniel Q. Haney, " 'Nova' Gives Viewers New Look on Special Science Test Tonight,"*Paducah Sun-Democrat*, October 16, 1984, SIA (RU372), 25:33.

33. Jonathan Weiner, "Prime Time Science," *The Sciences*, September 1980, 9.

34. John J. O'Connor, "'Plutonium Connection' Proves a Dud," *New York Times*, March 9, 1975.

35. *Congressional Record*, March 11, 1975.

36. Stephen Jay Gould to John Mansfield, November 13, 1981, photocopy in author's collec-tion. For discussion of the 1980 creationism controversy, see Marcel

Chotkowski LaFollette, ed., *Creationism, Science, and the Law: The Arkansas Case* (Cambridge, MA: MIT Press, 1983).

37. Jon Palfreman, "Bringing Science to a Television Audience," *Nieman Reports* (Fall 2002): 2–3.

38. Mansfield, "Making of '*NOVA*,' " 11.

39. Barbara Isenberg, "Backers Polish the Corporate Image," *Los Angeles Times*, December 10, 1979.

40. Rose, *TV Genres*, 7; Isenberg, "Backers Polish the Corporate Image."

41. Isenberg, "Backers Polish the Corporate Image."

42. Tony Schwartz, "Public TV Faces Financial Crisis: Cuts Due in Programs and Staffs," *New York Times*, November 13, 1980; "Will Public TV Fade Away?," *Washington Post*, November 21, 1980; Arthur Unger, "Why It's a Good Idea to Underwrite PBS: The Companies' View," *Christian Science Monitor*, November 7, 1983; and Irvin Molotsky, "For PBS's New President, The Challenge Is Still Spelled M-o-n-e-y," *New York Times*, July 1, 1984.

43. Oscar H. Gandy, *Beyond Agenda Setting: Information Subsidies and Public Policy* (Norwood, NJ: Ablex, 1982).

44. Paula Apsell, "Sex, Lies, and Science Television," in Gail Porter, ed., *Communicating the Future: Best Practices for Communication of Science and Technology to the Public* (Gaithersburg, MD: National Institute of Standards and Technology, 2002).

45. Arthur Unger, "PBS Emerges as the 'Network of Science,' " *Christian Science Monitor*, Au-gust 23, 1979.

46. Peter J. Schuyten, "PBS's 'Connections': The Many Sides of Technology," *New York Times*, October 21, 1979.

47. David Bianculli, *Teleliteracy: Taking Television Seriously* (New York: Continuum, 1992), 190.

48. Schuyten, "PBS's 'Connections.' "

49. Todd Gitlin, "Prime Time Ideology: The Hegemonic Process in Television

Entertainment," *Social Problems* 26 (February 1979): 254.

50. Wheldon, "Creativity and Collaboration in Television Programmes."

51. Apsell, "Sex, Lies, and Science Television."

52. 同上

53. Palfreman, "Bringing Science to a Television Audience," 2–4.

第十章

1. Anthony Smith, *The Shadow in the Cave: The Broadcaster, His Audience, and the State* (Urbana: University of Illinois Press, 1973), 46.

2. "Science on TV: Problems and Promise," *SIPIscope* 16 (Spring 1988): 8.

3. Anthony Smith, *The Newspaper: An International History* (London: Thames and Hudson, 1979), 7.

4. *The Spectator*, no. 452 (August 8, 1712).

5. John Tebbel, *The Compact History of the American Newspaper*, revised edition (New York: Haw-thorn Books, 1963), 186; and Edwin Emery, *The Press and America*, third edition (Englewood Cliffs, NJ: Prentice Hall, 1972), 432.

6. Deems Taylor, "The Very Human Magazine," *Century Magazine*, July 1917, 425.

7. J. Herbert Altschull, "What Is News?," *Mass Comm. Review* 2 (December 1974): 17–18.

8. Boyce Rensberger, "What Makes Science News?," *The Sciences*, September 1978, 10–13; and Dorothy Nelkin, "An Uneasy Relationship: The Tensions between Medicine and the Me-dia," *The Lancet* 374 (June 8, 1996): 1600–1603.

9. *Conference on the Interpretation of the Natural Sciences for a General Public,* Rye, NY, June 15–16, 1938, 2:159 (SIA [RU7091], 381:20, 21).

10. Vince Kiernan, *Embargoed Science* (Urbana: University of Illinois Press, 2006).

11. Samuel Goudsmit, "Publicity," *Physical Review Letters* 4 (1960): 1–2; and J.

H. Crawford, "Editorial," *Applied Physics Letters* 1 (1962): 51.

12. Malcolm Peltu, "The Role of Communications Media," in Harry Otway and Malcolm Peltu, eds., *Regulating Industrial Risks: Science, Hazards and Public Protection* (London: Butterworths, 1985), 137–138; Stephen Klaidman, *Health in the Headlines: The Stories behind the Stories* (New York: Oxford University Press, 1991), 15; Roger Wallis and Stanley J. Baran, *The Known World of Broadcast News: International News and Electronic Media* (London: Routledge, 1990); and Michael R. Hawthorne, "The Media, Economic Development, and Agenda-Setting," in Robert J. Spitzer, ed., *Media and Public Policy* (New York: Praeger, 1993), 81–99.

13. For example, Kris Wilson, "Television Weathercasters as Science Communicators," *Public Understanding of Science* 17 (2008): 73–87; and Mary L. Nucci and Robert Kubey, " 'We Begin Tonight with Fruits and Vegetables': Genetically Modified Food on the Evening News, 1980– 2003," *Science Communication* 29 (December 2007): 147–176.

14. Project for Excellence in Journalism and Medill News Service Washington Bureau, *Changing Definitions of News* (Washington, DC: Project for Excellence in Journalism, 1998).

15. Henry J. Kaiser Family Foundation, *Assessing Local Television News Coverage of Health Issues* (Menlo Park, CA: Kaiser Family Foundation, 1998).

16. Vanderbilt University began videotaping the *ABC Evening News*, *CBS Evening News*, and *NBC Nightly News* broadcasts in 1968 and eventually began to publish broadcast summaries online. Application of a sampling scheme (every twenty-sixth day from August 1968 through Decem-ber 1989) yielded slightly over 3 percent of summaries then available online. Conclusions about coverage combine data on all networks. On some nights, especially during the first decade of the Vanderbilt project, not every broadcast was videotaped (and thus there was no online summary).

17. This proportion is comparable to that in other media. Between 1955 and 1985, slightly under 12 percent of editorials in three mainstream U.S. newspapers addressed science and invention topics, with the proportions declining over the thirty-

year period. Ernest C. Hynds, "Changes in Editorials: A Study of Three Newspapers, 1955–1985," *Journalism Quarterly* 67 (Summer 1990): 305, table 1. Five to fifteen percent of newspaper front-page stories and news magazine covers in the late 1990s focused on science, technology, health, or medicine. Project for Excellence in Journalism and Medill News Service, *Changing Defini-tions of News*.

18. Arthur Asa Berger, *Essentials of Mass Communications Theory* (Thousand Oaks, CA: Sage Pub-lications, 1995), 65; and Herbert J. Gans, *Deciding What's News: A Study of CBS Evening News, NBC Nightly News, Newsweek, and Time* (New York: Pantheon Books, 1979).

19. Martin W. Bauer, Kristina Petkova, Pepka Boyadjieva, and Galin Gornev, "Long-Term Trends in the Public Representation of Science across the 'Iron Curtain,' 1946–1995," *Social Studies of Science* 36 (February 2006): 101.

20. James L. Baughman, *The Republic of Mass Culture: Journalism, Filmmaking, and Broadcasting in America since 1941* (Baltimore: Johns Hopkins University Press, 1992), 9. Data on soft news from David K. Scott and Robert H. Gobetz, "Hard News/Soft News Content of National Broad-cast Networks, 1972–1987," *Journalism Quarterly* 69 (Summer 1992): 406–412; and William C. Spragens, *Electronic Magazines: Soft News Programs on Network Television* (New York: Praeger, 1995), 13. See also Ellen Hume, *Tabloids, Talk Radio, and the Future of News: Technology's Impact on Journal-ism* (Washington, DC: Annenberg Washington Program in Communications Policy Studies of Northwestern University, 1995), 12; and Project for Excellence in Journalism and Medill News Service, *Changing Definitions of News*.

21. This trend in biomedical coverage conforms to what Louis Nathe found in three main-stream U.S. newspapers in 1963 and 1973. Untitled essay in *Science in the Newspaper* (Washington, DC: AAAS, 1974), 18, table 3. Bauer, Petkova, Boyadjieva, and Gornev detected cycles in the intensity of coverage over fifty-year periods ("Long-Term Trends").

22. *CBS Evening News*, August 23, 1984.

23. Doris A. Graber, "Seeing Is Remembering: How Visuals Contribute to Learning from Television News," *Journal of Communication* 40 (Summer 1990): 139–140; and Hal Himmelstein, *Television Myth and the American Mind* (New York: Praeger, 1984), 253.

24. Shanto Iyengar and Donald R. Kinder, *News That Matters: Television and American Opinion* (Chicago: University of Chicago Press, 1987), 16–46.

25. William A. Gamson and Andre Modigliani, "Media Discourse and Public Opinion on Nuclear Power: A Constructionist Approach," *American Journal of Sociology* 95 (July 1989): 1–37; Allan Mazur, "The Journalists and Technology: Reporting about Three Mile Island and Love Canal," *Minerva* 22 (Spring 1984): 45–66; Allan Mazur, "Nuclear Power, Chemical Hazards, and the Quantity of Reporting," *Minerva* 28 (Autumn 1990): 294–323; and Thomas H. Moss and David L. Sills, eds., *The Three Mile Island Nuclear Accident: Lessons and Implications* (New York: New York Academy of Sciences, 1981).

26. Gamson and Modigliani, "Media Discourse."

27. Mazur, "Journalists and Technology," 45–46.

28. The existence of film or video of an event affects coverage. Carole Gorney, "Num-bers versus Pictures: Did Network Television Sensationalize Chernobyl Coverage?," *Journalism Quarterly* 69 (Summer 1992): 460–463, citing data from Michael R. Greenberg, David B. Sachs-man, and Peter M. Sandman, "Risk, Drama, and Geography in Coverage of Environmental Risk by Network TV," *Journalism Quarterly* 66 (Summer 1989): 267–276.

29. Doris A. Graber, "Failures in News Transmission: Reasons and Remedies," in Philip Gaunt, ed., *Beyond Agendas: New Directions in Communication Research* (Westport, CT: Greenwood Press, 1994), 77.

30. Story lengths on January 25, 1978, were 2 minutes, 50 seconds for *ABC Evening News*; 4 minutes, 40 seconds for *CBS Evening News*; and 1 minute, 30 seconds for *NBC Nightly News*.

31. *NBC Nightly News*, July 26, 1978.

32. *ABC Evening News*, July 26, 1978.

33. *CBS Evening News*, July 26, 1978.

34. Quoted in Jonathan Weiner, "Prime Time Science," *The Sciences*, September 1980, 10.

35. 同上, 11.

36. 同上

37. Robert Sahr, "Credentialing Experts: The Climate of Opinion and Journalist Selection of Sources in Domestic and Foreign Policy," in Spitzer, *Media and Public Policy*, 153–169.

38. 同上, 154.

39. Robert Karl Manoff, "Modes of War and Modes of Social Address: The Text of SDI," *Journal of Communication* 39 (Winter 1989): 68.

40. Statement by Michael Crew, news director of WJKS-TV, Jacksonville, Florida, quoted in "Report from the Cutting Edge," *SIPIscope* 17 (Spring 1989): 21.

41. Shepherd found that 77 percent of news reports on marijuana research made no explicit reference to research studies but "merely reported the statements of individuals presumed to have scientific or medical expertise." R. Gordon Shepherd, "Science News of Controversy: The Case of Marijuana," *Journalism Monographs* 62 (August 1979): 15, 17. See also Jonathan Alter, "Just the Facts?," *Washington Monthly* 31 (January/February 1999): 23.

42. Richard Streckfuss, "Objectivity in Journalism: A Search and a Reassessment," *Journal-ism Quarterly* 67 (Winter 1990): 973–983.

43. Rudy M. Baum, "Overrated Objectivity," *Chemical & Engineering News*, October 6, 1997, 5.

44. 同上

45. John C. Burnham, "Of Science and Superstition: The Media and Biopolitics," *Gannett Center Journal* 4 (Summer 1990): 34.

46. *CBS Evening News*, October 15, 1971.

47. Eagles: *ABC Evening News* and *CBS Evening News*, June 2, 1971.

48. Polar bears: *ABC Evening News* and *CBS Evening News*, June 2, 1971.

49. "Science, Technology, and the Press: Must the 'Age of Innocence' End?," *Technolog y Review*, March/April 1980, 54–55.

50. *NBC Nightly News*, April 20, 1977.

51. "New Trends in Interpreting Science to the Public" session, annual meeting of the American Association for the Advancement of Science, 1978; Marcel Chotkowski LaFollette, "Observations on Science, Media, and the Public at the 1978 Meeting of the AAAS," *Science, Technology, & Human Values* 3 (April 1978): 25–29.

52. Michael Mulkay, "Frankenstein and the Debate over Embryo Research," *Science, Technol-ogy, & Human Values* 21 (Spring 1996): 158.

53. R. Lance Holbert, "A Typology for the Study of Entertainment Television and Politics," *American Behavioral Scientist* 49 (November 2005): 436–453.

54. See Richard Malmsheimer, *"Doctors Only": The Evolving Image of the American Physician* (New York: Greenwood Press, 1988).

55. Rae Goodell, "How to Kill a Controversy: The Case of Recombinant DNA," in Sharon M. Friedman, Sharon Dunwoody, and Carol L. Rogers, eds., *Scientists and Journalists: Reporting Science as News* (New York: Free Press, 1986), 173; Rae Goodell, "Problems with the Press: Who's Responsible?," *BioScience* 35 (March 1985): 154; and June Goodfield, *Reflections on Science and the Media* (Washington, DC: AAAS, 1981).

56. Clifford Grobstein, *A Double Image of the Double Helix: The Recombinant-DNA Debate* (San Fran-cisco: W. H. Freeman, 1979), 104.

57. Goodell, "Problems with the Press," 154.

58. "An Interview with Dr. David Baltimore," *SIPIscope* 10 (March/April 1982): 16; and David Baltimore, "Baltimore's Travels," *Issues in Science and Technology* 5 (Summer 1989): 41.

59. Issues raised in Charles R. Eisendrath, "The Press as Guilty Bystander," in David A. Jackson and Stephen P. Stich, eds., *The Recombinant DNA Debate*

(Englewood Cliffs, NJ: Prentice Hall, 1979), 279–299.

60. J. Samuel Walker, *Three Mile Island: A Nuclear Crisis in Historical Perspective* (Berkeley: Uni-versity of California Press, 2004), 1–3; Spencer R. Weart, *Nuclear Fear: A History of Images* (Cam-bridge, MA: Harvard University Press, 1988), 351, 363; and David A. Kirby, *Lab Coats in Holly-wood: Science, Scientists, and Cinema* (Cambridge, MA: MIT Press, 2011), 173–176.

61. Moss and Sills, *Three Mile Island Nuclear Accident*; Sharon M. Friedman, "A Case of Benign Neglect: Coverage of Three Mile Island before the Accident" and Anne Marie Cunningham, "Not Just Another Day in the Newsroom: The Accident at TMI," in Friedman, Dunwoody, and Rogers, *Scientists and Journalists*, 182–212.

62. Walker, *Three Mile Island.*

63. Quoted in David M. Rubin, "What the President's Commission Learned about the Media," in Moss and Sills, *Three Mile Island Nuclear Accident*, 98.

64. Alan McGowan, "Editor's Note," *SIPIscope* 7 (March–June 1979): 1; and David M. Rubin, "How the News Media Reported on Three Mile Island and Chernobyl," *Journal of Communication* 37 (Summer 1987): 42–57.

65. Mazur, "Journalists and Technology," 56.

66. Peggy Girshman, "Beyond the Basics: A Roundtable Discussion," in Sharon M. Fried-man, Sharon Dunwoody, and Carol L. Rogers, eds., *Communicating Uncertainty: Media Coverage of New and Controversial Science* (Hillsdale, NJ: Lawrence Erlbaum, 1999), 253.

67. SIPI, established in 1963, had absorbed scientific and activist organizations such as the Committee for Environmental Information founded by biologist Barry Commoner. *SIPIscope* 7 (March–June 1979).

68. Clarence Page, "Where Is Mr. Wizard When We Need Him?," *Chicago Tribune*, April 10, 1979.

69. Cecil Smith, "CBS Specials: Of Men, Monsters," *Los Angeles Times*, May 18, 1980; Jerry Buck, "Jason Miller's Latest Acting Outing Finds Him Creating 'Monster' Movie," *Chicago Tri-bune*, May 23, 1980; Cecil Smith, "On the Cover,"

Los Angeles Times, May 25, 1980; Cecil Smith, "Town vs. Gown in 'Monster,' " *Los Angeles Times*, May 27, 1980; John J. O'Connor, "TV: Science Amok and the Vietnam War," *New York Times*, May 27, 1980; Tom Shales, " 'The Henderson Monster,' " *Washington Post*, May 27, 1980; and Jo Gladstone, "Letter to the Editor," *Science, Technology, & Human Values* 6 (Fall 1980): 78–79.

70. Smith, "CBS Specials."

71. Buck, "Jason Miller's Latest."

72. 同上

73. Smith, "CBS Specials."

74. As quoted in Guy E. Lometti, "Broadcast Preparations for and Consequences of *The Day After*," in J. M. Wober, ed., *Television and Nuclear Power: Making the Public Mind* (Norwood, NJ: Ablex, 1992), 4. See also Lawrence Badash, *A Nuclear Winter's Tale: Science and Politics in the 1980s* (Cambridge, MA: MIT Press, 2009); and Lawrence Badash, "Nuclear Winter: Scientists in the Political Arena," *Physics in Perspective* 3 (2001): 76–105.

75. Lometti, "Broadcast Preparations," 5.

76. David M. Rubin and Constance Cummings, "Nuclear War and Its Consequences on Television News," *Journal of Communication* 39 (Winter 1989): 42; and Badash, *Nuclear Winter's Tale*, 63–76.

77. Allan M. Winkler, *Life under a Cloud: American Anxiety about the Atom* (New York: Oxford University Press, 1993), 195.

78. Lometti, "Broadcast Preparations," 5–6; Ronald Bailey, *Eco-Scam: The False Prophets of Eco-logical Apocalypse* (New York: St. Martin's Press, 1993), 114; and Kenneth R. Clark, " 'Day After' Fallout: Critics Accuse ABC of Irresponsibility," *Chicago Tribune*, April 28, 1984, 14.

79. Lometti, "Broadcast Preparations," 6.

80. Stanley Feldman and Lee Sigelman, "The Political Impact of Prime-Time Television: 'The Day After,' " *Journal of Politics* 47 (June 1985): 556–578; Lometti, "Broadcast Preparations," 12–17; and Robert W. Kubey, "U.S. Opinion and Politics

before and after *The Day After*: Tele-vision Movie as Rorschach," in Wober, *Television and Nuclear Power*, 19–30.

81. "Europe/'The Day After,' " *NBC Nightly News*, Wednesday, December 7, 1983; and "Hiroshima/'The Day After,' " *NBC Nightly News*, Saturday, January 28, 1984.

82. George Gerbner, Larry Gross, Michael Morgan, and Nancy Signorielli, "Health and Medicine on Television," *New England Journal of Medicine* 305 (October 8, 1981): 901–904; George Gerbner, Larry Gross, Michael Morgan, and Nancy Signorielli, "Scientists on the TV Screen," *Society*, May/June 1981, 41–44.

83. John Chancellor remarks excerpted in "Science and the People: Television's Role in Making the Connection," *SIPIscope* 16 (Spring 1988): 18.

84. 同上

85. 同上

86. 同上 , 19.

第十一章

1. James Burke, *Connections* (Boston: Little, Brown, 1978), 5.

2. U.S. Bureau of the Census, *Social Indicators III* (Washington, DC: GPO, 1980), 561.

3. Carl Sagan, "There's No Hint of the Joys of Science," *TV Guide*, February 4, 1978, 6. See also Carl Sagan, "In Praise of Science and Technology," *New Republic*, January 22, 1977, 24; and "Sagan Says Scientists Need a Better Shake on Television," *Broadcasting*, April 4, 1977, 72–73.

4. Daniel S. Greenberg, "Scientific Magazines Bursting Out All Over," *Science & Government Report* 9 (January 15, 1979): 1–2; William Bennett, "Science Goes Glossy," *Sciences*, September 1979, 10–15, 22; William Bennett, "Science Hits the Newsstand," *Columbia Journalism Review*, January/February 1981, 53, 55–57; and William J. Broad, "Science Magazines: The Second Wave Rolls In," *Science* 215

(January 15, 1982): 272–273.

5. Mark Dowie, as quoted in "Science, Technology, and the Press: Must the 'Age of Inno-cence' End?" *Technolog y Review*, March/April 1980, 51.

6. Ien Ang, *Desperately Seeking the Audience* (London: Routledge, 1991), 18.

7. Lawrence W. Lichty, "Success Story," *Wilson Quarterly* 5 (Winter 1981): 62.

8. William Poundstone, *Carl Sagan: A Life in the Cosmos* (New York: Henry Holt, 1999), 140; and Keay Davidson, *Carl Sagan: A Life* (New York: John Wiley, 1999), 253, 319.

9. Adrian Malone to Stanley Weiss, April 13, 1987, SIA (RU594), 1:3; and Les Brown, "Two British TV Directors Set Up Shop in U.S.," *New York Times*, January 19, 1978.

10. Davidson, *Carl Sagan*.

11. 同上, 140; and Poundstone, *Carl Sagan*, 253–254. *The Dragons of Eden* (1977) won a Pulitzer Prize, and Sagan's novel *Contact* (1985) was made into a Hollywood movie.

12. Rae Goodell, *The Visible Scientists* (Boston: Little, Brown, 1977), 171; and Davidson, *Carl Sagan*, 262–264.

13. Poundstone, *Carl Sagan*, 178.

14. Timothy Ferris, "The Risks and Rewards of Popularizing Science," *Chronicle of Higher Education,* April 4, 1997, B6; and Clark Chapman, "Two Views of a Star's Life," *Science* 287 (January 7, 2000): 47.

15. Davidson, *Carl Sagan*, 330.

16. Arthur Unger, "Carl Sagan: Cosmic Storyteller," *Christian Science Monitor*, May 8, 1979.

17. Davidson estimates the total audience for original broadcast and reruns as over 400 million. Davidson, *Carl Sagan*, 318, 331–333.

18. Revenue data in Peter M. Robeck to Nazaret Cherkezian, August 18, 1977, SIA (RU367), 18:11.

19. Burke, *Connections*; John G. Burke and Marshall C. Eakin, eds., *Technology*

and Change: A Courses by Newspaper Reader (San Francisco: Boyd and Fraser, 1979).

20. Sales were so good that, in 1981, Sagan demanded a record-breaking $2 million advance for his novel *Contact*. Poundstone, *Carl Sagan*, 262, 268; and Davidson, *Carl Sagan*.

21. Peter M. Robeck to Nazaret Cherkezian, August 18, 1977, SIA (RU367), 18:11. Note that the companion books for nonscience blockbuster miniseries grossed even greater sums.

22. Quoted in Richard Zoglin, "Science on TV—How Sharp Is the Focus?," *New York Times*, April 26, 1981.

23. David Perlman, "An Unscientific Science Show," *San Francisco Chronicle*, September 19, 1981.

24. Fred Jerome, "Editor's Note," *SIPIscope* 10 (Winter 1982/1983): 1.

25. Barbara J. Culliton, "Science in the Media," *SIPIscope* 10 (Winter 1982/1983): 5.

26. John Angier, "No Optimism for TV Science Series," *SIPIscope* 11 (September/October 1983): 15.

27. *I, Leonardo* promotional kit, author's collection.

28. "Newspaper Science Sections: Testing the Mass Audience," *SIPIscope* 12 (Autumn 1984): 1.

29. "Are Science Sections Such a Swell Idea?," *SIPIscope* 14 (Autumn 1986): 15.

30. "Newspaper Science Sections Spreading Nationwide," *SIPIscope* 14 (Autumn 1986): 1, 9.

31. "Newspaper Science Sections Still on the Rise," *SIPIscope* 18 (Spring 1990): 26–27; and Renate G. Bader, "How Science News Sections Influence Newspaper Science Coverage: A Case Study," *Journalism Quarterly* 67 (Spring 1990): 88–96.

32. Jack Horkheimer, director of the Miami Science Museum planetarium, appeared in a syndicated five-minute program, *Star Gazer*, from 1976 until his death in 2010.

33. The miniseries, shown in England as *From the Face of the Earth*, was a coproduction of WGBH/Boston and Video Arts Television in London.

34. Quoted in Jonathan Meades, “Medical Mysteries: Quest for the Killers,” *Dial*, Septem-ber 1985, 35–36.

35. Korsmo says that the 1960 IGY film series inspired *Planet Earth*. Fae L. Korsmo, “Shaping Up Planet Earth: The International Geophysical Year (1957–1958) and Communicating Sci-ence through Print and Film Media,” *Science Communication* 26 (December 2004): 180.

36. James Day, *The Vanishing Vision: The Inside Story of Public Television* (Berkeley: University of California Press, 1995), 287–289.

37. Press release for “The Ring of Truth,” August 1987, author’s collection.

38. Michael Arlen, quoted in Jonathan Weiner, “Prime Time Science,” *The Sciences*, Septem-ber 1980, 9.

39. 同上 , 6.

40. 同上

41. Neil Postman, “The Las Vegasizing of America,” *National Forum* 62 (Summer 1982): 8.

42. Orrin E. Dunlap, Jr., “Two Arts as One?,” *New York Times*, January 8, 1939, 134; and James L. Baughman, *Same Time, Same Station: Creating American Television, 1948–1961* (Baltimore: Johns Hopkins University Press, 2007), 304–307.

43. National Geographic Society press release, “National Geographic Society Announces Plans for New Cable TV Series,” n.d. (received February 14, 1985), author’s collection.

44. David T. Suzuki, “Information Overload: More TV Science Could Add to the Confu-sion,” *SIPIscope* 14 (January/February 1986): 4.

45. 同上

46. David Bianculli, *Teleliteracy: Taking Television Seriously* (New York: Continuum, 1992), 190–191. See also “Origin of Species,” *Times* (London), August 25, 1992.

47. Donna J. Haraway, *Primate Visions: Gender, Race, and Nature in the World of Modern Science* (New York: Routledge, 1989), 401n13.

48. Jan-Christopher Horak, "Wildlife Documentaries: From Classical Forms to Reality TV," *Film History* 18 (2006): 472.

49. David Attenborough, *Life on Air: Memoirs of a Broadcaster* (Princeton, NJ: Princeton Uni-versity Press, 2002).

50. Gail Davies, "Science, Observation and Entertainment: Competing Visions of Post-war British Natural History Television, 1946–1967," *Ecumene* 7 (2000): 432–459.

51. Attenborough, *Life on Air*.

52. David Attenborough, as quoted in Bianculli, *Teleliteracy*, 191.

53. Gregg Mitman, *Reel Nature: America's Romance with Wildlife on Film* (Cambridge, MA: Harvard University Press, 1999), 205.

54. George Page, director of WNET arts and science programming, served as host and narrator. Arthur Unger, "George Page Wants Television to Peer Deeper into Science," *Christian Science Monitor*, October 26, 1984.

55. Remarks by Thomas E. Lovejoy at CBE/EASE annual meeting, Washington, DC, 1998.

56. Russell W. Peterson, *Rebel with a Conscience* (Newark: University of Delaware Press, 1999), 303.

57. 同上 , 312.

58. 同上 , 306. By 2000, the society had produced over forty new specials, cocreated *All Bird TV* for the Animal Planet channel, and was coproducing *Audubon's Animal Adventures* with Disney.

59. *Living Wild* publicity, February 1984, author's collection.

60. See, for example, Benjamin DeMott, "The Trouble with Public Television," *Atlantic Monthly*, February 1979, 42–47; Stephen Chapman, "Down with Public Television," *Harper's*, August 1979, 77–84; and Robert W. Fleming, "The Future of Public Broadcasting," *National Forum* 61 (Summer 1981): 23.

61. Eric Konigsberg, "Stocks, Bonds, and Barney," *Washington Monthly*, September 1993, 12–15.

62. Vincent Campbell, "The Extinct Animal Show: The Paleoimagery Tradition and Computer Generated Imagery in Factual Television Programs," *Public Understanding of Science* 18 (2009): 199–213; Anneke M. Metz, "A Fantasy Made Real: The Evolution of the Subjunctive Documentary on U.S. Cable Science Channels," *Television & New Media* 9 (July 2008): 333–348; and Horak, "Wildlife Documentaries."

63. Postman, "Las Vegasizing," 8.

64. 同上

第十二章

1. William Melody and Wendy Ehrlich, "The History of Children's Television," in William Melody, *Children's Television: The Economics of Exploitation* (New Haven, CT: Yale University Press, 1973), 36.

2. Margaret Midas, "Without TV," *American Quarterly* 3 (Summer 1951): 152–166.

3. 同上 , 166.

4. The eight-part *Christian Science Monitor* series was reprinted as Robert Lewis Shayon, *Tele-vision and Our Children* (New York: Longmans, Green and Co., 1951).

5. Jack Gould, "Something Is Amiss," *New York Times*, December 2, 1951.

6. Melody and Ehrlich, "History of Children's Television," 36.

7. Hal Erikson, *Syndicated Television: The First Forty Years, 1947–1987* (Jefferson, NC: McFarland, 1989), 75.

8. Jack Gould, "Programs in Review," *New York Times*, May 27, 1951.

9. Alex McNeil, *Total Television,* fourth edition (New York: Penguin Books, 1996), 627.

10. Tim Brooks and Earle Marsh, *The Complete Directory to Prime Time*

Network and Cable TV Shows, 1946–Present, sixth edition (New York: Ballantine Books, 1995), 1111; McNeil, *Total Television*, 562; Vincent Terrace, *The Complete Encyclopedia of Television Programs, 1947–1976* (South Brunswick, NJ: A. S. Barnes, 1976), 120; and Jeffery Davis, *Children's Television, 1947–1990* (Jef-ferson, NC: McFarland, 1995), 151–153.

11. Donald Jeffry Herbert Kemske (1917–2007) was born in Minnesota and attended high school and college in Wisconsin. Richard Goldstein, "Don Herbert, 'Mr. Wizard' to Science Buffs, Dies at 89," *New York Times*, June 13, 2007; Martin Weil, "Don Herbert; Mr. Wizard of Children's Television," *Washington Post*, June 13, 2007; and Terry Rindfleisch, "A Life Remem-bered: 'Mr. Wizard' Lets Kids Experience Science," *La Crosse Tribune*, June 14, 2007.

12. Diane Dismuke, "Don 'Mr. Wizard' Herbert: Still a Science Trailblazer," *NEA Today* 12 (April 1994): 9.

13. Willie Schatz, "Welcome Back, Mr. Wizard," *Washington Post Television Magazine*, Novem-ber 9–15, 1980, 5.

14. Larry Wolters, "Mr. Wizard Has Skilful [*sic*] Touch with Science," *Chicago Daily Tribune*, June 30, 1951; and "Scientific Interest Stirred by TV Show," *Washington Post*, December 20, 1951.

15. George Alexander, "Don Herbert: Gee Wiz!," *SciQuest*, May/June 1981, 21–28.

16. Anton Remenih, "TV's Mr. Wizard Lures Kids with Science Magic," *Chicago Daily Tribune*, January 25, 1953.

17. Walter Carlson, "Space Age 'Wizard,' " *New York Times*, April 4, 1965.

18. Val Adams, "N.B.C. Will Cancel 'Mr. Wizard' Show," *New York Times*, April 17, 1965.

19. Jane E. Brody, "See the Monkey—and Learn," *New York Times*, September 18, 1966.

20. 同上

21. George Gent, "TV Networks Move to Upgrade Much-Criticized Children's

Fare," *New York Times*, May 31, 1971; and Carol Kramer, "His Wizardry Makes Aerodynamics Snappy," *Chicago Tribune*, October 31, 1971.

22. Cleveland Amory, "Mr. Wizard," *TV Guide*, 22 April 1972.

23. "How a Television Commercial Is Made," *General Electric Review* (September 1956), in Wilbur Schramm, ed., *Mass Communications*, second edition (Urbana: University of Illinois Press, 1960), 161–174; and Lawrence Laurent, " 'Mr. Wizard' Is a Product of Mating Two Careers," *Washington Post*, September 30, 1954.

24. Robert Young, "Nuclear Energy Plan 'Breeds' Lobby Alliance," *Chicago Tribune*, June 23, 1975; and Tom Bronzini, "Mr. Wizard Still Working Science Magic," *Los Angeles Times*, March 22, 1976.

25. Lee Margulies, "Dipping into Mr. Wizard's Bag," *Los Angeles Times*, February 7, 1980; Schatz, "Welcome Back, Mr. Wizard," 5; and Alexander, "Don Herbert."

26. James Quinn, "Mr. Wizard's Pop-Science TV Show Updated, Returned to Airways after 19-Year Absence," *Los Angeles Times*, March 25, 1984; Dismuke, "Don 'Mr. Wizard' Herbert," 9; George Maksian, "Mr. Wizard's Coming Back," *New York Daily News*, April 1, 1976; and K. C. Cole, " 'Mr. Wizard' Is Still Up to His Old Tricks," *Chicago Tribune*, June 27, 1984.

27. Quinn, "Mr. Wizard's Pop-Science TV Show."

28. Ben H. Bagdikian, "Out of the Can and into the Bank," *New York Times Magazine*, October 21, 1973, 110, quoting Clay Whitehead and Vice President Spiro T. Agnew.

29. Barnouw says the networks created these series in response to complaints of excessive violence on television. Erik Barnouw, *The Image Empire: A History of Broadcasting in the United States from 1953* (New York: Oxford University Press, 1970), 186. See also Melody and Ehrlich, "His-tory of Children's Television," 49.

30. Clara Jeffrey, "The Less You Know: From Einstein to Aniston," *Mother Jones*, January/ February 1997, 16.

31. Tom Yohe, "History and Kid's T.V.," *Public History News* 13 (Spring 1993): 1–2.

32. For example, Surgeon General's Advisory Committee on Television and Social Behavior, *Television and Social Behavior: A Technical Report*, five volumes (Washington, DC: GPO, 1972).

33. *Notice of Inquiry and Notice of Proposed Rulemaking in re Children's Television Programs*, 28 FCC 2d 369–70 (1971), as cited in U.S. Commission on Civil Rights, *Window Dressing on the Set: Women and Minorities in Television* (Washington, DC: GPO, 1977), 70.

34. Lloyd N. Morrisett, "The Age of Television and the Television Age," *Peabody Journal of Education* 48 (January 1971): 112–121.

35. *The Television Code of the National Association of Broadcasters* (June 1975), as quoted in U.S. Com-mission on Civil Rights, *Window Dressing on the Set*, 67.

36. Sonia Livingstone, "Half a Century of Television in the Lives of Our Children," *Annals of the American Academy of Political and Social Science* 625 (September 2009): 155–156.

37. 同上，156.

38. During the mid-1970s, two-to-five-year-olds in the United States consumed 42 percent of their daily amount of television during network prime time (7:00 to 11:00 p.m.); more than half of children ages seven through eleven were allowed to watch television whenever they wanted, and one-third of those could watch whatever programs they wanted. National Television Institute data cited in William A. Henry III, "Some Sense of Violence," *Boston Globe*, August 1, 1977. See also Margita White, "Mom, Why's the TV Set Sweating?," *New York Times*, March 29, 1978; and Frank Mankiewicz and Joel Swerdlow, *Remote Control: Television and the Manipulation of American Life* (New York: Times Books, 1978), 17.

39. In 1977, the Boston area had three network-affiliated commercial, two public, and four independent stations; Massachusetts Educational Television broadcast weekdays during the school year via public UHF and VHF channels.

40. Conclusions in this section are based on the author's analysis, described in Marcel Chotkowski LaFollette, "Wizards, Villains, and Other Scientists: The Science

Content of Tele-vision for Children," survey conducted for Action for Children's Television (Harvard Univer-sity, 1978); and Marcel Chotkowski LaFollette, "Science on Television: Influences and Strate-gies," *Daedalus* 111 (Fall 1982): 183–198.

41. A. C. Nielsen data cited in National Science Foundation, *Research on the Effects of Television Advertising on Children*, RANN Report NSF/RA 770115 (Washington, DC: NSF, 1977), 15.

42. NBC press release, November 16, 1976.

43. In the series *Monster Squad*, the name Frankenstein Jr. was given to the monster. In Mary Shelley's *Frankenstein*, the name was that of the monster's creator.

44. Henry, "Some Sense of Violence."

45. Melvin DeFleur and Lois DeFleur, "The Relative Contribution of Television as a Learn-ing Source for Children's Occupational Knowledge," *American Sociological Review* 32 (1967): 789; and Sharon M. Friedman, "Women in Engineering: Influential Factors for Career Choice," *Newsletter on Science, Technology & Human Values*, no. 20 (June 1977): 14–16.

46. Constance Holden, "Science Show for Children Being Developed for TV," *Science* 202 (November 17, 1978): 731.

47. Jonathan Weiner, "Prime Time Science," *The Sciences*, September 1980, 10.

48. 同上

49. "Science on Television" segment, *CBS Sunday Morning*, March 9, 1986. Thanks to Carol Rogers for bringing this quotation to my attention.

50. After cancellation of *Newton's Apple*, its producers created *Dragonfly TV*, which combined basic science with discussion of sports and similar topics.

51. Data cited in Reed Hundt, "Reading the First Amendment in Favor of Children: Imple-menting the Children's Television Act of 1990," speech to Brooklyn Law School, Brooklyn, NY, December 4, 1995.

52. Kit Boss, "On Seattle TV, It's a Comic, It's an Engineer—It's Science Guy," *Washington Post*, October 4, 1989.

53. Harry F. Waters, "Wacky Science and True Grit," *Newsweek*, October 11,

1993, 62; and Mark S. Goodman, *People Weekly* 41 (April 11, 1994): 87–88.

54. Waters, "Wacky Science and True Grit," 62.

55. ABC canceled *Cro* after two seasons, despite loud protests from the educational and scientific communities. *The Magic School Bus* lasted four seasons on PBS and continued to rerun on cable for over a decade.

第十三章

1. Richard Leacock, "Technology and Reality at the Movies," *Technolog y Review*, February 1973, 26.

2. Marilee Long, Greg Boiarsky, and Greg Thayer, "Gender and Racial Counter-stereotypes in Science Education Television: A Content Analysis," *Public Understanding of Science* 10 (2001): 255–269; and Marilee Long, Jocelyn Steinke, Brooks Applegate, Maria Knight Lapinski, Marne J. Johnson, and Sayani Ghosh, "Portrayals of Male and Female Scientists in Television Programs Popular among Middle School–Age Children," *Science Communication* 32 (2010): 356–382.

3. Marcel Chotkowski LaFollette, "Eyes on the Stars: Images of Women Scientists in Pop-ular Culture," *Science, Technology, & Human Values* 13 (Fall 1988): 262–275.

4. John R. Zaller, *The Nature and Origins of Mass Opinion* (Cambridge: Cambridge University Press, 1992), 1–9.

5. Steve Barkin, quoted in Doris A. Graber, "Media Impact on the Political Status Quo: What Is the Evidence?," in Robert J. Spitzer, ed., *Media and Public Policy* (New York: Praeger, 1993), 21.

6. *Conference on the Interpretation of the Natural Sciences for a General Public*, Rye, NY, June 15–16, 1938, 1:55 (SIA [RU7091], 381:20, 21).

7. Erik Barnouw, *The Image Empire: A History of Broadcasting in the United States from 1953* (New York: Oxford University Press, 1970), 31.

8. Alberto Elena, "Skirts in the Lab: Madame Curie and the Image of the Woman

Scientist in the Feature Film," *Public Understanding of Science* 6 (1997): 276.

9. Sydney W. Head, "Content Analysis of Television Drama Programs," *Quarterly of Film, Radio, and Television* 9 (1954): 181.

10. U.S. Commission on Civil Rights, *Window Dressing on the Set: Women and Minorities in Tele-vision* (Washington, DC: GPO, 1977).

11. 同上; George Gerbner, Larry Gross, Michael Morgan, and Nancy Signorielli, "Health and Medicine on Television," *New England Journal of Medicine* 305 (October 8, 1981): 901–904; Tim Brooks and Earle Marsh, *The Complete Directory to Prime Time Network and Cable TV Shows, 1946–Present*, sixth edition (New York: Ballantine Books, 1995); Alex McNeil, *Total Television*, fourth edition (New York: Penguin Books, 1996); and Vincent Terrace, *The Complete Encyclopedia of Television Programs, 1947–1976*, volumes 1 and 2 (South Brunswick, NJ: A. S. Barnes, 1976).

12. Anthony Dudo, Dominique Brossard, James Shanahan, Dietram A. Scheufele, Michael Morgan, and Nancy Signorielli, "Science on Television in the 21st Century: Recent Trends in Portrayals and Their Contributions to Public Attitudes toward Science," *Communication Research* 20 (December 2010): 8–10.

13. Raymond Stedman, *The Serials: Suspense and Drama by Installment*, second edition (Norman: University of Oklahoma Press, 1977).

14. Eva Flicker, "Between Brains and Breasts—Women Scientists in Fiction Film: On the Marginalization and Sexualization of Scientific Competence," *Public Understanding of Science* 12 (2003): 316.

15. Jocelyn Steinke, "Women Scientist Role Models on Screen: A Case Study of *Contact*," *Science Communication* 21 (December 1999): 111–136.

16. Jocelyn Steinke, "Cultural Representations of Gender and Science: Portrayals of Female Scientists and Engineers in Popular Films," *Science Communication* 27 (September 2005): 53.

17. Peter Conrad, *Television: The Medium and Its Manners* (London: Routledge, 1982), 145.

18. Robert Lambourne, Michael Shallis, and Michael Shortland, *Close*

Encounters? Science and Science Fiction (Bristol, UK: Adam Hilger, 1990), 101.

19. Gilbert Seldes, “The Nature of Television Programs,” *Annals of the American Academy of Political and Social Science* 213 (January 1941): 142.

20. Joshua Gamson, *Claims to Fame: Celebrity in Contemporary America* (Berkeley: University of California Press, 1994), 42, 98.

21. 同上，172; Richard Schickel, *Intimate Strangers: The Culture of Celebrity in America* (Chicago: Ivan R. Dee, 2000), ix.

22. Schickel, *Intimate Strangers*, 4.

23. Rae Goodell, *The Visible Scientists* (Boston: Little, Brown, 1977); Anita Rae Simpson Goodell, “The Visible Scientists” (Ph.D. dissertation, Stanford University, 1975).

24. Goodell, “Visible Scientists” (dissertation), 276–311.

25. Goodell, *Visible Scientists*, 21–22; and Donna J. Haraway, *Primate Visions: Gender, Race, and Nature in the World of Modern Science* (New York: Routledge, 1989), 158.

26. Goodell, *Visible Scientists*, 21.

27. E-mail to author from Donna Gerardi, February 17, 1999.

28. Maxine Singer, “Heroines and Role Models,” *Science* 253 (July 19, 1991): 249.

29. Flora Rheta Schreiber, “Television’s New Idiom in Public Affairs,” *Hollywood Quarterly* 5 (Winter 1950): 144–145.

30. 同上，146.

31. Elena, “Skirts in the Lab,” 276.

32. U.S. Commission on Civil Rights, *Window Dressing on the Set*, 1.

33. 同上

34. LaFollette, “Eyes on the Stars”; and Marcel Chotkowski LaFollette, *Science on the Air: Popularizers and Personalities on Radio and Early Television* (Chicago: University of Chicago Press, 2008), 221–222.

35. Author’s analysis of “Guests on Johns Hopkins Television Series, 1948–60,”

n.d., Johns Hopkins University Archives, JHU News Office, RG10.020, Series 10, 1:1. Analysis based on descriptions of 425 of 491 programs in the four Johns Hopkins series.

36. 同上

37. Author's analysis of new *NOVA* programs, as described on the series website. The analy-sis did not count repeat broadcasts, but did include programs produced originally for *NOVA* as well as those purchased from or coproduced with another network. *NOVA* did include a pro-gram about female astronauts, one of whom was trained as a scientist.

38. Author's analysis of online summaries from the Vanderbilt University News Archive. For a discussion of that analysis, see chapter 10.

39. "Women, Men and Media" study sponsored by the Gannett Foundation and University of Southern California (1989), as described in Maureen H. Beasley, "Women Audiences," in Erwin K. Thomas and Brown H. Carpenter, eds., *Handbook on Mass Media in the United States: The Industry and Its Audiences* (Westport, CT: Greenwood Press, 1994), 216–217.

40. Study by D. C. Whitney and colleagues, as cited by Lana F. Rakow and Kimberlie Kranich, "Woman as Sign in Television News," *Journal of Communication* 41 (Winter 1991): 12–13.

41. "Women, Men and Media," 216–217. See also Marlene Sanders and Marcia Rock, *Wait-ing for Prime Time: The Women of Television News* (New York: Harper and Row, 1990).

42. NOW data cited in "The Viewers' Bill of Rights," *Digital Beat*, May 14, 1999, http://www.benton.org.

43. Mwenya Chimba and Jenny Kitzinger, "Bimbo or Boffin? Women in Science: An Analy-sis of Media Representations and How Female Scientists Negotiate Cultural Contradictions," *Public Understanding of Science* 19 (2010): 621.

44. The average number of scientists shown on camera in network news stories about sci-ence rose from one every two stories in the mid-1970s to almost one per story

in the 1990s. Author's analysis of online summaries from the Vanderbilt University News Archive. For more extensive discussion of that analysis, see chapter 10.

45. Chimba and Kitzinger, "Bimbo or Boffin?," 621.

46. R. Gordon Shepherd, "Science News of Controversy: The Case of Marijuana," *Journal-ism Monographs* 62 (August 1979): 5.

47. Alfred Robert Hogan, "Televising the Space Age: A Descriptive Chronology of CBS News Special Coverage of Space Exploration from 1957 to 2003" (master's thesis, University of Maryland, 2005).

48. Jocelyn Steinke and Marilee Long, "A Lab of Her Own? Portrayals of Female Charac-ters on Children's Educational Science Programs," *Science Communication* 18 (December 1996): 97–98.

49. 同上 , 107.

50. Jocelyn Steinke, "A Portrait of a Woman as a Scientist: Breaking Down Barriers Cre-ated by Gender-Role Stereotypes," *Public Understanding of Science* 6 (1997): 409–428.

第十四章

1. S. Dillon Ripley, "The View from the Castle," *Smithsonian Magazine*, October 1982, 12. Ripley used a similar description of television in his 1969 report to the Smithsonian regents. *Smithsonian Year 1969, Annual Report of the Smithsonian Institution for the Year Ended 30 June 1969* (Wash-ington, DC: Smithsonian Institution Press, 1969), 28.

2. Wil Lepkowski, letter to the author, August 16, 1990.

3. For a good summary of this change, see Christopher P. Tuomey, *Conjuring Science: Science as Meaning in American Culture* (New Brunswick, NJ: Rutgers University Press, 1996).

4. Larry Taylor to Sam Hughes, July 25, 1980, SIA (RU392), 14:9.

5. S. Dillon Ripley, "If the Masses Won't Come to Museums . . . ," *Los Angeles*

Times, August 23, 1976.

6. Nazaret Cherkezian said that he “brought” the *Smithsonian World* concept with him when he joined the staff in 1972, assembled the “concept” at the Smithsonian, and hired “a writer I knew.” SIA (RU367), 18:5; and “Oral History Interview with Nazaret Cherkezian, 1986,” SIA (RU9541). The January 1976 proposal listed Nazaret Cherkezian and Michael de Guzman as authors; a third draft, dated September 29, 1976, was titled “Smithsonian World—A film perspective of the Smithsonian Institution with Secretary Dillon Ripley,” with de Guzman as writer, David Vassar as director, and Cherkezian as executive producer; by March 1977, the proposal read “created by Nazaret Cherkezian, Office of Telecommunications, and written by Michael de Guzman.” SIA (Acc. 01–203), 3:21. Martin Carr later told journalists that he and Cherkezian had developed the idea during the 1970s.

7. Carl W. Larsen to Nazaret Cherkezian, November 5, 1975, SIA (RU586), 4:10.

8. Correspondence in SIA (RU367), 18:5.

9. 同上

10. G. B. Butler to S. Dillon Ripley, August 17, 1977, SIA (RU367), 18:5.

11. Ward B. Chamberlin, Jr., to James Symington, January 7, 1980; James Symington to Ward B. Chamberlin, Jr., January 8, 1980; and S. Dillon Ripley to John A. Schneider, Decem-ber 15, 1980, SIA (RU367), 26:4.

12. Tony Schwartz, “Public TV Faces Financial Crisis: Cuts Due in Programs and Staff,” *New York Times*, November 13, 1980.

13. James Symington to Ward B. Chamberlin, Jr., January 8, 1980, SIA (RU367), 26:4.

14. Nazaret Cherkezian to S. Dillon Ripley, February 4, 1981, SIA (RU586), 6:1.

15. 同上

16. Nazaret Cherkezian to S. Dillon Ripley, January 18, 1980, SIA (RU367), 26:4.

17. Nazaret Cherkezian to S. Dillon Ripley, December 10, 1980, *A Plan of Action for Smithsonian Video Communications*, SIA (RU367), 26:4; and Nazaret Cherkezian

to S. Dillon Ripley, February 4, 1981, SIA (RU586), 6:1.

18. Edward K. Thompson to S. Dillon Ripley, March 21, 1981, SIA (RU392), 14:30.

19. *Report to Smithsonian TV Committee*, March 10, 1981, SIA (RU392), 14:30. See also Nazaret Cherkezian to Executive Committee of the Smithsonian, December 22, 1981, SIA (RU392), 14:29.

20. Edward K. Thompson to S. Dillon Ripley, March 21, 1981, SIA (RU392), 14:30.

21. 同上

22. See, for example, Larry Taylor to Sam Hughes, July 25, 1980, SIA (RU392), 14:9.

23. Nazaret Cherkezian to S. Dillon Ripley, December 28, 1977, SIA (RU367), 18:5; and Nazaret Cherkezian to S. Dillon Ripley, January 25, 1978, SIA (RU586), 4:2.

24. Martin Carr to Ward B. Chamberlin, Jr., March 2, 1982, SIA (Acc. 03–022), 13:27. In 1984, the organization was renamed the James S. McDonnell Foundation.

25. 同上

26. "Oral History Interview with Nazaret Cherkezian, 1986," 24, SIA (RU9541).

27. Martin Carr to Ward B. Chamberlin, Jr., March 2, 1982, SIA (Acc. 03–022), 13:27.

28. Correspondence in SIA (RU372), 20:5.

29. WETA "reminded" the Smithsonian that neither party may "engage in a large-scale project . . . with a similar format or title prior to initial broadcast of the entire series." Gerald Slater to Tom Wolf, February 18, 1983; and Thomas H. Wolf to Elizabeth Brownstein, Febru-ary 24, 1983, SIA (Acc. 03–022), 10:40.

30. Nazaret Cherkezian to Thomas H. Wolf, March 18, 1983, SIA (Acc. 01–203), 1:36.

31. Correspondence in SIA (Acc. 03–022), 10:35.

32. Gilbert Grosvenor to S. Dillon Ripley, November 30, 1982; Gilbert Grosvenor to S. Dillon Ripley, August 8, 1983; and Tim Cowling and Tim Kelly (NGS)

to Nazaret Cherke-zian, May 6, 1983, SIA (RU586), 1:15.

33. Thomas H. Wolf to Philip Hughes, March 14, 1984, SIA (RU586), 1:15.

34. Martin Carr to Thomas H. Wolf, July 17, 1984; David Clark to Martin Carr, July 16, 1984; and Thomas H. Wolf to Martin Carr, July 23, 1984, SIA (Acc. 03–022), 10:39.

35. Jim Hobbins to S. Dillon Ripley, March 11, 1981, SIA (RU392), 14:30.

36. Thomas H. Wolf to P. S. Hughes, November 8, 1982, SIA (Acc. 03–022), 10:40.

37. 同上

38. Thomas H. Wolf to Martin Carr, n.d. (ca. November 1982), SIA (Acc. 03–022), 10:40.

39. Martin Carr to Ward B. Chamberlin, Jr., March 2, 1982, SIA (Acc. 03–022), 13:27.

40. Thomas H. Wolf to S. Dillon Ripley, October 11, 1983, SIA (Acc. 03–022), 10:40.

41. "Series Overview," February 1983, author's personal collection; and "Television," re-port to Smithsonian Institution Board of Regents, Audit and Review Committee, May 19,1983, SIA (Acc. 03–022), 12:31.

42. Thomas H. Wolf to Martin Carr, July 6, 1983, SIA (Acc. 03–022), 10:40.

43. Thomas H. Wolf to Martin Carr, August 4, 1983, SIA (Acc. 03–022), 10:40.

44. Thomas H. Wolf to Martin Carr, January 12, 1983, SIA (Acc. 03–022), 10:40.

45. Thomas H. Wolf to Martin Carr, October 13, 1983, SIA (Acc. 03–022), 10:40.

46. Richard S. Fiske to Thomas H. Wolf, March 31, 1983, SIA (Acc. 03–022), 10:40.

47. Minutes, Smithsonian World Staff meeting, August 11, 1983, SIA (Acc. 03–022), 13:38.

48. S. Dillon Ripley to Thomas H. Wolf, October 7, 1983, SIA (Acc. 03–022), 10:46; Tom Simon to Ward Chamberlin, November 9, 1983, SIA (Acc. 03–022),

13:38; and Thomas H. Wolf to Gerald Slater, December 14, 1983, SIA (Acc. 03–022), 10:40. Carr and WETA claimed that Smithsonian officials had not complained about these problems, but the records show otherwise. Minutes of Smithsonian World staff meeting, August 11, 1983, SIA (Acc. 03–022), 13:38.

49. Undated and unsigned memo from Ripley staff member to "Tom Wolf and SI World Committee Members," SIA (Acc. 03–022), 10:39.

50. Thomas H. Wolf to Martin Carr and Gerald Slater, January 23, 1984; and Tom Wolf to Tom Simon, January 23, 1984, SIA (Acc. 03–022), 10:39.

51. Tom Dorsey, *Louisville-Courier Journal*, ca. January 1984 (no date on clipping; SIA [Acc. 01-203]); and John Corry, "TV: 'Smithsonian World' Starting," *New York Times*, January 18, 1984.

52. George Bullard, *Detroit News*, ca. January 1984 (no date on clipping; SIA [Acc. 03–022]).

53. George Bullard, "Still Defying the Ratings," *Detroit News*, January 10, 1984.

54. Tom Shales, " 'World' Weary," *Washington Post*, April 11, 1984. See also Tom Shales, "Smithsonian on View," *Washington Post*, January 18, 1984.

55. Robert Hilton Simmons, " 'Smithsonian World': It's Rich, It's Glamorous, but Is It Truth?," *Federal Times*, April 2, 1984.

56. Shawn McClellan, "Ties to the Past," *New Orleans Times-Picayune–The States-Item*, December 9, 1984.

57. Robert McCormick Adams to Martin Carr, February 20, 1985, SIA (Acc. 03–022), 10:43.

58. Thomas H. Wolf to Martin Carr, June 11, 1984, SIA (Acc. 03–022), 10:39; and Thomas H. Wolf to Martin Carr, November 15, 1984, SIA (Acc. 03–022), 10:39. Wolf asked David Mc-Cullough to pressure Carr to increase attention to environment, minorities, and Third World issues. Thomas H. Wolf to David McCullough, November 14, 1984, SIA (Acc. 03–022), 10:39.

59. Thomas H. Wolf to Martin Carr, September 24, 1984, and October 4, 1984, SIA (Acc. 03–022), 10:39.

60. Joyce Campbell to Ward Chamberlin and Tammy Robinson, February 14, 1985, SIA (Acc. 03–022), 11:2.

61. Elizabeth Brownstein to Sandra W. Bradley, October 29, 1985, SIA (Acc. 03–022), 9:22.

62. David Friedman, "No Time for 'Heroes,' " *Philadelphia Daily News*, April 24, 1985.

63. Tom Shales, " 'World' without End," *Washington Post*, April 24, 1985.

64. Mike Hughes, " 'Smithsonian' Producer Shedding Pompous Image," *Lansing (MI) State Journal*, November 19, 1986.

65. Robin Marantz Henig, "Malone in Charge," *Dial*, November 1986, 30–31, 35; and Hughes, " 'Smithsonian' Producer Shedding Pompous Image."

66. Discussion paper, Adrian Malone Productions Inc., 1983, SIA (RU594), 5:9.

67. Adrian Malone to Ward Chamberlin et al., January 7, 1986, SIA (RU594), 5:65.

68. 同上

69. "PBS's 'Smithsonian World' Looks for Backing," *New York Times*, February 2, 1987.

70. *Enterprise* (Southwestern Bell corporate publication), November 2, 1988, 8 (SIA [RU372], 35:52).

71. Sandra W. Bradley to Maxine Singer, April 7, 1988, SIA (Acc. 03–022), 5:48.

72. Sandra W. Bradley to Ben Wattenberg, January 17, 1989, SIA (Acc. 03–022), 15:1.

73. Sandra W. Bradley to Maxine Singer, April 7, 1988, SIA (Acc. 03–022), 5:48.

74. Maxine F. Singer to Sandra W. Bradley, April 20, 1988, SIA (Acc. 03–022), 5:48.

75. Steven P. Briggs to Robert McCormick Adams, January 26, 1989, SIA (Acc. 03–022), 18:2; and Sandra W. Bradley to Steven P. Briggs, February 13, 1989, SIA (Acc. 03–022), 15:27.

76. See letters from Meryl Loonin, May 2–10, 1989, SIA (Acc. 03–022), 6:18.

77. Sandra W. Bradley to Tammy Robinson and Bob Dierker, memo, Feb 22, 1990, SIA (Acc. 03–022), 12:1.

78. Since her company, Wentworth Films, had the $300,000 contract to produce the film, Bradley had an interest in concluding the project successfully.

79. Description used in Sandra W. Bradley's letters to potential interviewees; for example, Sandra W. Bradley to Freeman Dyson, August 3, 1989, SIA (Acc. 03–022), 7:63.

80. Adrian Malone to Sandra W. Bradley, April 13, 1989, SIA (Acc. 03–022), 7:63.

81. Howard Smith to Sandra W. Bradley, July 20, 1989, SIA (Acc. 03–022), 20:9.

82. Sandra W. Bradley to Adrian Malone and Tammy Robinson, July 27, 1989, SIA (Acc. 03–022), 20:9.

83. Sandra W. Bradley to Howard Smith, July 27, 1989, SIA (Acc. 03–022), 20:9.

84. Robert McCormick Adams to Robert Hoffman, August 3, 1989, SIA (Acc. 03–022), 20:9.

85. Robert Hoffman to Sandra W. Bradley, August 9, 1989, SIA (Acc. 03–022), 20:9.

86. Adrian Malone to Robert Hoffman, August 16, 1989, SIA (Acc. 03–022), 20:9.

87. 同上

88. Walter Goodman, "Examining God's Dice with Quantum Mechanics," *New York Times*, June 6, 1990.

89. The corporation's new chief executive reportedly wanted to emphasize sports promo-tion rather than television "cultural programming." Correspondence in SIA (Acc. 03–022), 15:25.

90. John Carmody, "The TV Column," *Washington Post*, February 5, 1991; and Ann Pincus, "Statement of Loss of Smithsonian World Funding by SBC," January 22, 1991, SIA (Acc. 03– 022), 14:48. See also various correspondence in SIA (Acc. 03–022),15:18.

第十五章

1. *Conference on the Interpretation of the Natural Sciences for a General Public*, Rye, NY, June 15–16, 1938, 2:199 (SIA [RU7091], 381).

2. Film by Helen Miles Davis, April 1952, SIA.

3. William L. Laurence, "Atom Bomb Fired with Troops Near; Chutists Join Tests," *New York Times*, April 23, 1952. Laurence's story contained a box in its first column calling atten-tion to television coverage (Jack Gould, "TV Brings Atomic Bomb Detonation into Millions of Homes, but Quality of Pictures Is Erratic," *New York Times*, April 23, 1952).

4. Tom Shales, "All the World's a Critic," *Washington Post*, July 1, 2009.

5. University of Chicago Committee on Educational Television, "Television and the Uni-versity," *School Review* 61 (April 1953): 211.

6. "Revolution in the Living Room: 10 Years of Television," *Christian Science Monitor*, Novem-ber 22, 1957.

7. Aileen Fyfe and Bernard Lightman, eds., *Science in the Marketplace: Nineteenth-Century Sites and Experiences* (Chicago: University of Chicago Press, 2007); and Peter J. Bowler, *Science for All: The Popularization of Science in Early Twentieth-Century Britain* (Chicago: University of Chicago Press, 2009).

8. Conclusions based on program lists in Tim Brooks and Earle Marsh, *The Complete Directory to Prime Time Network and Cable TV Shows, 1946–Present*, sixth edition (New York: Ballantine Books, 1995); Harry Castleman and Walter J. Podrazik, *Watching TV: Four Decades of American Television* (New York: McGraw-Hill, 1982); Daniel Einstein, *Special Edition: A Guide to Network Television Documentary Series and Special News Reports, 1955–1979* (Metuchen, NJ: Scarecrow Press, 1987); Sydney W. Head, *Broadcasting in America: Survey of Television and Radio* (Cambridge, MA: Riverside Press, 1956); R. D. Heldenfels, *Television's Greatest Year—1954* (New York: Continuum, 1994); Alex McNeil, *Total Television*,

fourth edition (New York: Penguin Books, 1996); Irving Stettel, ed., *Top TV Shows of the Year, 1954–1955* (New York: Hastings House, 1955); Vincent Terrace, *The Complete Encyclopedia of Television Programs, 1947–1976*, volumes 1 and 2 (South Brunswick, NJ: A. S. Barnes, 1976); and Erwin K. Thomas and Brown H. Carpenter, eds., *Handbook on Mass Media in the United States* (West-port, CT: Greenwood Press, 1994).

9. Hilde T. Himmelweit and Betty Swift, "Adolescent and Adult Media Use and Taste: A Longitudinal Study," quoted in *Harvard University Program on Technology and Society, 1964–72: A Final Review* (Cambridge, MA: Harvard University, 1972), 181.

10. Quoted in George Will, "TV for Voyeurs," *Washington Post*, June 21, 2001.

11. Milton Chen, "Television and Informal Science Education: Assessing the Past, Present, and Future of Research," in Valerie Crane, ed., *Informal Science Learning: What the Research Says about Television, Science Museums, and Community-Based Projects* (Dedham, MA: Research Communications, 1994), 18.

12. Based on A. C. Nielsen Media Research data for 1998.

13. Author's analysis of programming on three Washington, DC–area public television stations (WMPT, WETA, WHMM) during one week in August 1992. Of 367.5 hours of content broadcast by all stations, science and science-related (nature, medicine, and public health) programming totaled 59 hours, or 16 percent.

14. Data from Robin Dunbar, *The Trouble with Science* (Cambridge, MA: Harvard University Press, 1996), 147.

15. Richard Seltzer, "New Television Science Series May Draw Both Kudos and Arrows," *Chemical & Engineering News* 73 (April 24, 1995): 52–53.

16. Chen, "Television and Informal Science Education," 23.

17. Quoted in Bruce Gamen, "The Geek Factor," *Chemical & Engineering News* 74 (February 12, 1996): 5.

18. Quoted in Douglas M. Birch, "A Quantum Leap," *Baltimore Sun*, February 5, 1998.

19. Chen, "Television and Informal Science Education," 21–22.

20. Garrett G. Fagan, "Seductions of Pseudoarchaeology: Far Out Television," *Archaeology* 56 (May/June 2003): 46.

21. Chen, "Television and Informal Science Education," 15–56.

22. Ellen Wartella, Aletha C. Huston, Victoria Rideout, and Michael Robb, "Studying Media Effects on Children: Improving Methods and Measures," *American Behavioral Scientist* 52 (April 2009): 1112.

23. J. Michael Oakes, "The Effect of Media on Children: A Methodological Assessment from a Social Epidemiologist," *American Behavioral Scientist* 52 (April 2009): 1136–1151.

24. *Conference on the Interpretation*, 154.

25. Edward D. Miller, quoted in Libby Copeland, "Doctor's Orders: First, Do No Harm, Next, Get No Sleep," *Washington Post*, August 30, 2000.

26. "Hollywood's House Calls," *Brill's Content* 3 (November 2000): 136–137. See also Jeff Stryker, "More Drama Added to the Politics of Transplants," *New York Times*, February 19, 2002.

27. George Gerbner, Larry Gross, Michael Morgan, and Nancy Signorielli, "Health and Medicine on Television," *New England Journal of Medicine* 305 (October 8, 1981): 903; M. Down-ing, "The World of Daytime Television Serial Drama" (PhD dissertation, 1975), as quoted in Mary Cassata, Thomas Skill, and Samuel Osei Boadu, "Life and Death in the Daytime Tele-vision Serial: A Content Analysis," in Mary B. Cassata and Thomas Skill, ed., *Life on Daytime Television: Tuning-in American Serial Drama* (Norwood, NJ: Ablex, 1983), 49; Joseph Turow and Rachel Gans, *As Seen on TV: Health Policy Issues in TV's Medical Dramas* (Menlo Park, CA: Kaiser Fam-ily Foundation, 2002); and Mollyann Brodie, Ursula Foehr, Vicky Rideout, Neal Baer, Carolyn Miller, Rebecca Flournoy, and Drew Altman, "Communicating Health Information through the Entertainment Media," *Health Affairs* 20 (January/February 2001): 192–199.

28. For example, Bob Arnott (CBS), Holly Atkinson (NBC), Timothy Johnson

(ABC), Ian K. Smith (NBC), Nancy Snyderman (ABC and NBC), and Art Ulene (NBC).

29. Vivian Carol Sobchack, *Screening Space: The American Science Fiction Film*, second edition (New Brunswick, NJ: Rutgers University Press, 1997), 254.

30. Leon M. Lederman, "The Advancement of Science," *Science* 256 (May 22, 1992): 1119–1123. See also William Booth, "Scientists May Not Be Mad, Just Very Unhappy," *Washington Post*, September 10, 1991; Andrew Pollack, "Scientists Seek a New Movie Role: Hero, Not Villain," *New York Times*, December 1, 1998; and Karen Kaplan, "Scientists Say Movie Image Not a Pretty Picture," *Los Angeles Times*, November 18, 1998.

31. Lederman, "Advancement of Science," 1123; James Gorman, "Think of the Laughs a Lab Could Cook Up," *New York Times*, May 19, 1996; and Claudia Dreifus, "Science Is Serious Business to the 'Mel Brooks' of Physics," *New York Times*, July 14, 1998.

32. William W. Warner and Carl Larsen to S. Dillon Ripley, "Television and the Smithson-ian," April 18, 1972, SIA (RU416), 20:10.

33. Craig Tomashoff, "The Science of Success: It's All in the Details," *New York Times*, March 3, 2002. See also Michael E. Hill, "High Ratings, Devine Stories," *Washington Post TV Week*, De-cember 30, 2001, 6–7, 52. About twenty-four million people watched the show every week during December 2001.

34. Serena Wade and Wilbur Schramm, "The Mass Media as Sources of Public Affairs, Science, and Health Knowledge," *Public Opinion Quarterly* 33 (Summer 1969): 209.

35. Ien Ang, *Living Room Wars: Rethinking Media Audiences for a Postmodern World* (London: Routledge, 1996), 152.

36. Raymond Bellour, "Double Helix," in Timothy Druckrey, ed., *Electronic Culture: Technol-ogy and Visual Representation* (New York: Aperture Books, 1996), 192.

37. Head, *Broadcasting in America*, 420.

38. Roger Silverstone, "Science and the Media: The Case of Television," in S. J. Doorman, ed., *Images of Science: Scientific Practice and the Public* (Aldershot, UK: Gower, 1989), 189.

39. Kurt Lang and Gladys Engel Lang, "The Unique Perspective of Television and Its Effects: A Pilot Study," *American Sociological Review* 18 (1953): 3–12. See also James L. Baughman, *The Republic of Mass Culture: Journalism, Filmmaking, and Broadcasting in America since 1941* (Baltimore: Johns Hopkins University Press, 1992), 57.

40. G. Ray Funkhouser and Eugene F. Shaw, "How Synthetic Experience Shapes Social Reality," *Journal of Communication* 40 (Spring 1990): 83.

41. 同上 , 79, quoting Neil Postman. Daniel Boorstin warned that consumers of television's synthetic reality would find it easier to accept images than to test their authenticity. Daniel J. Boorstin, *The Image: A Guide to Pseudo-Events in America* (New York: Harper and Row, 1961), iii, 185.

42. Constance Penley, *NASA/TREK: Popular Science and Sex in America* (London: Verso, 1997).

43. Bill McKibben, *The Age of Missing Information* (New York: Plume Books, 1993).

44. June Goodfield, *Reflections on Science and the Media* (Washington, DC: AAAS, 1981), 88.

45. Harry Collins, "Certainty and the Public Understanding of Science: Science on Tele-vision," *Social Studies of Science* 17 (November 1987): 709.

46. David A. Kirby, "Science Consultants, Fictional Films, and Scientific Practice," *Social Studies of Science* 33 (April 2003): 245.

47. Richard D. Klausner, "Successfully Sharing Our Stories of Science," *The Scientist* 13 (January 18, 1999): 13.

48. Judith S. Trent and Robert V. Friedenberg, *Political Campaign Communication: Principles and Practices* (New York: Praeger, 1983), 146.

49. Shanto Iyengar and Donald R. Kinder, *News That Matters: Television and*

American Opinion (Chicago: University of Chicago Press, 1987); and Doris A. Graber, "Failures in News Trans-mission: Reasons and Remedies," in Philip Gaunt, ed., *Beyond Agendas: New Directions in Communi-cation Research* (Westport, CT: Greenwood Press, 1994), 80.

50. E. E. Schattschneider, quoted in Robert J. Spitzer, ed., *Media and Public Policy* (New York: Praeger, 1993), 8.

51. Frank Baxter, quoted in "Prof. Frank Baxter Dies at 86," *Chicago Tribune*, January 22, 1982.

52. For example, George Gilder, *Life after Television: The Coming Transformation of Media and Ameri-can Life* (New York: W. W. Norton, 1992); and Peter d'Agostino and David Tafler, eds., *Trans-mission: Toward a Post-Television Culture*, second edition (Thousand Oaks, CA: Sage Publications, 1995).

53. Robert W. Mason to Carl W. Larsen, June 12, 1972, SIA (RU367), box 8, folder "Tele-communications Committee."

54. William Albig, *Public Opinion* (New York: McGraw-Hill, 1939), 334.

55. Lyman Bryson and Edward R. Murrow, "You and Television," *Hollywood Quarterly* 4 (Winter 1949): 181.

56. Aldo Leopold, "Foreword to Sand County Almanac" (1948), in *A Sand County Almanac, with Essays on Conservation from Round River* (New York: Ballantine Books, 1966), xvii.

译后记

2014 年上半年，在搜索科学传播相关外文图书的时候，偶然遇到了呈现在各位读者面前的这本书的英文版，于是购入一本。随后不久在科学网博客上见到武夷山老师也大力推荐这本书，在同武夷山老师短暂交流后，他力荐把这本书翻译成中文，让更多的国内读者、研究者和实践者了解科学与电视的各种纠葛，以期我们国内的电视科学节目能够借鉴美国的经验，吸取教训，从而更好地传播科学，于是便有了这本译著的后续工作。

媒体是完成正规教育的公众获取科技信息的重要渠道，作为一种传统媒体，电视曾经并且还在发挥着重要的作用。但是，电视呈现出来的科学是否就是我们普通公众所认为的科学呢？另外，电视是逐渐演变成了公民教育的工具，还是它只是“改善了方法，而未改善目标”呢？历史学家马塞尔·考特考斯基·拉夫莱特（Marcel Chotkowski LaFollette）在这本书中都给出了自己的答案。

作者以美国 20 世纪的电视科学节目为切入点，多方面论述了科学与电视的合作与纷争。当电视成为一个重要文化和经济动力的时候，很多人幻想着这个媒介可以强化类似于科学等话题的公民教育。但是科学家和电视管理者之间的分歧却抑制了电视这个媒介参与到意义重大的科学教育中的潜力。

像广播电台一样，电视管理者认为观众转动遥控器的目的是为了获得娱乐，而非被教育或者被启发，同时电视把“理想的潜力”与“实际的可能性”混为一谈，其“主要的思考……全神贯注于通过电视发送画面这一奇迹，而不是将发送什么样的画面。”随着受众规模的扩大，电视这个词语的内涵也从一种技术或者也许是一件新的家具扩展到了包含情境、文化、产业、内容、经历以及对重要性的认可上（“你上过电视吗？”）。

本书以与史密森尼学会相关的一系列电视节目为案例，探讨了科学与电视结合过程中的跌宕起伏。科学家们坚持在电视节目中呈现科学事实，但是电视制片人则要求做出让步，并认为科学家（比如一些精英物理学家开展的圆桌讨论会）接受的节目类型不会吸引到足够的观众，也难以与喜剧和游戏竞技类节目进行竞争。进而数十亿美元的电视产业使科学蜕变为娱乐，把科学纳入到了戏剧中，科学相关的事件也被戏剧化了，并且强行地把教育节目挤到了日常生活的边缘。

从观众的角度来说，他们对于那些既具有娱乐性又具有相关性的科学节目更感兴趣，他们更偏好同虚构的娱乐具有相关性的节目以及通过娱乐的手段达到教育目的的节目，这进一步强化了科学的娱乐化倾向。

在双方的你来我往中，电视产业最终占据了上风，进而电视慢慢地把科学理论、科学过程、科学解释以及科学结论塞进了原声重现中，而逐渐强调与科学相关的社会问题、道德困境、伦理挑战和争议话题。所以电视上科学的关注点转向了政治和道德，转向了虚幻和动态的视觉，转向了社会情境和科学名流。而科普再次深陷于教育者的偏见和媒体拥有者对电视广播控制之间的泥沼。

当然，从科学共同体的视角来说，科学家们的主要工作在于科学研究，因而他们对媒体并不擅长，这也在一定程度上使得他们在同电视的谈判中居于下风。拿美国科促会来说，即使他们赞同科学知识的力量授予了科学家向社会进行科学传播的一些责任，敦促科促会成员考虑如何“促进公众理解和鉴赏人类进程中科学方法的重要性和前景，”甚至还成立了公众理解科学委员会，但是其领导人仍旧不愿意大胆地利用电视这种新媒体。

当然，除了探讨科学与电视的这种纠葛之外，作者还在儿童电视科学节目、医学科普节目、科学纪录片、女科学家出镜等方面着墨不少，系统地讨论了科学如何与电视进行更好的合作，从而真正地普及科学、传播科学。

好的翻译至少需要对原稿有更好的理解，然后才能真实地传达出原作者的真实意图，同时翻译也是一个自我学习和提升的过程。但是囿于个人的学识和能力，译文中难免有疏漏和不足之处，敬请各位读者斧正。

在本书的翻译过程中，我得到了妻子贺倩女士的大力支持，她一直鼓励我做自己喜欢的事情，她在生活上无微不至的照顾也给我提供了良好的生活环境，让我能静下心来认真对待这本书每一句的翻译。

本书的出版得到了中国科普研究所科学媒介中心的经费支持。同时，本书在出版过程中得到了中国科学技术出版社社长助理杨虚杰和本书责任编辑鞠强的大力支持，他们在本书的编校过程中孜孜以求，认真负责，也对书稿提出了大量宝贵的修改意见，在此一并感谢。